编辑委员会

征程的回响

宁夏广播电视台发展文萃

段鹏举　宋　韬◎主编

黄河出版传媒集团
阳　光　出　版　社

图书在版编目(CIP)数据

征程的回响：宁夏广播电视台发展文萃 / 段鹏举，宋韬主编. -- 银川：阳光出版社，2023.12

ISBN 978-7-5525-7216-2

Ⅰ. ①征… Ⅱ. ①段… ②宋… Ⅲ. ①广播电台－体制改革－宁夏－文集②电视台－体制改革－宁夏－文集 Ⅳ. ①G229.272.43-53

中国国家版本馆 CIP 数据核字(2024)第 012265 号

征程的回响——宁夏广播电视台发展文萃 段鹏举 宋韬 主编

责任编辑 胡 鹏
封面设计 倪嘉怡
责任印制 岳建宁

黄河出版传媒集团 阳光出版社 出版发行

出 版 人 薛文斌
地 址 宁夏银川市北京东路 139 号出版大厦(750001)
网 址 http://www.ygchbs.com
网上书店 http://shop129132959.taobao.com
电子信箱 yangguangchubanshe@163.com
邮购电话 0951-5014139
经 销 全国新华书店
印刷装订 宁夏精捷彩色印务有限公司
印刷委托书号 (宁)0028344

开 本 710 mm × 1000 mm 1/16
印 张 24
字 数 360 千字
版 次 2023 年 12 月第 1 版
印 次 2023 年 12 月第 1 次印刷
书 号 ISBN 978-7-5525-7216-2
定 价 68.00 元

念念不忘 必有回响

当我们看到本书封面的样稿时，禁不住心有所动。绘者准确把握住了书名的内涵，并转化成了太阳鸟的形象。图中，一群鸟正向着光明的太阳飞去，不懈怠，不气馁。而这一形象表达，正是我们对自己以及读者的期许。

《回响》是宁夏广播电视台于2021年底创办的内部刊物，“广电回响”是与之相应的微信公众号。本书收录的文章均来自《回响》和“广电回响”。这些文字记录下了全台职工两年多来的探索脚步和心灵印记，同时也传达出对推动发展的执着信念。

在这一刊一号的名称中，我们赋予了“念念不忘，必有回响”的寓意。这句话出自李叔同的《晚晴集》，因被电影《一代宗师》用作台词而为人们熟知。“世界是个回音谷，念念不忘，必有回响。”原作中的话语虽看似浅近，却能让你从中悟出深意——无论我们做什么，只要信念一直在，总能等得到世界回应的那一天。在媒体深度融合发展的今天，我们不正需要始终怀有这样的信念吗？

所以，我们编辑此书的目的，正是为了留下一份印记，并期盼全台职工能够继续坚定信念，把发展的愿望与行动进行到底。

我们知道，发展需要保持正确的目标与方向。当前，我们仍然肩负着打造新型主流媒体、建设全媒体传播体系的使命任务，这是新时代赋予媒体工作者的责任。此刻，曾经的信念就是继续前行的底气。因此,我们需要从既往经历中获取滋养,始终坚定前进方向,让精神在为目标的奋斗中不断升华。

发展还需要在实践中不断优化策略。正确的行动从哪里来?一方面需要思想理论的指引,另一方面需要在实践中探索现实路径。在前行的路上,既往的任何实践都弥足珍贵。此刻,昔日的思考与求索就是丰厚的智慧储备。有了这些积累,有助于我们更好地探寻发展策略,让今后的脚步迈得更加稳健。

“人到半山路更陡”,发展更需要依靠意志与韧劲去开辟道路。然而,这种意志与韧劲不是天上掉下来的!“艰难困苦,玉汝于成”,只有在艰难历程的磨炼中,它才能被锻造出来并耀眼夺目。此刻,曾经的艰辛与光荣能够化为力量的源泉。凭借这种力量,我们可以相互砥砺,厚植内在意志,从而不惧怕任何艰险挑战。

当人面临困难的时候,一定不要失去对未来的信心。党史中的一个故事,让我们始终不忘。1947 年 3 月,为粉碎国民党胡宗南部队的大举进攻,毛泽东和中共中央主动撤离延安,开始转战陕北。任弼时的女儿任远志东渡黄河前曾请毛泽东题字留念。当时,毛泽东信笔写下——“光明在前”。险象环生中,这是何等的豪迈与自信!如今,在媒体深度融合的新形势下,遥想伟人的气度与信念,可以带给我们深刻的思索与启示。此刻的我们,能否像太阳鸟那样始终坚定地飞向光明,最终在融媒改革的烈火中迎来涅槃重生?

今天,我们又踏上了一段新的征程。我们知道,新征程往往不会是平坦大道,但执着的信念是最好的通行证。今后,每当遇到困惑、焦虑,甚至挫折时,我们不妨翻开过去的奋斗篇章,从中回味曾经的初心,拾获前行的勇气,并始终深信——

念念不忘,必有回响!

编 者

2023 年 12 月

目 录/contents

作品解码

记者手记

发展论坛

初心印记

多彩广电

广电寄语

起来！用奋斗点亮希望！

2023 年 9 月初，宁夏广播电视台“广电因你而精彩”职工艺术周获奖作品揭晓，其中三幅绘画作品吸引了笔者的目光。作品表现的是我们熟悉的工作场景，而且饱含着对广电加快发展的希冀。

第一幅作品为《希望》。在我们熟悉的广电大院，一名记者抬首仰望。在他的眼中，似乎有思索、有憧憬。之所以处理成卡通孩子的形象，大概是绘者想表达一份“赤子”的情怀。

第二幅作品为《奋斗正当时》。这是一支向前奔跑的记者队伍。他们虽然工种各异，但却步调一致、意气相通。团结奋斗才有美好未来，想必是绘者心中想说的话。

第三幅作品名为《记录生活，传递美好》。画面上，记者们在田间地头记录着农民的耕作场景。绘者一定懂得，把更多镜头对准基层，既是好作品的保证，也是好作风的体现。

当这三幅作品依次呈现在眼前时，禁不住令人心有所动——其实，我台大多职工对加快发展有着真挚而强烈的愿望，并且愿意为之付出自己的智慧与汗水。当前，我们要打造新型主流媒体，外在的支持助力固然重要，但根本还要依靠全台职工的内在动力与切实行动。

习近平总书记视察宁夏时号召，“社会主义是干出来的，幸福是奋斗出来的”。这告诉我们，任何美好的愿望，只有在奋斗中才会变为现实！当前，“以中国式现代化全面推进中华民族伟大复兴”以及“全面建设社会主义现代化美丽新宁夏”的奋斗目标，需要我们更好地担当广电使命，发挥广电优势，贡献广电力量。为此，我们必须拿出加快发展的决心与勇气，努力把全台事业提升到一个新的水平。此时，如果要问希望在哪里？——其实，就在我们自己手中！

我们必须注重依靠自己的力量加快发展！

加快发展，需要我们坚持问题导向持续改革！2021年以来，宁夏广播电视台通过开展媒体深度融合发展改革，取得了一系列显著成果。然而，正如习近平总书记所说，改革只有进行时，没有完成时。当前，宁夏广播电视台在理顺体制机制、加大融合程度、提升采编能力等方面仍然面临不少难题。吴静台长深入全台调研时，鼓励干部职工勇于面对困难挑战，坚定发展信心，汇聚工作合力，努力把媒体深度融合发展改革继续向纵深推进。应该说，继续深化媒体融合发展改革，既是对中央和自治区相关要求的积极回应，也契合了全台干部职工的热切盼望。

加快发展，需要我们依靠团结合力不懈奋斗！广电作品的创作，往往离不开多工种的协作。这一属性，天然要求我们必须凝聚更多职工的团结合力。2023年，在中阿博览会、中国(宁夏)国际葡萄酒文化旅游博览会、中国算力大会，以及“村BA”西北赛区比赛等一系列宣传战役中，全台多部门多工种团结协作，取得显著成果。其中，“村BA”赛事报道一项，就是在9个部门的协作下共同完成的。“团结就是力量”，我们既然能够在团结协作中一步步走到今天，那么在改革发展的新阶段，更需要发扬团结精神携手走向未来。

加快发展，需要我们贯彻“四力”要求增强本领！发展归根到底要依靠人的力量。习近平总书记提出，记者要增强“脚力、眼力、脑力、笔力”。诚然，互联网时代的信息获取已经更加便捷，但如果记者不贴近基层，没有现实的观察、思考与感悟，创作难免就会隔靴搔痒。宁夏广播电视台记者通过“记住乡愁”“最美自驾路”等采访手记反复阐明一个道理——只有始终让作品“粘泥土、带露珠、冒热气”，我们才能履行好自身职责，不负时代使命。这对记者成长来说，应该是始终不变的“绝招”；对媒体融合来说，也才能增强发展的底气。

其实最关键的，加快发展还需要我们始终拥有对事业的热忱与责任。我们每个职工刚入职时，相信都满怀憧憬并甘于奋斗。然而，经历过事业的波折起伏、名利的患得患失，你是否问过自己——当初的理想还在不在？走得再远，也不要忘记为什么出发。对这份初心印记，我们应该始终呵护。如果偶有迷失，也应该及时喊它回家！念念不忘，必有回响。我们应该有这份信念在！

本文写作之时，正逢中秋国庆双节，身边家国情怀正浓。对中国人来说，家国一体的观念自古根深蒂固。而对身处新时代的我们来说，家、台、国，实际上三位一体；“中国梦、广电梦、我的梦”也三梦相通。我们无论是面对“国家富强、民族复兴”的梦想，还是面对个人追求和家庭愿望，其实都要通过加快广电事业的发展来实现。从这个意义上说，爱台即爱国，爱台即爱家。

于是，再次凝视那幅名为《希望》的绘画作品，一首歌曲仿佛从远处飘来。“孩子，这是你的家，庭院高雅！”“汗滴用作栽花，枯了树干再生花，肩过重担再上吧！”可以推测，对广电事业充满感情，对改革发展勇于担当，一定会是图画中那位少年记者的心境！

此时，耳畔仿佛又有国歌响起。“起来！不愿做奴隶的人们！把我们的血肉，筑成我们新的长城！中华民族到了最危险的时候！”新中国成立前夕，全国政协会议讨论国歌时，曾有人建议修改歌词。周恩来总理却认为，这可以提醒后人始终心存忧患意识。而今细想，深感伟人的远见卓识。当前，身处融媒时代的我们，不正是“到了最危险的时候”吗？台的忧患，何尝不是国的忧患，家的忧患？

是的，我们“到了最危险的时候”，只有不甘于“躺平”，不给宿命做“奴隶”，才能挣脱各类困难问题的束缚，迎来加快发展的新阶段。

起来！用我们的奋斗点亮新的希望！

“生态融通”赋能广电未来

“宁夏广电，未来有我！”

2023年11月8日，宁夏广播电视台庆祝第24个记者节活动结束时，全场职工共同喊响这句口号。那一时刻，我们在表达内心宣示的同时，一股为广电未来奋斗的责任感油然而生。此外，这句口号也蕴含着一个值得思索的课题——今天的我们应该如何奋斗，才能不辜负“未来有我”的承诺？

今天的宁夏广电，跋涉在融媒改革之路上，任重而道远。“未来有我”，必

然离不开每个职工的自我提升和尽责奉献，但又不仅仅于此。当前，在各类资源的约束中，我们渴望打破内外部种种壁垒，加快推动媒体融合发展、建设全媒体传播体系。可是，现实的路径在哪里？

中央宣传思想文化工作会议正式提出习近平文化思想，并以“七个着力”对我们提出了贯彻要求。自治区党委第十三届五次全会对“全面推进新征程生态文明建设、加快建设美丽宁夏”作出全面部署。我们在认真学习领会这些新要求、新任务的同时，也深切感到，包括广电在内的文化建设，其实与生态文明建设有着一个相似特征——“融通”。由于这种“融通”表现为相互依存、一体发展，体现了生态学中的整体性原理，我们或称之为“生态融通”。在今天的国际合作、地域发展，以及任何社会组织的自身建设中，“生态融通”都已经成为一个重要理念，并包蕴在了时代精神之中。对融媒时代的宁夏广电来说，我们只有努力与之同频共振，才能拥有一个美好的未来！

那么，我们如何做到“生态融通”？

2023 年 11 月 23 日，宁夏广播电视台融媒体节目《黄河谣：宁夏黄河故事》开播，赢得广泛好评。其中，第一集《宁夏是谁？》的留言仅“宁夏卫视”视频号就达 380 余条。可以说，这档融媒体节目的创作过程，也是一次追求“生态融通”的探索与努力。我们在欣赏节目的同时，也品味出了背后的三个关键词——自信、协作、创新。其实，这三个关键词，不仅仅属于这部作品。从宁夏广播电视台这一年度的许多创作中，我们也都能触摸到这一脉动。尽管这还处在探索阶段，但对宁夏广电未来发展却具有重要的启示意义。

首先，“生态融通”需要我们始终拥有自信。“自信人生二百年，会

当水击三千里。”新时代中国的面貌,突出表现在自信,尤其是文化自信的彰显。《黄河谣:宁夏黄河故事》“全流程由宁夏广播电视台团队独立承担”,就体现了一种内在的自信。曾经,我们由于缺乏这种自信,不时采取外包方式制作一些“大片”。这种做法虽然看似省心省事,但也面临丧失核心创作能力的风险。一旦由此形成对外依赖,宁夏广电在融媒时代的前途必然堪忧。如今,这种创作自信正在回归,并开始走向自觉。从《灰鹤“落户”迎河湾》《从你的世界路过》等年度获奖作品中,我们也都能够看到这种应有的自信与自觉。这启发我们,对宁夏广电而言,只有坚持以我为主进行创作活动,才能把未来命运真正把握在自己手中。这应该成为一条重要的发展原则。

其次,“生态融通”需要我们不断加强协作。以我为主,与加强协作并不矛盾。当前,在国家层面,无论是倡导“一带一路”建设,还是实施长江经济带发展、黄河流域生态保护和高质量发展战略,均突出强调“一体化”理念。这一理念,当今放之四海而皆准,具有深刻的方法论意义。《黄河谣:宁夏黄河故事》的创作,打破了内部壁垒,形成了多部门联动的创作局面,我们因此实现了力量的聚集与爆发。此外,我台在对外合作方面也不断显现出这一特征。2023年度沿黄九省区系列广电行动、闽宁两地广电携手救助“先心病”少年,以及《极致中国·宁夏篇》的创作中,我们也可以看到这种相向奔赴、密切协作的力量。对宁夏广电而言,不断增强这种力量,既是一个发展要求,同时也是一种有效方法。

其三,“生态融通”需要我们持续追求创新。习近平总书记号召,“社会主义是干出来的”。这种“干”,应该主要体现为创新驱动下的“干”。创新作为发展的第一动力,必须融入到我们宁夏广电的改革与实践当中。《黄河谣·宁夏黄河故事》在创作中采用了很多创新手法,把我们熟知的内容拍出了新意。文案的时代气息,微缩景观、3D打印的引入拍摄,讲述人的节奏掌控,都能让我们从中发现不少亮点。此外,从本年度其他业务活动中,我们也能够找到不少创新点。比如,“两晒一促”每年的新变化,杭州亚运会报道采取的感动、文化、绿色视角,“广电因你而精彩”三项活动的协同举办,等等。我们期待这种创新意识今后能够贯穿到日常每一篇报道、每一次行动中，成为宁夏广电奔向未来的不竭动力。

此外，“生态融通”还需要我们善于打持久战。十年树木，百年树人。无论是生态文明建设还是文化建设，都需要驰而不息、久久为功。我们正在进行的全媒体传播体系建设，其实是在构建一种新的传媒生态、一种新的文化样态。这会是一段艰难的里程，“绝不是轻轻松松、敲锣打鼓就能实现的”。为此，我们既应该有只争朝夕的紧迫感，同时也需要有跑一场“马拉松”的心理准备。

曾经有一首歌中唱道，“一棵小树吔弱不禁风雨，百里森林哟并肩耐岁寒”。如同生态文明建设一样，今天的宁夏广电无论对内还是对外，都应该不断树立“生态融通”理念，让内在潜力更好地发挥出来。而当认定了这个道理，我们就一定能够唱出“同舟共济海让路，号子一喊浪靠边”的发展强音，并面向未来自信地喊响——

宁夏广电，未来有我！

心存忧患，追逐梦想！

2023年8月下旬，宁夏广播电视台内刊《回响》推出"学习贯彻习近平新时代中国特色社会主义思想主题教育调查研究专刊"。这是一册调研报告和职工"金点子"的结集。在我们看来，这其中每一篇都充满着忧患意识，充满着对宁夏广电发展的深切渴望。

忧患与梦想，在这里彼此碰撞、相互生发，和谐地统一在一起。

"6·21"富洋事件的发生，让"统筹发展与安全"这一课题前所未有地摆在我们面前。此时，学习习近平总书记提出的总体国家安全观以及自治区党委十三届四次全会精神，在让我们更加重视安全问题的同时，也深切感受到——在追逐梦想的道路上，心存忧患意识该有多么重要！而对宁夏广电而言，这种忧患意识，应进一步扩大覆盖到我们事业发展的方方面面。

古代先贤孟子说，"生于忧患，死于安乐"。发展往往是在忧患中取得的。我们如果没有对问题的穷尽意识，如果不能正视问题、研究问题、解决问题，发展目标就难以实现，发展过程也不会平稳。今天，在实现中华民族伟大复兴中国梦的新征程上，在向着打造新型主流媒体目标的奔赴中，宁夏广电必须以忧患意识去推动自身各类问题的发现、研究、解决。而主题教育，正给了我们这样一个契机。

以忧患意识来警惕安全问题并探索发展路径，“主题教育调查研究专刊”既是一项成果，也是一段见证。从这些充满忧患、思考、梦想的文字中，在全台干部职工继续推进改革的期盼中，我们能够深切地体会到——

在忧患中继续推进改革，要求我们必须有正视问题的勇气。党的二十大报告将“必须坚持问题导向”鲜明地写入我们党治国理政的世界观与方法论中。这告诉我们，只有不回避问题，改革发展才有行进方向。由此，这本专刊成为我台面临的一系列重大问题的汇集。比如，如何建立节目生产传播的协调协同机制？如何解决经营体制机制僵化和经营创收模式单一问题？如何推进融媒体一体化平台及矩阵建设？怎样改进提升《宁夏新闻联播》质量？……此外，各个“金点子”也都是在为解决宁夏广播电视台发展中的一系列问题出谋划策。可以说，在继续深化媒体融合发展改革的进程中，需要我们从自身现存的问题入手，坚定地探寻发展之路。

在思考中探索发展路径，要求我们必须有实事求是的态度。毛泽东同志曾用“实事求是”对马克思主义根本观点进行了中国化的精辟概述，阐明要从客观实际出发去研究和探求事物的发展规律。调查研究，正是从发现问题到解决问题的必经桥梁，是解决忧患与实现梦想的必备手段。这本专刊记录了台领导班子成员的调研经历与思考成果。他们通过举行各类座谈会、深入基层现场、发放调查问卷、赴外省区考察等多种方式，为宁夏广播电视台现存各类问题把脉问诊。在这一过程中，思想火花接连迸现，智慧之泉不断涌出。这是全台多年少有的一次集中调研行动，“金点子大赛”继而为它锦上添花。这些以实事求是态度取得的调研与思考成果，不断增添着我们追逐梦想的信心。

在追梦中实现发展目标，要求我们必须有务实奋斗的精神。“社会主义是干出来的，幸福是奋斗出来的”，习近平总书记视察宁夏时深刻阐明了“奋斗”的重大意义。这告诉我们，如果只思考不行动，那么再好的对策也只是镜花水月。当前,我们还需要在务实奋斗中推动调研成果的转化运用。毛泽东同志曾经有一个生动的比喻,调查研究好比“十月怀胎”,解决问题就像“一朝分娩”。反过来说,如果不能实现“一朝分娩”,这“十月怀胎”也就失去了意义。对宁夏广电来说,我们当前急迫需要扎实解决好一些影响事业发展的难题。值得欣慰的是,这些调研成果的转化工作正在稳步推进中。

此外,要写好这调研的“后半篇文章”,还离不开增强改革的信心与激情!诚然,宁夏广播电视台的改革发展,既有现实困难,也有先天不足。然而,从一些兄弟省台崛起的案例看,这些客观因素并非不可克服。

从远处讲,湖南广电崛起前,职工的共同回忆是“日子艰难、内耗严重、恶性循环、人才流失”。然而,他们在改革发展中能够最终圆梦,凭的是什么?中国广电传媒 MBA 经典案例曾概括为——“激情成就梦想, 创新缔造辉煌”。一位业内权威人士则认为,“凭的是隐藏在他们团队中的那种创业激情,以及他们行走在路上的稳健而扎实的脚步。”在宁夏广电与湖南广电的多年交往中,许多干部职工对此感同身受。

从近处讲,内蒙古广电两年多前还处在职工“万马齐喑”的状态,许多人才或蛰伏,或离职。有职工说,那种状况是“冷冷清清、暮气沉沉”。不过,他们通过稳步推进媒体深融深改,融媒影响力和经济效益均突飞猛进,一时间令业内刮目相看。我们很想知道,他们在改革中能够日益接近梦想,凭的又是什么?

答案在哪里?

一天夜里,“主题教育调查研究专刊”的编排正接近尾声,编者手机微信的提示音响起。内蒙古广电一位同行转发来一条关于宁夏广播电视台的消息,同时附上了一句话——

“一群人,一件事,一条心,一起拼,一定赢!”

她说,这“五个一”已经成为内蒙古广电所有职工的“座右铭”,并被用行动一再诠释着。

原来,答案就在这里!

早安，我的广电！

“你是那夜空中最美的星星，陪伴我一路前行。你是我生命中最美的相遇——早安，我的隆回……”

这首歌叫《早安隆回》，自2022年卡塔尔世界杯期间火热唱响之后，又接续登上央视春晚，奇迹般地传遍大江南北。2023年1月30日，在宁夏广播电视台“了解大局、把握大局”例会上，湖南台同仁通过视频介绍了《新春走基层·相遇隆回》的创作经验。一首歌，一座城，一档电视节目。当我们距离这首歌如此之近时，禁不住又感动了一回。

这本是一首抗疫歌曲，恰逢其时地唱出了人们对生活的勇气、乐观与希冀。尽管很多人并不知道歌中所唱的隆回在哪里，但内心的感动却丝毫不减。因为在人们眼中，这“隆回”可以是故乡、是中国、是理想、是师友、是恋人……当然，对我们来说，也可以是广电。

过去的三年，记录了中国艰难而伟大的抗疫历程，也记录了宁夏广播电视台媒体深度融合发展改革酝酿、出台、实施的经过。此刻，我们仍未忘记广电曾被列入“特困行业”的刺痛。“你若安好，便是晴天”。为了实现“广电安好”的愿望，我们仍需要抖擞精神，继续把台融媒改革推向深入。因为这既是自身生存发展的需要，也是时代赋予我们的责任与使命！

党的二十大报告提出“以中国式现代化全面推进中华民族伟大复兴”，并把“推进文化自信自强，铸就社会主义文化新辉煌”写在了我们广电人团结奋斗的旗帜上。我们知道，既然“中国式现代化是物质文明和精神文明相协调的现代化”，那么，广电的繁荣兴盛、新型主流媒体地位的巩固，必然是“中国式现代化”的应有之义。今天，我们学习宣传贯彻党的二十大精神，就必须在自身高质量创新性发展上有更多作为！

当前，我们宁夏广电应该怎样继续加强全媒体传播体系建设，塑造主流舆论新格局？这又应该是怎样的一个过程呢？习近平总书记曾经借王国维“三境界说”来勉励领导干部加强理论学习。实际上，我们融媒改革中的求索之路也应当有这三种境界。

“昨夜西风凋碧树，独上高楼，望尽天涯路。此第一境也。”首先，我们必须坚定“打造新型主流媒体”的高远志向，耐得住一时的失落与寂寞，保持改革初心不动摇。宁党办〔2021〕43号文件为宁夏广播电视台媒体深度融合发展改革做出了顶层设计。我们根据文件要求蹄疾步稳推进各项改革措施，取得了一系列显著成果。但目前而言，我们仍然面临不少需要解决的难题，实现既定改革目标任重道远。“穷且益坚，不坠青云之志”。全台干部职工在学习党的二十大精神中的深邃思考再次昭示——继续推进媒体深度融合发展改革，宁夏广电志向未改、初心依旧。

“衣带渐宽终不悔，为伊消得人憔悴。此第二境也。”其次，我们必须发扬务实苦干的奋斗精神，舍得下真功夫，为扎实推进改革继续付出艰辛的努力。对宁夏广电来说，融媒改革正处在“人到半山路更陡”的时候。我们的困难虽然暂时缓解，但决不能因此产生“歇歇脚”的想法。一旦有思想上的小富即安，必定会迟滞改革深入的步伐。2023年初完成的自治区两会宣传战役、宁夏春晚创作，都是宁夏广播电视台职工在疫情肆虐时克服各种困难取得的成果。三年疫情期间，我们凭借不畏艰难、务实苦干的精神打赢了一场场宣传“硬仗”。今后，我们还需要在改革发展之路上继续奋斗，即使是“衣带渐宽”也终不悔，“人憔悴”也心甘情愿。

“众里寻他千百度，蓦然回首，那人却在灯火阑珊处。此第三境也。”再次，我们必须保持不惧挫折、坚韧不拔的意志品质，在持续探索中领悟发展真谛，实现改革目标。习近平总书记在学习贯彻党的二十大精神研讨班开班式上指出，推进中国式现代化需要处理好顶层设计与实践探索的关系。以这一思想为指导，今后我们还需要不断总结经验，对各项改革举措不断优化、补充、完善。本书中提到的“电视中国剧场”的拓展、《音乐思政课》的探索、“宁视优选”电商的试水等，也都是在“千百度”找寻中付出的可贵努力。相信我们只要在这一道路上始终坚持不辍，总能在“蓦然回首”中遇到“柳暗花明”的那一刻。

此外，在这“三境界”的上下求索中，我们还必须始终注重激发全台职工内蕴的力量。融媒改革能否继续深化，人是关键因素。改革作为发展的动力，也正是从这一意义上体现的。本书真诚记录基层发射台站职工的默默耕耘、“新春谜会”对心灵“拆墙”的追求、新入职员工的思考与希冀等，也都在表达着同一思想——改革发展始终是为了人，改革发展也必须依靠人。

2023年是全面贯彻党的二十大精神的开局之年。此时，“中国式现代化”的美好蓝图正鼓舞起万众一心的磅礴力量。对宁夏广电人来说，此刻也需要继续凝聚力量、团结奋斗，在不断排除困难中，去争取改革目标的最终实现。

如今，在《早安隆回》的歌声中，人们送走了曾被疫情笼罩的寒冬，并对未来的生活充满信心。道阻且长，行则将至。在宁夏广电，我们也已经望得见改革发展道路上的曙光。在这不断穿越险阻、奔向黎明的时刻，让我们携手同行，深情而自信地说出内心的祝福——

早安，我的广电！

星空好作伴，奔流向未来！

“曾漫步街头，仰望着星空。”“宁夏的星星之间，藏着我们的梦……”（歌曲《陪你一起看星星》）

2022年7月29日，宁夏文旅频道开播仪式上，来自各界的嘉宾沉浸在这美妙空灵的歌声里。在台里职工看来，这首主题曲不仅在为宁夏旅游代言，同时也有着更深的意味——在融媒改革中渴求发展的宁夏广电，此刻正需要仰望星空，不断探索求知。

同日，宁夏公共频道全新改版上线。采编人员现场展示创作成果之后，把心中涌动的激情凝聚成了一句宣传语——“奔流向未来！”现场嘉宾在被这昂扬精神风貌触动的同时，很容易联想到黄河，联想到我们民族的精神——自强不息、勇毅笃行。

接连的这两

个场景令人浮想联翩。“星空”与“奔流”，既属于宁夏，属于黄河，同样也应当属于我们广电！

自治区第十三次党代会报告指出，“要坚持以习近平新时代中国特色社会主义思想为指导，奋力谱写全面建设社会主义现代化美丽新宁夏壮丽篇章”；“要以黄河流域生态保护和高质量发展先行区建设为牵引，推动高质量发展实现新突破”。应该说，我们对“星空”与“奔流”的理解和呈现，其实正与报告主题和重点内容的要求相一致。

可以看到，习近平新时代中国特色社会主义思想为宁夏的发展指明了方向，先行区建设正使古老的黄河不断焕发着青春。那么，改革发展中的宁夏广电，要贯彻好指导思想，担当起责任使命，又应该呈现出怎样的面貌？

我们需要呈现一个青春的广电。青春，意味着激情与创造。精神产品的生产，从来都需要以激情为伴。毋庸讳言，一段时间以来，传媒生态的变化，广电影响的式微，经营收入的下滑，曾让我们精神不振，状态低迷。如今，我们通过自身努力正在走出情绪低谷。宁夏公共频道的改版宣传语“奔流向未来”分明在说——要提升干事创业的激情，始终“做最好的自己”。的确，内心涌动的激情和持续不断的创造，那才是青春最美的样子！

我们需要呈现一个人民的广电。无论走得多远，都不能忘记为什么出发。今天，当我们习惯于从经营视角谈“受众”和“用户”时，一定不能游离于

我们党“为人民服务”的宗旨。应该说,公共节目中心《今日宁夏》、新闻广播部《1061民生热线》等栏目的民生坚守,宁夏卫视编导通过《记住乡愁》见证减贫奇迹,还有宁夏文旅频道那句宣传语“文旅相伴,让生活更美好”,就是在实践中对新时代“人民广电”初心的崭新呈现。“得其大者可以兼其小。”只有以宗旨意识为统领,以实现“人民对美好生活的向往”为使命,我们才不至于把“用户”仅视为经济概念而迷失其中。也只有这样,我们才能够做到社会效益与经济效益“两点论”与“重点论”的辩证统一,宁夏广电才会在对初心的坚守中真正拥有未来!

我们需要呈现一个开放的广电。习近平总书记视察宁夏时指出,“开放不足是制约宁夏发展的突出短板”。对宁夏广电来说,又何尝不是如此?我们正在进行的融媒改革,也需要借助不断扩大开放来进一步推动。改革与开放从来相辅相成,改革是开放的条件,开放是改革的动力。可以说,没有开放所带来的宽阔视野,没有各种“拿来主义”和经验借鉴,我们的改革就很难一帆风顺。宁夏广播电视台与福建省广播影视集团签署战略合作协议,以及与中央广播电视总台农业农村节目中心的合作,就体现了这种开放意识。值得一提的是,宁夏广电与福建广电的战略合作,正与自治区党委、政府的思路同向同行。这给我们启示:只有把自身的开放自觉融入到全区开放发展的大局中,融媒改革才能取得更加丰硕的成果。

以上解答显然并不完备,更多的答案仍需要我们在奋力奔跑中不断探寻。

“黄河落天走东海,万里写入胸怀间。”盛唐李白绣口一吐,黄河的气势磅礴、奔腾不息、壮阔豪迈,直入中国人的胸臆与血脉,绵延流淌至今。今天,随着黄河流域生态保护和高质量发展国家战略的实施,新时代的黄河大合唱正在中国大地上奏响。在这当中，宁夏已经肩负着使命走到了台前，而其中不能没有我们宁夏广电的贡献。

青春的广电、人民的广电、开放的广电，这是广电本来的样子，也应该是广电未来的样子。与之伴生的，应该是这样一群人——睿智通达而又意气风发。在人们眼中，这群人始终保持着这样的姿态——仰望星空，他们始终追求着这样的目标——向前奔流。

我们要做这样的广电人！

星空好做伴，奔流向未来！

路径求索

NXTV激情跨年，广电人永远不老！

宋　韬

“哦！这样多好，新闻人永远不老！”

2021年最后一天，一首自制MV《NEW DAY 看这里》在宁夏广播电视台内部传播。当听到这句歌词时，很多人都会怦然心动。此刻，台融媒体新闻中心正在筹备新闻跨年大直播“2022·开新局”，这首MV就是他们填词创作的主题曲。

如果这激情只是唱出来的，那么只能感染观众一时；只有做出行动，才会让人久久难忘。很快，一场历时近十五个小时的大直播拉开帷幕。从聆听习近平总书记新年贺词到全区五市经济文化大巡礼，从劳动者零时坚守到海内外“宁夏亲友团”送祝福，从“明明说”2021宁夏大事件到“三山

一河”之巅迎来 2022 年第一缕阳光，融媒体新闻中心的同事们在直播中激情挥洒。

同一天，公共节目中心也推出 4 个多小时伴随式跨年直播。节目创作人员以现场连线、直播互动等方式，热情洋溢地展示全区各地喜迎新年的特色活动。他们在为观众送去欢乐的同时，也展示着自己内心的满足与幸福。

当天，广播节目中心推出 2021—2022 宁夏冬春季文化旅游季启动仪式大型融媒体直播。从沐浴冰雪阳光到展现夜幕灯光秀，持续三个半小时的时间里，景美人也美。

新年第一天，由自治区党委宣传部牵头建设、宁夏广播电视台负责运营的黄河云视 App 正式上线。上线仪式简单而隆重，它让每个广电人内心充满希望。大家知道，宁夏媒体深度融合从这一天起迈出崭新步伐，今后还会描绘更加美好的图画。这天，宁夏新闻战线“新春走基层”活动同步启动。其实，在刚刚过去的近二十个小时里，宁夏广电人已经用跨年行动书写下了他们“新春走基层”的精彩实践。

以上这些活动彼此独立，却又相互默契，均通过

网络直播与观众见面。当广大观众在为这些精彩的内容或场景由衷喝彩时，有心人也许想了解一下这背后的机理。

如果我们为之探究解码，首先应归功于融媒改革。2021年，宁夏广播电视台媒体深度融合发展改革拉开帷幕。伴随着机构调整、干部竞争上岗、运行机制创新，全台的面貌不断发生着转变。从中阿博览会、首届中国（宁夏）国际葡萄酒文化旅游博览会、“四大提升行动”、“宁夏抗疫进行时”等融媒报道的出新出彩，到一场场迎新年直播活动的激情洋溢，这本身就展现了全台融媒改革的实践成果。如今，宁夏广播电视台的这场改革仍在继续，融媒实践的精彩还只是序曲。

以这些新年直播活动为视角观察全台融媒改革，我们看到的第一个关键词——“融合”。首先是平台的融合。黄河云视App供全区媒体统一使用、支持分级管理、能够满足各级媒体个性化需求，是宁夏广播电视台乃至全区媒体深度融合改革的关键步骤。其次是机构的融合。融媒体新闻中心组建后，整合了红枸杞客户端，使新闻跨年直播有了网络技术力量的更多支撑，从而进一步丰富了表现手段，扩充了传播渠道。再次是采编力量的融合。广播节目中心整合了经济广播、旅游广播、音乐广播等多个平台，这次冬春季文化旅游季启动仪式直播虽然以旅游广播名义承办，但其实是三个平台采编人员群策群力的结果，而且还得到了宁夏卫视中心的支持配合。最后是节目的融合。各场直播活动早已跳出了传统声屏节目制作的局限。如今，电视人驾驭网络传播已经技巧娴熟，广播人走到镜头前也是挥洒自如。全媒记者、全媒传播，正从思想认识变成现实行动。

我们看到的第二个关键词——“创新”。黄河云视App正式上线，我们看到的是平台创新，这使打造新型主流媒体有了稳固的平台

支撑。“2022·开新局”新闻跨年大直播通过人民日报 App、央视频 App、央视新闻 App、抖音、快手、微博、今日头条、微信等传播，我们看到的是渠道创新，这使我们不断扩大内容的传播力、影响力有了渠道保障。融媒体新闻中心、公共节目中心、广播节目中心开展的直播活动中，很多内容别出心裁，并运用了多种多样的制作手段和表现方式，我们从中看到的是内容创新和形式创新。在台媒体深度融合改革中，创新是最重要的原动力。“苟日新，日日新，又日新”。尤其是辞旧迎新之际，在每个人的心中，有谁不对崭新的未来满怀憧憬？然而，崭新的未来，毕竟需要靠辛劳创造出来，用改革开拓出来。宁夏广播电视台的融媒改革仍在路上，只要永葆创新意识，我们的未来就不会只是梦想。

我们看到的第三个关键词——“激情”。新年开展的这一场场直播活动，是一次默契的集体融媒行动。如果说融媒改革是背后的根本动力，那么由此促生的激情则是其中的直接动因。实际上，任何精彩的节目和活动，直抵观众内心的，不仅仅在于内容的丰富精彩，关键还在于创作者蕴含其中的真挚情感。什么样的人，就有什么样的作品。只有把激情注入作品，才能真正打动感染观众。当观众从直播中听到新年诞生婴儿的第一声啼哭，看到“三山一河”之巅太阳的冉冉升起，那激动人心的，不仅是这些图景内蕴的深意，一定还有背后创作者那激荡的情怀。所以，我们期待着，全台正在进行的融媒改革不仅能够继续激发采编人员的创作激情，同时也能够小心地珍视并呵护这种激情，使它们永久不灭。

出于以上观察和认识，“广电回响”公众号对这几场新年直播活动的相关报道予以转载，这既是对台内大事件的忠实记录，更是想表达我们编辑部对同事们的敬意。2021 年

末，由台发展研究中心承办的内部刊物《回响》创刊，公众号“广电回响”上线。从诞生之日起，我们就把职责使命和全台的改革发展紧紧联系在一起。这一刊一号，同样诞生并融入在全台融媒改革的大局中。

步入 2022 年，让我们一起向未来，祝福国泰民安，同时也祝福自己——

“广电人永远不老！”

融合中拓展 奋进中突围
媒体融合发展实践在路上

海晓宇　张云峰　温建军

志之所趋，无远弗届。在当下媒体深度融合发展和分众化、差异化传播新趋势下，作为地方媒体，必须在地方特色和独有资源上守正创新，“破题”“出圈”，方能更好地服务于地方党委政府、服务于当地社会经济发展、服务于广大受众日益增长的对美好生活（包括及时、便捷、多渠道获取新闻资讯在内）的实际需要。

融媒体发展，专业化追求，一直在路上。2022 年，公共节目中心审时度势，将融媒体发展定位在“走进新闻现场，关注百姓生活，彰显价值表达，打造有时代记忆的融媒体平台”的价值追求上，以提升影响力和美誉度为第一诉求，致力于出精品、做符合中心新闻性特征的有影响力的节目，做能提升中心品牌价值的节目，做专业频道品牌化的坚定探索者和实

践者，精心打造宁夏人喜欢的新闻综合性专业频道。

明者因时而变，知者随事而制。融媒体发展进程中，公共节目中心坚持在“融与容”上大做文章，提出“我中有你、美美与共”“用心服务、各美其美”的发展构想和实现路径。

“我中有你、美美与共”，认识有突破

在最初几个月的探索中，公共节目中心工作人员经常听到台里同事和朋友们说，你们推送分享的各类短视频可以说是“简单粗暴”地霸屏和刷屏朋友圈了，有人甚至戏说再这样就要“拉黑你”。当然更有人发问了，说，你们这样“轰炸式”地推送短视频，有没有收益，图了个啥？没错，你们看到的是“轰炸式”传播，盯的是能带来什么“利益”，想的是吸粉变现。

看问题要看发展阶段。在这一问题上，公共节目中心如此高频率地推送短视频，是因为中心融媒体发展起步晚、发力迟，而这正是队伍大踏步行进前要交的“学费”，也是在蓄积力量前的“大练兵”。正如围棋文化所倡导的，弈者要放眼全局，筹谋落子，不必计较眼前“一城一地”的得失。

点击率是衡量新媒体作品的主要标准。而新媒体的驱动核心有两个，一是阅读，二是传播。因此，激发用户的点击欲望与分享欲望，是中心拥抱新媒体必须要做出的“条件反射”和理性反应。

逆水行舟，改革倒逼。公共节目中心的现实选择是，先融入，走好第一步。那么，如何融入？这就需要一个强大的推动力。而这个推动力，就来自融入其中所感受到的“涡流吸力”和“磁场引力”。用数字来说话，中心推送短视频实现“吸粉”实实在在是从零开始的。自 7 月上旬《直播 60 分》正式注册抖音号、快手号和视频号，到 11 月上旬，快手号粉丝增至 6 万，抖音号粉丝增至 2.5 万，视频号粉丝增至 4500，原有的《直播 60 分》公众号粉丝数从 4.3 万到突破 5 万，而且都是“自主关注(添加)”的活跃粉丝。

融合之道，有容乃大。我中有你，美美与共。拥抱新媒体，与新媒体共舞，关于这一点，电视媒体必须认识到位，行动到位。

新媒体因具有及时性、开放性、互动性等诸多优势，成为民众了解社会新闻时事热点的主要途径和信息源,并在媒体传播界发挥着重要作用。

据中国互联网络信息中心(CNNIC)2021年8月27日发布第48次《中国互联网络发展状况统计报告》显示,截至2021年6月,我国网民规模达10.11亿,较2020年12月增长2175万,互联网普及率达71.6%。十亿用户接入互联网,形成了全球最为庞大、生机勃勃的数字社会。庞大的网民规模为推动我国经济高质量发展提供了强大的内生动力。报告显示,截至2021年6月,我国网民人均每周上网时长为26.9小时,较2020年提升0.7小时。

当下,阅读时间被揉成碎片,深度阅读的时间和空间被压缩,眼花缭乱的公共信息平台和短而快的信息传播方式改变了人们的阅读习惯。碎片化时代下的阅读,越来越呈现出琐碎、纷繁、复杂、趋同等特点。碎片化时代下的阅读模式,导致人们将越来越少的时间用在阅读同一个或是同一类新闻上。人们的碎片化阅读具体表现为:主动放弃阅读长文章,比起文章阅读来更喜欢刷短视频。

身处信息化时代,人们除了更加看重信息的时效性和信息内容的新颖之外,更在意新闻能够不老套、不俗套、有网感。因此,制作生产不落俗套的网感视频就是公共节目中心在电视新闻创新与媒体深度融合的一大利器。

整体布局,重点突破,融合起好步

打开思路找出路,推进媒体融合创新、出成绩、占领主阵地。新媒体时代的信息传播是为目标受众量身定制的立体化的整合传播方式。为顺应这一趋势,公共节目中心的对策是:把传统媒体资源转化成新媒体环境下的资源,把影响力转移到"线上"。

谋定而后动。公共节目中心7月上旬召开媒体融合发展动员会,传达台媒体融合发展改革方案,号召中心同仁快速行动起来,拥抱新媒体,把公共新闻频道变成全媒体中心,把自己变成全媒体人,向全媒体要效益,重塑辉煌。先是打造新平台,初步搭建起"电视播出平台+黄河云视App平台+微信公众号平台",并整合《直播60分》原有新媒体平台资源,构建"腾讯视频订阅号平台+腾讯视频号平台+抖音号平台+快手平台('旺宁夏')""七位一体"

的媒体融合发展构架。平台搭建后，从内容生产、推送、转发等环节入手，制定发展方案，对现有人力资源进行整合细分，根据个人特点和优势，安排到相应的工作岗位。中心工作开始转向以媒体融合发展为重点，所有编导、摄像、主持人的工作围绕媒体融合发展而展开。

制定标准，业绩激励，全员齐发力

媒体融合发展的路子是否走得通，关键要制定一整套行之有效的办法，要打通媒体融合的重要关口，消除制约因素，形成发展合力。要把传统媒体和新媒体平台资源集聚起来为我所用，把中心的人力资源能动性调动起来发挥优势，“吃干榨净”节目资源，放大传播效率。

过去，记者到达新闻现场，心里盘算的是如何采制一条高质量的新闻报道，经过采访、拍摄、写稿、编辑，最后到节目播出，记者就算完成了任务。如今，记者到达新闻现场，首先考虑的是赶紧了解情况，根据话题和新闻亮点及时制作发布新媒体作品。与此同时，再筹划电视节目采访报道。很多时候，一个新闻现场就能制作发布多条新媒体作品。电视节目播出后，再拆分包装发布至新媒体平台。这样，记者参与新闻的深度明显加强，工作链条明显拉长，记者工作的效率明显提升。

公共节目中心根据《直播 60 分》栏目 4G 直播、现场报道和“互动话题”较为成熟的特点，制定实施《融媒体稿费分配及考评考核办法（试行）》，激励编采人员集思广益出作品，别出机杼搞创作。经过几个月的实践，中心初步形成了找准话题、抓住热点、制造话题、争取爆款，有计划、有目的、有步骤地进行新媒体作品创作的良好氛围。

“爆款或许就在不经意间流逝，不要让身边有价值的线索离我们远去，记者无时无刻不在思考，无时无刻不在考虑受众的需求”。中心要求一线记者从进入新闻采访现场的那一刻就要进入状态，把制播新媒体作品放在首位，把发布高质量新媒体作品作为首要任务，人还在现场，新媒体作品就要推出来，要为随后的电视直播预热、宣传、引导和发酵。一位记者在现场采访创作，全中心人员都是后援团，参与到出点子、推送和转发中去，为新媒体作品的快速传播助力。这样，大家很快就感受到了媒体融合的力量，人人都是参与者，人人都能感受到这种力量所带来的荣誉感和自豪感。

扩大平台，加载资源，融合在路上

开门办节目，需要延伸报道半径，丰富报道内容，加载新闻资源，将视角放眼全区。

在《直播 60 分》网络慢直播中，中心依托《直通市县（区）》栏目通讯员队伍资源，主动联系全区 5 市及 20 多个县（区）融媒体中心，将有直播技术保障的市县（区）融媒体中心最先纳入到中心的策划报道与新闻宣传的“朋友圈”，合力打造“直播共同体”，“书写”慢直播新语态和新传播方式。

在党的十九届六中全会召开后，公共节目中心适时开设《新时代 新飞跃》《建功新时代》《飞跃看宁夏》板块，每天通过电话会议与各市县(区)融媒体中心提前商定选题、沟通策划，在第二天上午进行两个小时的网络慢直播，并在抖音和快手同步播出。其中《固原："四大提升行动"助力 高质量发展绿色经济》《盐池滩羊：百姓致富增收的领头羊》《石嘴山：生态环境整治星海湖华丽"蝶变"》《聚力乡村振兴战略 实干书写隆德答卷》《平罗县庙庙湖村：村民喜分红 集体经济发展后劲足》《贺兰县：创新发展 科技赋能》等大时段网络慢直播的成功，有赖于台技术中心的通力协作，更得益于地方媒体的全力支持。

与此同时，通过网络直播、平台推荐和包装，中心全力打造韩军、房燕燕、胡艺菲、方言、方芳、马佳等主播，引流粉丝，提升节目影响力。为了加快媒体融合发展步伐、少走弯路，中心还与腾讯、抖音等公司负责人联系，邀请相关专家到中心指导工作，并派主播和技术人员到对方公司进行业务对接。

目前，公共节目中心借智借脑、借船出海，整合多方新闻资源和技术力量，走出了省级频道搭台、邀请地方媒体共同参与内容生产、多声部传递宁夏好声音、讲述宁夏好故事的媒体融合新节奏。

"用心服务、各美其美"，梧桐引凤凰

关于媒体融合，习近平总书记强调，"要推动媒体融合向纵深发展，做大做强主流舆论"。其核心要义就是，"主力军占领主阵地""做大做强主流舆论"。

从短视频"遍地开花"到网络慢直播，再到开门办节目、与地方媒体携手做网络慢直播，公共节目中心的这些做法，正是从实际出发，有策略、有抓手、有计划、有步骤地推进媒体深度融合发展的战略部分。根据需求，中心继续搭建"央视频""今日头条"等平台号，争取更多的传播途径；同时，为了建立"媒体融合"发展长效机制，中心在积极拓展合作渠道、提升影响力的同时，研发盈利模式，构建"内容分发—平台矩阵—广告分成—流量变现—带动合作"的盈利新模式。

眼下,公共节目中心媒体融合发展思路更加清晰,脚步更加稳健。如何走得更远,还有很多工作迫在眉睫、亟须推进。

站在大改革大发展的路口,公共节目中心整合资源、优化设计、精心编排、重新定位,确立以新闻立台,以内容为王,以提升影响力和美誉度为第一目标,将自身融媒体发展方向精准定位为“走进新闻现场,关注百姓生活,彰显价值表达,打造有时代记忆的融媒体平台”,致力于为广大受众用心提供更好的媒体服务。

而今迈步从头越。公共节目中心将继续强化互联网思维和移动优先战略,加强资源优化整合,加快构建新型采编流程,做大做强网络传播,不断提升主流媒体传播力、引导力、影响力、公信力。要积极践行“媒体+”理念,拓展功能,创新服务,投入最优秀的生产团队和最优质的媒体资源,更加突出创新,强化原创,探索主流宣传的新路径与新方法,创作开发出更好更多的符合新时代气质、传播主流价值观、适宜于媒体融合传播的好作品,自觉担当起“举旗帜、聚民心、育新人、兴文化、展形象”的使命任务。

奋力前行 未来可期

——公共节目中心全媒体节目《今日宁夏》破冰起航侧记

孙 蕾

临近子夜时分，终于敲定了明天的选题。手机微信工作群里，关于直播流程的讨论还在继续……自公共节目中心2021年10月疫情期间应时而动，推出全媒体节目《今日宁夏》以来，编导、记者就渐渐习惯了急行军、突击队似的作息。人人都在喊累，可没一个人后退。媒体转型，不进则退，全媒体时代的竞争压力，推着每一位心怀理想的电视新闻人转型打拼，破冰起航。

在破与立中重新出发

《今日宁夏》开播前，公共节目中心的《直播60分》将4G连线加入直播节目运行已近7年。虽然固定的编排、成熟的套路、熟悉的流程，一定程度上都是保证这档电视直播节目稳定运行的基础，但面对瞬息万变的网络环境和众口难调的受众喜好，我们渐渐缺少了腾挪的空间。公共节目中心考量权衡之后，果断决定拿出主力团队、优质资源策划启动《今日宁夏》，让每一位直播记者都以亲历者的姿态走进现场，用全媒体的视角做记录民生、反映民意的新闻报道。

为百姓发声，报道上热搜

2021年10月底至11月，刚刚开启的采暖季，再次登上银川热搜。一些业主给《今日宁夏》留言反映供暖问题，希望我们关注解决。供热问题是老生常谈，如何准确切入，找准问题是关键。那段时间，《今日宁夏》的 8 路记者循着线索，几乎跑遍了银川三区两县的几十个小区。搜集共性问题、找出特殊原因，辗转联系相关部门到现场办公、实地测温，并现场承诺解决时限，为百姓发声。《银川通贵家园 80 多户居民暖气不热，问题出在哪儿？》《银川碧桂园嘉誉里小区部分业主家暖气不热，这事咋解决？》《银川锦绣苑小区暖气何时才能热？》等 10 多篇关于供热问题的连续报道，形成了舆论高地，网友回复反馈热烈，相关部门高度重视。我们还启动了回访调查机制，避免媒体“一报了之”、涉事单位“一说就完”的情况。

“假如我是权益受损的那个人，该怎么办？”带着这样的预设身份，《今日宁夏》的记者深入基层，陆续拿出服务百姓、化解民忧的调查报道近百篇。《银川烟墩巷人车“混行”之“困”》《精装房变“闹心房”》《苏荷阳光小区消防通道是否达标？》《银川市五十多家社区蔬菜店为何关门？》等报道都成为拉动点击率、留言和关注人数的“爆款”作品。

《银川海鲜市场“套路多”》直接剑指海鲜售卖过程中侵害消费者权益的“潜规则”。记者扎实的暗访调查，揭开了长期存在于海鲜市场的经营套路，市场监管部门也及时跟进展开全市突查，并约谈有关方面限时整改。《今日宁夏》以短视频方式，多角度、多频次在抖音、快手、微信视频号同步跟进，两天内话题即登上抖音热搜第一名，点击量超过 600 万人次。

乡村有了铁杆“粉丝”

开播以来，《今日宁夏》展现基层治理成果与乡村振兴新貌的报道层出不穷。这些与普通人息息相关的身边事、身边人，见证了一个个社区、一座座村落的发展。

市民驿站、托老机构、便民窗口、社区食堂，这些落户社区街道的便民服务设施，正是基层工作不断下沉、以人为本的生动体现。《背街小巷“深度美颜”焕发活力》《“金凤悦邻里”变打卡新地标》《“幸福食堂”暖胃暖心》等几十篇直播报道，晒出了创建文明城市、提升基层治理的成绩单。

在农村，我们深入田间地头，带着观众去大棚看一月的桃花、二月的樱桃，看含苞待放的康乃馨、看远销外地的香芹、彩椒。泥土芬芳的山乡酝酿着激变，村里的媳妇学着线上带货、山里的大叔在网上卖牛、年轻后生走进村办企业钻研技术。《牛家坊为啥这么“牛”？》《“乌鸡”变“凤凰”》《菌菇大棚种出“软黄金”》《康乃馨红了 花农笑了》等上百篇展示宁夏乡村振兴发展成果的直播报道，让我们的节目在农村也拥有了铁杆“粉丝”。

大小屏联动提高全媒传播经验值

访非遗、讲年俗、展风采、拜大年。虎年春节，公共节目中心提早策划，精心部署，推出 2022 年春节系列特别节目“主播陪您过大年”。借助频道业已形成的全媒体播出矩阵，整合多个栏目内容资源，7 天假期，7 个主题。用移民新村过大年、非遗文化过大年、紫色梦想过大年、警营过大年、冰天雪地过大年、新春赶集过大年、文旅美食过大年，串起一个有声有色、有滋有味、有笑有泪的春节假期。

节目突出“融入”元素。融入百姓生活，融入民俗年俗，融入工作一线，让主播走进移民新村看变化、跟非遗传承人学手艺、在酒庄品佳酿、进雪场感

受速度与激情。

依托“新春走基层”活动，多路记者深入街道乡镇、工厂企业、设施温棚、记录凡人故事。公安、消防、医疗、应急管理、环卫、机场、火车站等一线岗位的默默值守，也被我们收入镜头，这些普通的面孔成为虎年春节最令人难忘的瞬间。

为配合节目宣传发布，我们自己创意、拍摄制作了“主播陪您过大年”宣传片，并为特别节目重新设计了包装、片花、角标。结合当下流行的“国潮”风，为12位主播、出镜记者设计动态拜年海报，从“大屏”到“小屏”，全方位烘托新春氛围。

2022年春节假期的7天，公共节目中心制作短视频92条，浏览播放量达489万次，其中微信视频号22.5万次、抖音号178.3万次、快手号248.6万次；直播19场次，2790.6分钟，直播观看量超36.18万人次，《主播带您过大年》特别节目各平台直播观看人次均超过3万人次。微信公众号、视频号、抖音号、快手号等平台观看量、点击率、互动量均有显著提升。全兵种作战、全媒体联动，公共节目中心虎年伊始的这次试水，再次提高了我们全媒体传播的实战经验值。

感悟真理光芒 赓续百年初心
《信仰的力量》拓展党史学习教育新路径

周新文

“这种创新的党课形式，为师生输送了高品质的精神营养。”

“这是一次别开生面的红色文化洗礼，为我们做好党建工作提供了很好的思路。”

“有思想、有筋骨、有品格，体现出了思想之美、文化之美、艺术之美，真正做到了用心用情用功。”

“我全程热血沸腾，不时热泪盈眶，在歌声与旋律中坚定了自己的理想信念。”

这是许多党员干部观看沉浸式情景党课《信仰的力量》后给予的评价。这部由宁夏音乐广播创排的“艺术党课”，截至2021年底已在全区巡演11场，观众近万人。其丰富的内容、深刻的内涵、新颖的形式，广受各界好评，并被列入自治区第二批党史学习教育原创剧目。那么，这堂别开生面的党课《信仰的力量》是如何打造出来的呢?

“党史+文艺”:用创新雕琢精品

早在2020年下半年，宁夏音乐广播的几位主创人员就开始酝酿排演一部既有深邃思想内容，又有强烈艺术感染力的党史学习教育剧目。筹划伊始，我们从思想性、艺术性、感染力三个维度，做出了高标准定位。经过细致的设计、推敲，沉浸式情景党课《信仰的力量》被设计成结构紧凑的三个板块:舞台剧《信仰的力量》《音乐中的党史》和《红色家书》。我们在利用音乐电台自身专业优势进行创作编排的同时，还邀请区内党史专家审稿把关，不断提升作品的理论高度和思想深度。

经过反复排演、打磨，《信仰的力量》新鲜出炉。它将理论宣讲融入舞台艺术，在音乐、表演、灯光、音效等综合元素营造的艺术氛围中，让观众与历史对话，感悟真理的光芒，体会信仰的力量，拓展出了一条党史学习教育的崭新路径。

红色舞台剧:让信仰凝聚力量

舞台剧《信仰的力量》结合历史背景，以实景表演、情景再现的方式，引领观众一同深入了解马克思伟大的一生和他的重要思想。采用蒙太奇手法，将马克思和恩格斯穿越到现代与学生进行对话，用马克思主义理论和“共产主义信仰”来解答当下年轻一代面临的理想与信仰、创业与追求、爱情与金钱观等现实问题。

剧中人物均由音乐广播的年轻主持人扮演，他们都是第一次接触舞台剧。为了达到锻造精品好剧的要求，从2020年9月开始，我们邀请银川大剧院的专业编剧和导演加盟，一边创作修改剧本，一边进行排练。参演主持人每天一下节目就逐字逐句练习、揣摩，对着镜子练表情，体会角色的心路历

程。主持人吴海、大熊、韩军、林虎、思谕承担角色的台词量很大,每人都有1万多字,而且部分哲学内容一时很难弄懂。为了真实地呈现人物情感,他们没有人用提字器,都是全篇背诵,熟记于心。扮演马克思和燕妮的是主播韩军和洁俪,他们每天在工作之余抓紧排练,周末也不休息。起初两人都放不开,不好意思大声讲。排练时间久了,他们在眼神和情感的表达上就慢慢有了默契。为了在台词、气质上尽可能向燕妮靠近,洁俪查找了马克思和燕妮的大量文字和影视资料,力求从精神层面接近自己塑造的人物形象。洁俪说:"通过大半年的排演,不断了解感悟马克思从青年时代起为追求真理矢志不渝的信念,使我的价值观发生了很大改变,思想也得到了升华。"

红色音乐:以歌声叙述党史

《音乐中的党史》以党史为脉络,以红色音乐为载体,通过以史串歌、以歌叙史,将中国共产党百年光辉历程娓娓道来。其中《开天辟地》《峥嵘岁月》《翻身解放》《春风浩荡》《走向复兴》五个篇章,回顾了中国共产党从上海、嘉兴出发,到遵义转折和延安壮大,再到西柏坡赶考的奋斗步履,展现了改革开放时期,特别是党的十八大以来取得的辉煌成就。这个板块融音视频、图文和现场讲解于一体,寓教于"乐",让观众在欣赏红色音乐、聆听革命故事、共唱红色歌曲中重温党史、感悟初心,从而让党史学习教育更加生动鲜活,入脑入心。

红色家书:用真心感悟情怀

《红色家书》重温了革命烈士为追求"为人民谋幸福"初心的奋斗历程,

从字里行间感悟他们人民至上的宗旨意识。这一板块还将闽宁镇第一书记的扶贫故事与革命烈士的家书有机串连在一起，以驻村第一书记父女对话的方式，呈现出传承绵延的家国情怀。主持人林夕为了把驻村第一书记的女儿扮演好，采访了多位驻村第一书记，并走近他们的家人，深切了解他们的艰辛与不易。林夕说："通过采访，我了解了第一书记的很多工作细节，了解了他们的付出背后离不开家人们的默默支持。有了这些生动的素材储备，我的表演才能真实到位，才能烘托出'父亲'心系群众、无私奉献的情怀。"

收获成长

《信仰的力量》创排过程中牢牢坚持理论学习和艺术审美相统一的基调，始终保持党史属性和音乐特色的契合，做到了不因音乐元素冲淡理论味道，不因理论阐述影响审美氛围，让广大观众产生了强烈的情感共鸣。历史的脚步清晰凝重，信仰的力量传承不息。对音乐广播参与创作的年轻主持人来讲，用有思想、有筋骨、有品格的作品感怀伟大信仰的思想之美、文化之美、艺术之美，是创作过程中最大的收获。他们在节目排练中不断的感悟和思考，也寻找到了今后努力的方向，许下了自己的青春誓言。通过追寻党的诞生、发展和壮大的足迹，前辈们的思想光芒和理想信念，必将在青年一代的身上熠熠生辉，汇聚起不忘初心、踔厉奋发的磅礴力量。

“电视中国剧场”中东之行
——宁夏卫视国际传播能力建设工作纪实

马 莉

2022年12月，埃及时间5日晚7时、苏丹时间6日晚8时，阿拉伯语版《山海情》在埃及新日间电视台和苏丹舒卢克电视台黄金时段开播。新年伊始，阿曼国家电视台也于当地时间1月6日晚7时，播出了这部承载着中国人民勇毅创造美好生活的奋斗大剧。2023年3月11日在伊拉克电视台公共频道播出。随着《山海情》的开篇，已在38个国家开办62场的“电视中国剧场”登陆中东广播中心（MBC），并在阿联酋、伊拉克、阿尔及利亚、巴林、摩洛哥、也门等阿拉伯国家媒体平台展播。近年来，在国家广播电视总局的指导下，宁夏广播电视台不断加强国际传播能力建设，为推动中国视听节目“走出去”做出有益探索，并取得显著成效。

开播时机“卡点卡位”

2022年12月7日至10日，习近平主席应邀出席首届中国—阿拉伯国家峰会。其间，苏丹首都喀土穆两处繁华街区的户外广告牌挂出了《山海情》的巨幅海报。《海湾报》、《国际苏丹》、《赛哈报》、伊拉克国家电视台新闻频道、GAZAPlUS网站、阿联酋Al-press Business News等阿拉伯国家主流媒体，连续发布该剧开播预告及背景介绍，并播出自制的剧情系列访谈类节目，等等。

这些宣传内容不断吸引着受众对这部来自中国的电视剧的普遍关注，更带领观众深刻地理解和感受着这个发生在中国大地上的真实故事。一时间，国内外、中英阿（语）相关新闻报道接踵而至，为中阿峰会的成功举办营造了浓厚的国际舆论氛围。

服务国家总体外交和向西开放新格局，推进我国与“一带一路”沿线国家，特别是与阿拉伯国家的民心相通、务实合作，是中央赋予宁夏的使命担当和责任定位。10年来，宁夏广播电视台与阿拉伯国家广播电视媒体深入开展视听节目交流与合作，从纪录片到电视栏目，再到电视剧，《黄河》《丝路印象》《丝路上的美食》《穿越腾格里》《这里是宁夏》《中国抗疫志》《双城生活》《灵与肉》等一批批视听节目成功“出海”。优质的中国内容、长期的渠道维护、进度的精准把控，是此次阿语版《山海情》能够按照预定计划多点同步落地播出的根本原因。

节目译制“精益求精”

译制水平是电视剧海外传播的关键，本土化译配无疑是提升传播效果，更好地贴近海外受众欣赏习惯的不二选择。《山海情》在国内播出时，原汁原味的方言版就曾一度引发观众的热情追捧。为了让阿语版同样具备方言特色，同时将剧中人物的性格和情感原原本本地传递给阿拉伯观众朋友们，经过前期针对多国媒体节目语言的海外调研，团队最终确定采用叙利亚方言进行本土化译制。

宁夏卫视在获得《山海情》阿拉伯语地区播映授权后，第一时间制订了“精品精译”的工作方针。为了更加贴近阿拉伯国家观众的收视习惯和偏好，翻译团队同时参照中、英文台本，在确保忠实原著的基础上，尽量做到语言生动、文字流畅、通俗易懂。在叙利亚的录音棚中，配音演员紧张地工作着，他们无论从音色音质，还是年龄气质上，都与剧中角色高度贴合。为确保导向正确、翻译标准，译配团队特邀埃及开罗大学青年汉学专家亚拉担任审校。她在接受《环球时报》专访时表示，相信这部电视剧能够引发埃及和阿拉伯国家观众的共鸣，并加深他们对中国的了解。

从筛选译配基地到甄选配音演员，从台本翻译到译配审校，从录音合成到后期制作，宁夏卫视严格按照国家广播电视总局最新发布的《广播电视和网络视听节目对外译制规范》，将质量把关落实到每一句台词、每一个名称。译制版合成时也充分考虑电视媒体和网络媒体的受众体验，提供了无字幕配音版、阿语配音中文字幕版、中阿字幕任选版等。最终得到海外播出平台和观众一致认可的译配效果，成为了解译好“中国方案、中国智慧、中国主张”，传播好“中国故事、中国声音”的根本保证。

宣传推广“全媒全息”

比起同样吸睛的都市情感剧和古装功夫剧，如何让脱贫主题的《山海情》得到广大阿拉伯观众的青睐，面临着不但要“走出去”，更是得“走进去”的双重考验。针对剧集在海外平台的播出周期，宁夏卫视策划实施了一套国内国外、线上线下多层深入，报网台端、前中后期全媒全息的宣推方案。

通过举办活动，参与和制造业界热点，引发媒体关注。2022 年 11 月 8 日，宁夏广播电视台与苏丹舒卢克电视台、埃及新日间电视台通过三方视频连线的方式，举行了电视剧《山海情》阿拉伯语版首批海外播放签约仪式。21 日，《山海情》译制播出项目和中东广播中心 MBC《中国剧场》项目在北京举办启动仪式。截至 12 月 13 日，两场活动的相关新闻报道 65 条。其中，外媒 11 条，央媒 23 条，宁夏媒体 15 条，《宁夏新闻联播》2 条，《中国联合展台》6 条，台内杂志、公众号 8 篇。

借力海外社交媒体及阿拉伯本土剧评人、意见领袖等，开展剧情图文及短视频特色宣推。宁夏卫视在 Twitter、Facebook、YouTube、Instagram、Tumblr 等平台的 10 个账号已形成海外社交媒体矩阵，共发布电视剧相关推文及短视频 270 条。陆续开通的电视剧专属账号，持续上载剧情推文、短视频等，如《山海情》专属账号已推送 229 条，其中，阿拉伯友人“宝云”在宁夏闽宁镇沉浸式体验《山海情》剧中场景的系列 Vlog 成为有效宣推利器。邀请阿拉伯本土剧评人、意见领袖、MCN 机构一同观剧、评剧，也是社交互动纵深宣推的有效途径。设置话题，互动讨论，掀起热议，形成了阿语宣推内容的“流量闭环”，有效扩大了剧目在阿拉伯受众群体中的吸引力和影响力。

收集播出反馈，统计传播效果，使其成为国内外各大媒体综合报道的重要素材，促进宣推长尾效应的凸显。截至 2023 年 1 月 9 日，阿语版《山海情》开播的新闻稿件被 177 家媒体采用。其中，央媒 9 家，网媒 92 家，广电媒体 3 家，微信公众号 5 家，客户端 55 家，微博 13 家，单篇最高浏览量 123.9 万。2022 年 12 月 6 日、7 日，新华网英文频道和阿文频道分别做了综合报道。12 月 13 日，“学习强国”平台首页推出的新华社题为《全球“一带一路”倡议：中阿人民亲如一家》的视频报道，开篇 33 秒为阿语版《山海情》。14 日，外交部发言人华春莹在其 Twitter 账号上发布推文《中国扶贫电视剧〈山海情〉在一些阿拉伯国家播出后受到追捧》。

随着报道持续升温，宣推主体由国内媒体主推转变为国外媒体机构主推。报网联动、户外广告、访谈节目等形式的宣推内容出现在阿拉伯国家主流媒体上。其中，阿联酋 Al-press Business News 评论认为，电视剧《山海情》向全世界呈现了中国为全球减贫事业所贡献的中国智慧和中国方案，激发了观众对于美好生活的向往和追求。

好剧热播“组团出海”

“好剧连台”才能真正铺就“电视中国剧场”持之以恒的“霸屏”之路。2023 年，《山海情》《三十而已》《小欢喜》《创业时代》等总时长约 19315 分钟的中国热剧，以中东广播中心（MBC）为主平台，形成“主平台首播各阿拉伯国家展播”的播映体系，逐步扩大收视规模，不断夯实播出效果。

主推精彩精湛精良剧目。丰富的“内容橱窗”为海外播映平台提供了更多的选择。这批展示新时代中国形象和发展变革的优秀剧目，无论在思想深度、艺术价值、内容品质，还是在译配质量、播出平台、节目时长上，都达到了阿拉伯国家媒体播出中国电视剧的最好水平。我们期待这些既有特点又有亮点的精品佳作，能够得到阿拉伯观众的喜爱，更期待这些既有意义又有意思的中国故事，成为向阿拉伯人民展示可信、可爱、可敬中国形象，增进中阿友谊的重要载体。

专注移动精准有效传播。当今，阿拉伯国家也不同程度地进入了媒体融合时代，新媒体平台的传播力、影响力不容小觑。我们必须认清形势，加速拓展贴近海外受众移动收视习惯的精准传播方式。中东广播中心（MBC）将在其网络平台 SHAHID 上开辟“电视中国剧场专区”，提供视频点播服务，方便阿拉伯网友在线刷剧。我们还与阿曼 Ayn（电视+网络电视+手机 App）达成共识，多屏展播中国内容。新媒体渠道的畅通必将成为中国内容大量进入阿拉伯观众视野的破局之举。

构建电视剧阿语版发行机制。从电视剧的全球销售来看，国产电视剧想

要达到"量价齐涨"还有很长的路要走。但中国优质电视剧的广泛传播,是促进国际电视剧市场良性发展,实现海内外市场协同互动,吸引多角度合作的起步。鉴于阿拉伯国家广播电视机构经济实力差别较大,在节目推广及版权销售方面,"三级模式"具备一定可行性。赠播模式:针对经济实力弱的对象国电视平台,可选择我方主推剧目,采取赠播形式落地。成本分摊模式:针对有一定经济实力的对象国电视平台,选择版权费用较低的经典老剧,译配费用双方分摊。版权销售模式:针对经济实力较强的对象国电视平台,选择热播新剧,以分成方式与版权方签订代理协议,向播出平台销售。此外,聘请第三方海外发行代理机构也是版权销售的选择之一。总之,理顺版权、译配、播出的业务通路,构建合理合法的电视剧阿拉伯语版发行机制,从而以更低的成本、更高效的合作模式,提供买方不同价格区间、自由度更高的选片空间,是促进"电视中国剧场"社会效益和经济效益双收的必由之路。

2023 年是"一带一路"倡议提出 10 周年。在新征程上,我们将秉承交流沟通、平等协作的理念,深度挖掘电视剧在视听文化对外传播中的巨大潜力,持续深化与阿拉伯国家广电媒体的互利合作,为构建新时代中阿命运共同体讲好中国故事。

“黄河号”差异化发展的探索与实践

周圣奉

“黄河号”是黄河云视 App 的一个频道，是客户端里的一个重要组成部分。据不完全统计，截至目前全国新闻客户端 231 个，宁夏本土新闻客户端 3 个，形成了一定的竞争格局。黄河云视 App 在宁夏地区拥有一定的影响力，但也面临着发展瓶颈。上线一年来，经过与兄弟媒体客户端的比对，综合发展现状、自身情况，尝试在“黄河号”的运用和推广，逐步实现用户化思维、差异化发展、多维度服务、流量化经营。

黄河号的“爱之初体验”

2023 年 1 月以来，黄河云视邀请包括本台各频道频率、自治区公安厅高速公路交警、地方社区居委会、文学家、音乐家等为代表的 50 多个机构和个人进驻黄河号，成为了“黄河 UP 主”，开始了我们的“爱之初体验”。春节至元宵节期间开展了“我的春节我的年”话题活动，在此

期间进驻的机构和个人共发布信息 62 篇，阅读量 306418 次，由此开启了“黄河号”运营的新篇章。值得一提的是，宁夏广播电视台退休老干部邓宁东老师单人的阅读量就达到了 153076 次。

“借船出海”已经成为宁夏本土党政事业单位、各大厅局及优质内容生产者在外宣工作、信息传导、IP 打造等方面的重要方式。在本地权威平台自主发布内容，“黄河号”将会是此类用户的最佳选择，成为“黄河 UP 主”优质“标签”。对于黄河云视 App 来说已经开启了差异化发展的新路径，既丰富了 App 的内容，也解决了部分人手不足的现状。

我们根据用户的使用反馈和国内同类客户端的优良举措，对黄河号的功能进行了优化和改进，可以实现手机端操作发布，并将黄河号的内容组件呈现在黄河云视 App 的首页。用户能在醒目位置了解“黄河 UP”主的动态，并且进行互动。

黄河号的“长情告白”

“黄河社区”的开发与“黄河号”紧密相连。如果说“黄河号”是汇集各路英才、分享不同的视角和经验，为用户提供更加多样化、专业化的内容服务，进一步提高用户黏性的端口，“黄河社区”就是“黄河号”的“灌溉区”。这也是以优质内容打破千城一面的困境，也会是“黄河号”对用户的“长情告白”。

我们规划 2 年内建立黄河二手交易社区、亲子社区、萌宠社区等与用户

生活息息相关的互动社区，拓展用户群体，提升平台的曝光率和影响力，增加互动性、提高用户黏性；打通公交系统、教育信息、人才信息、公积金、养老保险等便民查询的端口，积极落实为民办实事的政策，更好地满足用户的多元化需求；丰富“黄河 UP 主”社群，从邀约制逐步放开“黄河号”入驻的通道。

黄河号的“小目标”

下一步，“黄河号”将与自治区级各党政机关、厅局积极联络，推进相关单位整体入驻，进一步满足读者的信息需求，提升黄河号的影响力和公信力。同时，不断促进“黄河号”的商业化运营，逐步细化“黄河号”垂类，以提高平台的影响力和可持续发展能力。

作为本地新兴的融媒体平台，黄河云视 App 将通过创新思路、加强运营和提升用户体验，进一步提升黄河云视 App 的影响力和用户满意度，成为宁夏地区领先的融媒体平台，为地方党政企事业单位、优质内容生产者提供更加优质、专业的全媒体服务。同时，我们也将致力为广大用户提供更加丰富、多样化的信息互动体验，以求在激烈的竞争中脱颖而出，成为西北五省（区）最受欢迎、最有影响力的新媒体平台之一，为宁夏的全媒体报道和信息传播做出积极贡献。

全国五个自治区“六一”少儿文艺晚会如何强势出圈?

苏丽萍

6月1日晚,2023全国五个自治区“六一”少儿文艺晚会在宁夏、广西、新疆、内蒙古、西藏五个自治区广播电视台卫视频道播出。据索福瑞全国数据统计,5家卫视交叉覆盖全国人口超10亿人。央视频、人民日报、新华网、学习强国、今日头条、湖南经视等权威媒体平台和哔哩哔哩、腾讯新闻、爱奇艺、微博、微信、抖音、秒拍等社会化媒体平台都为全国小朋友们呈现了这台精彩的六一联欢盛宴,融媒体直播全网总转发媒体数达89家,融媒传播总

量达到4183.4万(截至6月10日不完全统计)。国家广播电视总局第58期《广电视听评论》重点表扬了本届晚会。6月19日《广电时评》刊发了题为

《全国五个自治区广电+少儿战略合作结硕果》的主题文章，并被学习强国推送转发。2023全国五个自治区“六一”少儿文艺晚会以大型活动带动融合媒体传播，引发全网广泛关注的背后原因值得我们思考和总结。

五个自治区广播电视台少儿频道鼎力配合

为成功举办“2023全国五个自治区六一晚会”，3月30日，全国五个自治区少儿频道联席会议在银川召开，来自宁夏、广西、新疆、西藏、内蒙古五个自治区广播电视台少儿频道及少儿节目负责人共商“2023全国五个自治区六一晚会”相关事宜，共同签署了《全国五个自治区“广电+少儿”战略合作协议》，希望通过紧密合作，实现少儿节目资源互通共享、收视群体交流互动、大型少儿活动互助、融媒体资源共通与运营共享和联席会议制度，将优质的节目呈现出来，扩大“2023全国五个自治区六一晚会”用户的参与度与关注量。

节目新颖丰富 影响突破以往

为了让“2023全国五个自治区六一晚会”节目新颖、内容丰富，策划组力求突破传统文艺汇演式节目呈现模式，晚会以“童心绽放新时代”为主题，以“好看、好玩、快乐、向上”为呈现形式，采用“短片+节目”的方式进行串联。最终，五台主持人与各地“新时代好少年”做嘉宾主持，新时代好少年们从各地宣传短片“穿越”至晚会现场，以不同的视角为观众呈现党的十八大以来民族地区社会经济发展的巨大变化，表达了少年儿童对家乡和祖国的热爱。

全国五个自治区“六一”少儿文艺晚会目前已举办十二届，成为全国品牌活动。本届晚会是疫情后的首次线下重聚，吸引全国五个自治区近千名小朋友齐聚银川，用舞蹈、戏曲、舞台剧、朗诵、创意表演等多种艺术形式，抒发少年儿童爱党、爱国、爱社会主义深厚情怀，展现新时代少年儿童风采，让雷锋精神在新时代绽放更加璀璨的光芒。2023全国五个自治区“六一”少儿文艺晚会无论从规模、参演人数还是影响力，都取得了历史新高。

五个自治区的宣传窗口 唱响民族团结主旋律

晚会中穿插五个自治区的宣传片，以每个自治区新时代好少年的视角展现美丽家乡的巨变。《美丽的家乡 可爱的西藏》不仅展现了西藏雄壮的雪山、宁静的湖泊、奔流的大河、广袤的森林，还让观众了解了西藏四通八达的航空网，堪称奇迹的青藏天路，以及被誉为最美景观公路的川藏青藏线；《大美内蒙古等你来》让观众看到了内蒙古湛蓝的天空、广阔的草地、雄伟的大山，更感受到呼和浩特这座彰显科技与智慧城市的勃勃生机；《遇见宁夏》，通过新时代好少年张林熙感受贺兰山生态变化、观赏沙湖美景，体验宁东基地氢能源汽车，给观众展现了“美丽中国 生态宁夏”的无限魅力。

晚会节目具有浓郁的地方特色，唱响民族团结主旋律，谱写和谐发展新曲。来自广西的舞蹈《侗见锦绣》生动表达了新时代的侗娃传承艺织锦绣，织就美丽强国梦的美好愿望；新疆舞蹈《葡萄熟了》，不仅让人想到吐鲁番的葡萄，更是想到伊犁的苹果顶呱呱，伽师的香瓜甜掉牙，库尔勒的香梨人人夸；

宁夏情景表演唱《星星的故乡》,向观众解读了“星星的故乡”。宁夏位于中国陆疆几何中心,是西北地区重要的生态安全屏障,年均晴好天数近300天,几乎一年四季可以看星星,是最佳观星地之一。尾声一首饱含深情的歌曲《祖国有我》充分表达了新时代少年儿童对党、对祖国、对家乡的热爱之情。

真正实现融合媒体传播下的整合营销

复盘2023“全国五个自治区‘六一’少儿文艺晚会”,分析其引起全网广泛互动关注的原因,其实是大型活动带动融合媒体传播的有效尝试。五个自治区广播电视台周密策划、高度重视、共同联动,展现了新作为,打造了新亮点,实现了新突破,实现节目资源互通共享、收视群体交流互动、活动互助、融媒体资源共通及运营平台共赢。未来,五个自治区广播电视台将基于《全国五个自治区“广电+少儿”战略合作协议》和本次大型活动带动融合媒体传播下的整合营销的成功实践,努力以“少儿+”的形式打出特色“组合拳”,重塑省级少儿节目新样态,激发创新创造活力,探索广电少儿节目发展新机制,打造多赢、可持续发展的战略合作伙伴关系,助推广电少儿频道、少儿节目高质量发展。

宁夏广播电视台电视节目中心将根据国家广电总局相关要求,进一步加强专业电视频道建设管理、提升专业频道节目品质;通过加强与兄弟省台的节目互动、活动联办,唱响主旋律、弘扬正能量,自觉担当起“举旗帜、聚民心、育新人、兴文化、展形象”的使命任务,发挥媒体融合力量,讲好宁夏故事,传播好宁夏声音。

《的哥哈喜喜》第四季：破茧重生，再续精彩！

箫　扬

为了寻觅一句合适的台词，可以争得面红耳赤，茶饭不思；为了设计一个场景细节，组成员们夜以继日，苦思冥想……在宁夏交通广播中心的演播室里，新组建的《的哥哈喜喜》剧组成员们，是以这样的节奏全情投入创作的，就是为了把更多的快乐带给广大听众朋友。

经历了“新冠”“二阳”等一系列突发状况，克服了“专职演员人手短缺”“经费严重不足”等重重困难，破解了“剧情不新不逗、缺乏故事感染力”等多个难题之后，历经大半年的反复修改和近乎自虐式的反复打磨，2023 年 8 月 1 日，交通广播中心《的哥哈喜喜》第四季终于在众人期盼的目光中破茧重生，以耳目一新的姿态，重新回到了广大听众的生活当中。

《的哥哈喜喜》始终秉承“说的还是家长里

短，讲的还是柴米油盐”的创作宗旨，无论世间万物如何流转变化，始终不变的是对广大听友的那份痴心、诚心和忠心。创作团队立足百姓生活，植根生活这棵大树，不断汲取创作的营养与灵感——“脱胎换骨，新玩法，新剧情，新面

孔；新场景，新笑点，新爆款，不断探索创新演绎百姓故事的新手法”。宁夏交通广播集聚中心所有创作资源和力量，大胆起用新人，组建了全新的《的哥哈喜喜》创作团队。从年初时，剧组的二十余名创编、演职人员就投入到了紧张的线索搜集、剧情创作当中。历经了多次头脑风暴、创编业务会议，《的哥哈喜喜》新团队充分结合互联网思维，巧妙运用当下有声书市场中单元故事剧的运行模式，创新广播剧的叙述方式，梳理了故事梗概，延续原故事主线，打造出全新角色。将故事铺陈开来，通过典型场景和情节演进带领听众身临其境，融入更多流行音效，加快剪辑节奏，帮助听众更好地与作品共情、共鸣。

《的哥哈喜喜》第四季上线了。全新面孔，全新演绎，这是一个新的开端。百姓每天的生活在继续，《的哥哈喜喜》的剧情也在不断演绎。宁夏交通广播将会继续努力，做出更多接地气的好作品！

《振兴路上》：描绘乡村振兴画卷，电视人永远在路上！

赵　瑾

春种秋收，天道酬勤。2022 年 10 月 12 日 20:20，经过半年紧锣密鼓的拍摄制作和细致打磨，宁夏广播电视台电视节目中心精心打造的“三农”重点栏目《振兴路上》在宁夏文旅频道播出！

为服务乡村振兴，构建对农服务平台，发挥主流媒体的宣传导向作用，2022 年年初，电视节目中心启动《振兴路上》栏目的前期策划工作。3 月底，《振兴路上》栏目入选 2022 年国家广电总局广播电视重点节目。

在媒体深度融合发展的大背景下，媒体不仅是乡村振兴的传播者，还是

乡村建设的引导者、乡村发展的参与者。带着这份责任和使命，电视节目中心紧锣密鼓谋划布局。节目创作之初，我一直在思考，在新时代乡村振兴中，我们该坚守怎样的初心使命？乡村故事如何讲述和传播？总编辑田宝贵在一次例会上的话启发了我。他说："如今，此农村非彼农村，千万不要因为是做农业节目而限制了自己的想象。"顺着这句话，我们找到了做新做活做好节目的思路。

精准定位节目创作思路

节目从一开始策划就定位准确，要服务"三农"，活跃"田间地头"，讲好乡村故事，提炼乡村经验，梳理发展样本，致力于成为助推乡村振兴中的一支重要力量。经过反复酝酿研讨，在台青年骨干业务研讨会上，《振兴路上》明确了创作思路：节目一定要从土地里生长出来的，要挖掘有旺盛生命力、新鲜生动、轻松有趣的内容，用农民喜闻乐见的方式去表达，而在轻松之余，又传播了"三农"政策。朝着这个方向，"奋斗""巨变""收获""幸福"就成了《振兴路上》创作的关键词，而"接地气""水灵灵"则是我们需要呈现的方式。

《振兴路上》在内容设置上以板块划分，各板块之间既有内在联系，又有各自不同的表现形式。如《三农风向标》，重在宣传解读"三农"政策，全面及时报道宁夏实施乡村振兴战略的新举措、新亮点；《宁有好物》通过主播沉浸式体验，让节目的"家乡味"更浓；《助农在行动》则是站在农民的角度思考问题，真正做到爱农、为农。我们希望通过《振兴路上》栏目，把当下乡村振兴最鲜活的事件、人物呈现到荧屏上，特别是要把百姓在乡村振兴中的尝试、探索、实践表现出来，给更多人以启示。

探索全媒体传播方式

在大屏播出后，对《振兴路上》精彩节目内容进行二度创作，在视频号、抖音、黄河云视App、对口宣传部门公众号、市县新媒体平台发布，形成了"一次采集、多种生成、多元传播"的新媒体融合传播矩阵，大小屏同频共振、齐鸣发声。按照"移动优先"的原则，先行开通了新媒体平台"NXTV振兴路上"微信公众号，并策划专栏、制作发布一系列原创短视频，其中《主播说三农》《岁末年初农民工如何合理讨薪》《山河之间看春耕》《"科特派"风采》等内容，都得到了很高的关注度。值得一提的是，《振兴路上》第二期节目播出后，其中《银发直播团 秀出新舞台》《他乡亦故乡 夕阳正当红》两个专题因题材新颖，表现形式接地气，被"学习强国"采用，也为我们的创作增强了信心。

在合作中开启另一扇窗

2022年7月，电视节目中心与中央广播电视总台农业农村节目中心达成战略合作。此次合作不仅给《振兴路上》团队成员提供了一次业务交流与学习的机会，同时也是央媒与宁夏广播电视台寻找合作的一次有益尝试。通过与央视建立常态化、多元化的合作机制，为《振兴路上》栏目开启了另一扇窗。在业务上，我们积极吸取中央广播电视总台农业农村节目中心众多优秀节目的宝贵经验，坚持锤炼"四力"；在平台上，打通三路"活水"，既要对县级融媒体中心做好三农"蓄水池"渠道，又要紧密联系好央视平台，全方位、多角度地展现宁夏全面推进乡村振兴的生动实践。

深化合作也使节目结出丰硕成果。9月23日第5个中国农民丰收节，我们配合中央广播电视总台农业农村节目中心，用120分钟时长多渠道多角度展现宁夏的丰收盛景；10月，党的二十大召开期间，我们依托宁夏广播电视台北京报道组，积极统筹调度，向中央广播电视总台农业农村节目中心供稿，5 篇稿件被 CCTV17《中国三农报道》采用，向全国、向世界讲述宁夏乡村振兴故事，为加快建设乡村振兴样板区贡献了宁夏广电力量。

崇农立言，唯仁求真。脱贫攻坚、全面小康、美丽乡村建设等给“三农”带来的巨大变化，我们有幸见证并参与。在乡村振兴的新征程上，我们希望用心用情用功，做到爱“三农”，为“三农”，我们也愿意和有志于“三农”发展的所有人一起奔跑在乡村振兴的赛道上，共同描绘宁夏乡村振兴的壮丽画卷。

等风来不如追风去！

——2023电商主播大赛分赛区落户宁夏侧记

杨　晶　年卫强　任勤娟

2023年5月5日晚，由商务部电商司指导，福建省牵头举办的“2023电商主播大赛”在福建省广播影视集团启动。由于这次大赛首次在宁夏设立分赛区，宁夏广播电视台经营中心受邀参加了启动仪式。

电商主播大赛初创于2020年，由福建省广播影视集团电视综合频道中心承办。经过三年的发展，大赛已成长为跨省、跨境合作举办的直播电商活动，在树正能量主播标杆，推广品牌品质好物，促进行业资源对接，推动实体创新转型方面发挥了积极作用。2023电商主播大赛从5月持续至12月，以“服务实体经济、促进消费升级、带动就业创业”为目标，联动河北、黑龙江、浙江、河南、湖北、内蒙古、新疆、宁夏、广西等多个赛区协同举办。宁夏赛区此次重点围绕“六新六特六优”产业，让宁夏特色产品和产业融入“大赛供应链库”“资源对接会”等项目。

为了办好宁夏分赛区相关活动，经营中心与福建台项目方经常性地就选手和企业报名、电商发展及选手培训等相关情况等进行交流互动。虽然有成功经验可供借鉴，但宁夏分赛区的路在哪儿、怎么走，还是要从本地和台里的实际出发。从0到1难，这是一个艰难探索的过程。经过反复研讨、邀请主承办单位、到企业上门对接、确定主题及赛程等工作，8 月 16 日，“逐梦云端 山海再相逢”2023 电商主播大赛(宁夏分赛区)暨“宁视好物节”活动正式启动，选手和企业报名通道同步开启。

比赛的过程也是学习提高的过程，考核选手，先考核“自己”。经营中心首先在内部开展了系列培训，邀请相关人士分别从电商主播大赛的承办经历、赛制变革、招商方案，以及打造供应链，账号运营等方面进行赛前辅导。为体现大赛的专业性，中心还特邀专业团队制订了电商考核评分细则。自项目启动至 10 月初报名截止，共有 45 名选手通过审核进入初赛。经过赛前培训、实战考核、综合评价等环节层层选拔，11 月 2 日初赛中，十强选手产生。他们中有怀揣创业梦想打拼的，有热心公益事业为家乡代言的，也有与病魔抗争乐观生活的……这些积极向上、充满正能量的故事平凡质朴又生动感人。11 月 16 日至 17 日总决赛中，经过直播带货、评委提问、应变能力考核，来自红寺堡区的王航弟从十位选手中脱颖而出，摘得桂冠。从农村妇女到当地致富带头人，她通过电商平台销售家乡物产，带动当地村民共同致富。12 月 2 日，宁夏分赛区电商“战队”赴福建参加 2023 电商主播大赛全国总决赛，获得第四名的好成绩，向全国展示了宁夏电商主播风采、宁夏物产特色。

此次与福建方合作，我们在经营方面还收获了更多启示。2019 年以来，福建省广播影视集团综合频道中心通过举办大型活动、定制经营性节目等方式，多渠道运营媒体资源，走出了一条多元经营的有效路径。除电商主播大赛外，他们针对品牌、大客户对于传播多元化的需求，开办生活服务类节目，提供增值服务，辅助消费市场提振；为满足客户市场转型的内容和传播需要，他们设立线下活动运营体系和团队，为客户制定全案策划，融合内容输出和新媒体运营；为充分利用自身资

源优势实现价值转化，他们积极开展集团LED、8K大屏、外围灯箱的项目承接、资源推广……这一系列经营举措的开拓，带来了创收从经营亏损到逆势上扬的惊喜转变。这一身边案例，对我台探索经营转型具有很好的借鉴意义。

等风来不如追风去！2023年，经营中心在稳定传统媒体广告大盘的基础上，主动拥抱新媒体，积极探索多元经营，尝试以互联网思维优化媒体资源配置。比如，搭建我台首个线上购物商城“宁视优选”，积极探索融媒发展路径，拓展营收渠道；参与“电商主播大赛”项目，全面提升我台新媒体资源变现能力。同时，针对我台经营工作转型的难点和痛点开展调研分析，总结出7条经营转型策略与模式创新调研建议。路漫漫其修远兮，吾将上下而求索。期望通过不懈努力，我们最终能够探索出一条符合自身实际的经营新路。

不学“国足”样儿，这支“球队”怎么踢？

宋　韬

2022 年 1 月 27 日 19:50，世预赛国足与日本队比赛结束哨声吹响。0∶2 的结局，让中国足球基本上提前告别了卡塔尔世界杯。此前尽管一再换帅，但球迷们的期待终究没能化为奇迹。

为什么要从一场球赛说起？2021 年，台融媒改革中，新成立的发展研究中心编制被核定为 11 人，这刚好是一个足球队场上队员的人数。由于足球被人们认为是最具有体育精神的运动项目，其中激荡着“激情、自由、拼搏、竞争、团队精神”等美好寄托，于是我们把自己比作一支“球队”。

从团队组建那一天开始，大家就相互提醒——别学国足样儿！如今，国足在世预赛上失利。为了以此为鉴，我们写下了这篇文章的标题。

那么，我们这支“球队”该怎么踢？

筹建与热身

2021 年是发展研究中心的筹建和起步之年。“球队”在全台融媒改革的大局中诞生，如今陆续有了“七八条枪”，也踢了几场“热身赛”，算是“开了张”。为了体现对上级组织和“球迷”的负责态度，先做一简要回顾。

首先，凡有行动，调研先行。筹划伊始，我们通过对国内广电同行类似

“球队”的观察，发现情况不一，战绩辉煌的不多。想必那些状态低迷的“球队”是因为没能用好国足这个反面教材。于是，我们全队上下便有了忧患意识，自我提醒要做到“四个必须”：必须围绕中心和大局“踢球”，这是“球队”价值所在；必须建立成果转化机制，光说不行，“进球”才算；必须提高技战术水平，如果眼高手低，梦想就是空想；必须加强对外合作，既要自力更生，又要开门“踢球”。以上“四个必须”，等于说比赛哨声未响，先给自己敲一下警钟。

其次，把机构建起来，把职能定下来，把队伍拉起来。经过推演盘算，发展研究中心确定了综合研究部、规划研究部和融媒体研究部三个内设机构及其岗位设置，形成既各负其责又相互配合的组织架构和任务分工。在原定部门职能基础上，我们又明确以加强课题研究、制定发展规划、推动节目创新创优、创办理论刊物等作为基本工作方式。随后，我们开始一步步“招兵买马”。如今，虽然仅有 7 人效力，但“球队”雏形已具。

最后，“热身赛”小试锋芒。2021 年，发展研究中心提交了《关于〈黄河谣〉收视情况的报告》《加快推进媒体深度融合发展改革的实践与思考》调研报告，起草了《台节目创新创优工作机制》，协助卫视中心推进大型理论探访节目《思想的田野》摄制工作，在《共产党人》杂志发表宁夏广播电视台党史学习教育相关文章等，这些都在履职范畴之内。年末，由中心承办的台内部刊物《回响》创刊，公众号《广电回响》上线，让“球队”逐渐有了更多存在感。

组建一支队伍，首先要有一个共同目标。如果像一些国足队员那样各自盘算，平时只想着自家的车

子、票子，上场后又怕承担失球责任而不敢迎球，队伍必然“军合力不齐”。我们这支“球队”要汲取国足教训，就必须把心思放到事业发展上来。我们认为，只有把初心使命作为共同追求，并始终念兹在兹，最终才有可能得到成功的回应。根据台党委的要求，发展研究中心的目标是要建立一支能够“为全台事业产业发展提供智囊、参谋、咨询服务”的专业队伍。如今，这支队伍的万里长征仅仅迈出了第一步。如果这一步也值得沾沾自喜，那是比较渺小的。国足尚且到世界杯“打过一次酱油”，咱一定要有志气走得更远。

阵型与战术

无论踢球还是观球，都要探索门道，需要摆阵型、懂战术。通过推敲，我们这支“球队”基本完成了阵型布局，可以概括为“四个三”。有些球迷会纳闷，阵型只听过“433”，没听过“四个三”。先别诧异，我们发展研究中心“球队”的“四个三”是指“设立了三个内部机构，明确了三个主要研究方向，开始了三项基本业务能力建设，找到了三个工作抓手”。

“三个内部机构”已经介绍过，相应明确的“三个主要研究方向”是指理论政策研究、发展策略研究和媒体融合研究。虽然机构搭建起来了，但目前队伍实力还非常薄弱，必须着力提升专业水平。我们给自己提出的加强“三项基本业务能力建设”是指调查研究能力、亮点宣传能力和文件起草能力。台党委赋予发展研究中心的职能有五六条，但我们认为，归结起来，都要立足于这三项业务能力去完成。“三个工作抓手”是指内部刊物《回响》、微信公众号《广电回响》和计划定期编发的《广电调研报告》。现在，一刊一号推出后取得较好效果，编发《广电调研报告》的工作正在积极筹备中。这三个抓手，我们有同志概括为部门工作“三端”——“高端、中端、微端”，我们也戏称为“狡兔三窟”。这“三端”或“三窟”既是我们的工作抓手，又是今后工作成果发布的渠道，同时也是全台同事业务交流的平台。以上“四个三”彼此贯通、相互支撑，形成了发展研究中心这支“球队”今后工作的基本架构。

此外，我们还要汲取中国足球“朝三暮四”的老毛病。他们曾经今天学巴西，明天学德国；昨天刚为本土教练点过赞，今天又说洋教练才靠谱；今天指望留洋，明天又盼望归化。看似不断“创新”，实则没方向，没恒心，没定力。我们发展研究中心这支“球队”绝不这样做，我们有自己的战术打算，可以概括为“五个坚持”：坚持问题导向，要奔着问题去研究，因为问题就是课题；坚持贴近实际，要离实际和基层更近一些，避免闭门造车、坐而论道；坚持系统观念，要防止“头疼医头，脚疼医脚”；坚持上下结合，要把服务战略决策与服务生产经营结合起来，既务虚又务实；坚持循序推进，要处理好当前与长远、治标与治本的关系，不犯急躁病。尽管这些都还只是认识和愿景，但“日日行，不怕千万里”，只要瞅准了方向和目标去努力，“球队”一定会不断取得新的战果。

素质与灵魂

国足被国人诟病，根本在于实力和志气总上不去。国足每逢大赛，总盼望有运气抽好签；无论抽到什么签，又都担心陷入“死亡之组”；而一旦开赛，就寄希望其他球队失误；于是，每次失误，就只能计算“理论上出线”的可能性。这样的球队，想招人喜欢太难！

当这些“国足病”浮现在眼前，我们的忧患意识就变得更加强烈。发展研究中心这支“球队”要发展，前提是必须聚精会神提升自身素质能力，这样才能把命运攥在自己手中。我们目前这支队伍的优势是大家来自“五湖四海”，每人各有所长，具有丰富的实践经验和工作热情。但从充分履行好“智囊、参谋、咨询”职能的要求来讲，无论是“领队”还是“球员”，都是有待强化训练的“新兵”。我们清醒地认识到，只有不断提高学习能力，探寻工作规律，自觉接受纪律约束，不断增强自身的战斗力，这支“球队”才有可能走得更远。

此外，队伍进步快，必须党建带。国足不知道有没有党支部？如果有，恐怕作用发挥得也不够好。党建工作是全部工作的灵魂。发展研究中心各项工作要良好开局，必须重视支部火车头的带动作用。今后，我们设想，必须把党建工作和业务工作紧密结合起来，进一步避免“两张皮”现象。抓党建，要以促业务为目的；抓业务，要从党的理论运用上进行阐释，并赋予党建的意义。只要把握好了党建这面旗帜、这个灵魂，发展研究中心这支“球队”一定会抖擞精神，在各类赛场上踢得更稳更好。

2022 年“赛事”展望

新的一年战鼓催征，发展研究中心这支“球队”也需要谋划未来。我们大致有如下安排：

健全机构、充实队员、建章立制。这 11 人编制的队伍，如果有人不上场，或者作风不过硬，总想赢球是不容易的。

办好《回响》《广电回响》《广电调研报告》。一个篱笆三个桩，搭好平台再起灶。完善了平台，赢球就不是难事。

策划并完成一批重点调研课题。球踢得再花哨，总得有见功力的招数。发展研究中心的队员必须头脑清楚，搞好切合实际的调查研究才是立身之本。

加强台亮点工作宣传。赢了球，还要有人喝彩。宁夏广播电视台有本事把事情做好，还得有本事讲好自己的故事。对此，发展研究中心立足职能，责无旁贷。

发展研究中心各项工作目前仍处于起步阶段。我们很清醒，这支“球队”要想踢出好成绩，必须从国足的失利中汲取教训，必须始终心存忧患意识，心系事业发展，必须用充分履职尽责来回应台党委和全台干部职工的期待。当然，我们也意识到，这支“球队”如果离开了台党委的指导和各部门的支持，一定会寸步难行。所以，我们今后会主动服务并融入到台改革发展的大局和各业务部门的工作当中去，不断提升自身工作的能力和水平，争取早日充分有效履行职责，为宁夏广播电视台各项事业高质量创新性发展做出应有贡献。

道路不同，命运不同。虽然国足又输了，但我们赢球的征程才刚刚开始……

作品解码

《黄河谣：宁夏黄河故事》全新视角展示黄河壮美画卷

丁半农

“字字珠玑，制作上乘，满分讲述宝藏宁夏！”

“文案好，拍摄好，宁夏好！”

“感谢节目让我们更加深刻认识宁夏历史的厚重与现在的精彩！”

…………

2023 年 11 月 23 日晚，宁夏广播电视台拍摄制作的系列融媒体作品《黄河谣：宁夏黄河故事》在宁夏卫视、“黄河云视”客户端正式开播，“学习强国”学习平台、“人民日报”“光明日报”客户端同步推送，得到了观众网友的积极转发和高度评价。《宁夏是谁》《宝鉴塞上》《长城内外》等短视频以黄河为索引，结合实景拍摄与 3D 打印微缩景观等视觉特效，生动呈现了宁夏大地上的黄河故事。

作为沿黄九省区中

唯一全境属于黄河流域的省份，宁夏因黄河而生，凭黄河而起、借黄河而兴。《黄河谣：宁夏黄河故事》着眼于黄河与宁夏的深厚关系，以讲好“天下黄河富宁夏”故事，助力新征程生态文明和美丽宁夏建设为主题。节目通过讲述人现场出镜实景拍摄，结合微缩景观、特效制作和动画等音视频元素，用年轻态、青春体的手法，融合“思想+艺术+技术”，展示了新时代宁夏奋楫笃行、建设黄河流域生态保护和高质量发展先行区的动人旋律。

《黄河谣：宁夏黄河故事》计划制作3季，其中2023年度首季播出10集。作品立足宁夏黄河文化的特色魅力，深入挖掘黄河文化蕴含的时代价值，以小切口展现大时代，制作推出历史故事类、城市地标类、文化艺术类、特色物产类等系列选题，用一集集独立成篇的视频，展示一个个热情、别致又新鲜的宁夏黄河故事形象。

该系列作品策划、编导、摄像、后期等制作全流程由宁夏广播电视台团队独立承担，内容产品兼顾网络传播和电视播出。节目组在视频主题的基础上，顺应移动互联网传播规律，配套制作10秒至1分钟等多规格短视频产品，加挂网络话题引导，便于用户观看和二次传播。作品除了在宁夏广播电视台融媒体矩阵传播外，“学习强国”学习平台、“人民日报”“光明日报”“宁夏日报”客户端、宁夏新闻网等渠道媒体同步推送，相关视频还得到了共青团宁夏区委“青春宁夏”，《共产党人》杂志社“宁夏党刊”等账号转发，并将在总台央视中文国际频道（CCTV-4）《走遍中国》栏目播出。同时，作品预留英文、阿拉伯文译配空间，计划在海外社交平台及相关合作国际频道进行投放，延续话题热度，形成多波次传播。

《黄河谣》(第一季)是如何打造的?
——向中广天择学习大型电视节目创作经验

朱 江

2021 年,宁夏广播电视台与湖南中广天择合作出品纪实专题节目《黄河谣》(第一季)。合作方中广天择有着多年市场化运作的成功经验。他们的作品,从综艺节目到主题创作,从文艺精品到市场爆款,获奖作品众多,节目风格多样。我作为宁夏方导演之一,亲身感受对方采用的市场化工作流程,感到收获很大。

团队:流程与分工

中广天择团队每年都要承接各种题材节目的创作,要保证优质节目输出和创新,科学设定拍摄流程和合理分工是前提。

《黄河谣》(第一季)拍摄中,中广天择团队选择的模式以"站"为单元,实行"(天择制片+宁夏台制片)+(总导演+分集导演+宁夏台导演+后期导演)+(摄像指导+摄像团队)"的

团队制作方式。这样，每集 40 分钟的成片，是在至少两位制片、三位导演及摄像团队的合力之下完成的。

在这种模式下，《黄河谣》每一站拍摄四集，每一站都有总制片、总导演、制片、分集导演、摄影指导等不同岗位，下一站再重新设定。这样就可以把人员循环流动起来。下一站可以循环具体岗位，甚至可以引入“新人”，但整体模式不变。

而节目进入剪辑阶段，中广天择团队会选择专人负责。专门的后期导演，会进行整体节奏的把控，并最终为剪辑的品质负责。

制片：着眼整体进度

制片，不单单是协调各单位、协调安排场景，更重要的是要看到流程上导演看不到的部分。我们在拍摄第一集《江山多娇》时，车辆要通过一处坡度超过 45 度、长度近百米的陡坡。中广天择制片人何卓一看就要取消拍摄。但我从场景的典型性角度考虑，坚持要按原计划进行。最终，由于主嘉宾支持我的意见，我们团队冒险拍了这一场景，好在没出什么安全问题。

拍摄间隙，中广天择制片人何卓和我进行了深度沟通：你不只是导演，我也需要你能从制片的角度考虑问题。我带着团队，如果有个闪失，不只是人员安全，全站的拍摄都会受影响。你考虑过吗？说实话，我没有考虑过。我眼里只有这一期节目，但何卓眼里更多的是整体，是整个《黄河谣》的拍摄进度和整个团队。团队安危高于一切，整体推进至关重要。这是电视人，尤其是制片人在创作时必须时刻兼顾的内容。

导演：要有团队思维

《黄河谣》（第一季）每集节目都有总导演、分集导演、宁夏台导演参与其中。很多错误的方向，是在共同讨论中扭转的。而脚本创作，又在此基础上规范了后来的拍摄路径。这是一个科学合理的工作流程。

可以说，以团队思维代替个人思考，以导演“矩阵”谋求内容创新，体现着双方团队合力做节目的创新追求。分集导演和宁夏台导演可以在前、中、后全程参与节目创作，但没有一个人把所有环节的所有事情都靠自己做完。这就保证了所有人的精力投向最擅长的地方，也最大程度地减少了内部消耗。

导演每天的拍摄进度安排，也是控场、转场的核心。这个设计是要经过导演团队、主嘉宾、制片团队和摄影团队都通过后才实行的。尤其是转场所用的时间，也要在踩点后精确计算；当天的拍摄内容，导演需要通过表格以及需求单将拍摄环节、时间安排、负责人员等信息提前发布，为协调各工种做好准备；当天的素材，回看、做场记、备份，以及是否需要补拍，都会根据实际随时调整。依靠团队智慧、团队力量，是消解拍摄风险的有效办法。

摄像：从踩点到实拍

踩点阶段，摄像团队只有摄像指导一人参与。每到一处场景，摄像指导都会带着机器实际看光线，对拍摄时需要的机位以及特殊镜头的设计，都要详细记录，提前做好准备。包括航拍取景和实拍阶段给各环节预留的时间，摄像指导都会第一时间与导演、制片商议确定。

进入实拍阶段，摄像指导会现场指导另外三名摄像做好机位分工，并且专门安排好时间完成航拍。摄像指导随时会根据拍摄进度，同导演、制片沟通，随时调整，保证整体进度。

总之，制片人、导演、摄像指导共同认可的场景和内容，才是可以拍摄的。这是团队协作从踩点到拍摄一以贯之的行为准则。也是团队作战、团队力量的根本依托。

合作：1+1>2

《黄河谣》（第一季）是在中广天择和宁夏台团队合作下完成的。中广天择让我们领略了电视节目工业化流程的精准高效，但我们也发挥了更熟悉本地情况的优势。在拍摄之前，中广天择团队提出，要用熟悉当地风土人情、熟悉某个具体领域的普通人做主嘉宾，但是操作起来，却发现并不容易。于是，宁夏台团队建议邀请能够站在宁夏，甚至是全国

视角来看宁夏的专家级学者，由此改变了对主嘉宾的寻访思路。

随后，一批来自区内外重量级嘉宾的加盟和讲述，有力地保障了《黄河谣》（第一季）每集内容的权威性和主题的集中度。而在这个过程中，中广天择团队调整的速度非常快，尤其是出脚本的速度，往往一夜之间就可以根据主嘉宾的讲述和擅长的领域迅速调整，效率之高令人惊讶。

开门办节目，平台间合作是大势所趋。在中广天择团队熟练架构节目的同时，宁夏台主创团队真正提供了智囊支撑。在双方的共同努力下，《黄河谣》（第一季）在架构、人物、情节方面不断寻求提升，最终实现了节目创作“1+1>2”的效果。

总结：塑流程 重分工 育人才

《黄河谣》的拍摄，让我看到了大型精品节目创作的完整流程。在节目日益市场化条件下，应该注重按照流水线的生产理念，来打造每个环节，甚至来设定每个岗位的实际职能。客观地说，无论是各工种的专业化程度，还是工作分工、流程的明确度，我们和中广天择这样头部企业都有着巨大的差距。我认为，我们应该挑选台里有上进心的编导，去和中广天择这样的团队合作，通过尝试各种不同类型的节目创作，进一步拓宽视野，更新对节目创作的理解。

最关键的，是要建立一套大型精品节目的创作机制。我认为，这个过程需要至少在两方面共同发力：即顶层设计的体系重塑和个人成长的空间提供。流程重塑是根本，同时离不开人才的全面成长和全面培养。今后，我们需要靠项目、工作室带动，逐渐在不同题材的拍摄中总结经验规律，探索符合市场规律、适合自身发展的工作流程和机制，并在实践中检验完善。

目前，对宁夏广播电视台而言，拥抱新媒体、多元经营是必经之路。但做好互联网、求新求快求变的同时，应该沉下心来，追求节目制作流程的科学化、分工的高效化和人才的专业化。依托现有的媒体资源，我们只要坚定信念，在人才培养的实践中，在创新发展的求索上，始终遵循开门办节目的理念，就一定能够做出更多精品节目！

《初心铸就辉煌》:在创作中感悟成长

温　皎

树千秋伟业,恰百年风华。在建党100周年和“两个一百年”奋斗目标历史交汇的关键节点,2021年5月底,宁夏卫视中心制作完成庆祝建党100周年献礼片《初心铸就辉煌》。该片被列为全区各级党委(党组)理论学习中心组、主题党日、“三会一课”学习内容,获得热烈反响。

我很荣幸参与了这部献礼片的摄制,一路拍摄,一路感悟,一路成长。这不仅是一次艺术创作过程,更是一次爱国主义、民族精神与革命理想的洗礼。

谋篇

2020年4月,摄制组开始项目的前期策划和文稿筹备。如何将波澜壮阔的百年党史与宁夏的党史浓缩进几十分钟的专题片当中?哪些内容必须讲,哪些内容省略,如何结构谋篇?为了实现有关领导提出的“要立足百年,立足宁夏党史,要在史料中挖掘新内容,创作视角和细节要新颖;政治站位要高,要突出政治意义和现实意义,突出地方特色”的要求,摄制组和专家组多次召开研讨会,多方听取意见。文稿在十几位专家学者的共同努力下,最终严谨缜密地创作完成了。与此同时,我们摄制组前往宁夏档案馆、宁夏博物馆,以及一些红色历史教育基地，查找、翻阅了大量文献资料，并多方拜访党史研究专家、学者，制订了详细的拍摄方案。

拍摄

从 2020 年 9 月中旬开机，摄制组历时半年，足迹遍布全区五市和大部分县、乡和村镇，以及其他相关省区。我们从 1926 年宁夏建立的第一个地方党组织——中共宁夏特别支部开始，讲到了长征、胜利会师、西征、建立中共宁夏工作委员会、崔景岳等三烈士的牺牲，再到宁夏解放，这些都是宁夏党史中最重要的篇章。

如何让这些人物和故事鲜活生动起来？我们在前期拍摄中就有了很多设计。比如，我们在拍摄任山河战斗遗址鹦哥嘴时，动用了穿越机进行特殊航拍，运用强烈的第一视角冲击感再现战机穿梭飞行效果，同时辅助了烟饼模拟炮火硝烟，后期剪辑当中我又加入了炮火等战争音效，整体效果非常好。在拍摄中，由于所用烟饼的烟比较小，效果有所欠缺，在没有足够经费制造大场面的情况下，摄制组确保森林安全的情况下，在征得当地护林员的同意后制造战争炮火后的场景，后期成片效果非常不错。我们在拍摄崔景岳烈士曾经工作过的永宁县宋澄小学这个场景时，原来旧址的老房子已经被翻新重建，但并没有达到修旧如旧的效果。为了让场景更贴合历史史实，摄制组想了很多办法。比如，我们在前期踩点时，在八里桥烈士公墓翻拍了一张崔景岳烈士生前的照片，根据照片中的信息，尽量再现当时的着装、环境，表现崔景岳同志刚来宁夏时的场景。这一系列操作，意象地展现了崔景岳烈士被捕和当时宁夏党组织的危难时刻。

除了区内拍摄，摄制

组还前往了陕西、甘肃、福建、北京等省市，拍摄了革命老区延安杨家岭、枣园、陕甘宁边区政府等革命历史旧址。摄制组在崔景岳烈士的家乡陕西旬邑县拍摄时，发现了一些珍贵照片。一张是崔景岳和杨虎城将军警卫营营长合影的珍贵照片。当时崔景岳同志担任陕西省委常委兼秘书长一职，亲历过西安事变，但因节目时长所限无法在片中展开，我们就通过照片和对崔景岳家人的采访同期，阐释了当时陕甘宁边区会派崔景岳同志到宁夏担任宁夏工委书记一职的原因。另外一张照片是崔景岳烈士生前和妻子陈晶的合影。我们在宁夏档案馆拍到的崔景岳烈士狱中绝笔信原件中，就提到了他的妻子陈晶。这些跨省获得的珍贵照片和珍贵信件影像，以及党史研究新成果，均呈现在专题片中，让革命历史人物更加立体鲜活。

这部党史片讲的不仅仅是中国共产党党史、宁夏党史，还清晰地再现了宁夏自成立至今的发展脉络，给观众呈现了当下的重点工作以及对未来的展望。

剪辑

历经半年的拍摄，2021 年 2 月，项目进入后期剪辑。这个过程是痛并快乐的，节目组每个人都在发挥各自的优势和主观能动性攻坚克难。比如，我们用一组油画动态展现贯穿了整个开篇、中间和结尾，非常具有创意，也是全片的亮点。此外，片中许多地方有历史和现实时空交替的内容，我们通过剪辑上的巧妙构思，实现了影像资料的再利用、活起来。

《初心铸就辉煌》在音乐选择上也是别具匠心。音乐不仅要符合时代感、切题，而且兼具调节节奏、烘托氛围作用，可以让观众沉浸在片子构建的情感空间中，同感共情。片中共有6处配了音乐，讲到长征时使用的背景音乐是大型史诗歌舞剧《东方红》，旋律一出，就会引起观众的共鸣；长征即将胜利，毛主席带领中央红军翻越六盘山时写下《清平乐·六盘山》，我们在片中用了黑鸭子组合的那一版音乐，一是避免雷同，二是用这样轻快旋律，更容易让年轻观众接受；讲到宁夏的脱贫攻坚取得的成绩时，用了童声合唱《唱支山歌给党听》，用艺术化的表现手法感恩党，更容易打动人；全片结束时，我们采用了《不忘初心》的主旋律伴奏部分，这是对这部党史片的最好提升。可以说，这部长达50分钟的专题片，每一段解说配音、每一帧画面场景、每一处音乐音效、每一种特技色调，包括资料的使用、节奏的控制等，都经过了节目组的反复琢磨与设计，力求臻于完善。

创作过程是漫长、煎熬和艰辛的，也是开心和难忘的。为了保质保量如期完成这部百年党史献礼片，后期团队没日没夜奋战了近3个月，在历经数次审片之后，摄制组圆满交上了这份答卷。自治区党委常委、组织部部长石岱在审片后，带头鼓掌。她说，这部片子她“看进去了，很感动，非常好”。那一刻，我相信摄制组每一位参与者都很感动，这是对这项工作的认可，也是对我们摄制组的认可。

收获

这个项目带给我们的收获无疑是巨大的。通过参与这部党史专题片的拍摄制作，我们对中共党史、宁夏党史有了全新的认识。尤其是片中革命烈士的榜样感召和精神力量，让我们内心充满敬意，自觉对每个创作环节精益求精，用心用情用功讲好革命历史。这也是一个难得的机遇，它激励我们珍视来之不易的太平盛世和美好生活，始终保持工作热情，苦干实干拼命干，在历久弥新的初心使命中不断奋勇前进！

文章合为时而著 歌诗合为事而作

——广播音乐专题节目《一首宁夏川 传唱几代人》创作感悟

张 喆

2021 年 11 月，国家广播电视总局公布“中国广播电视大奖 2019—2020 年度广播电视节目奖”评选结果，宁夏广播电视台交通广播报送的广播文艺类作品《一首宁夏川 传唱几代人》榜上有名。此次喜获中国广播电视大奖，是宁夏广播电视台广播文艺精品节目创作的一次全新突破，更是对我们主创团队精心策划、深入挖掘、巧妙构思、完美呈现创作态度的最好褒奖。

把握“时”与“势”，从小视角中提炼大主题

2019 年，为庆祝新中国成立 70 周年，中广文艺委员会向全国广播媒体发起了《我的中国心·这首歌从这里唱响》主题宣传活动，要求围绕新中国成立以来诞生在每个地区最具地域代表性的优秀音乐作品，展现每个地区的发展变化。接到创作任务后，我们多次召开策

划选题会，确立了“以微见著，小视角提炼大主题”主旨，犹如灵感闪现，豁然开朗。最终，宁夏人耳熟能详的歌曲《宁夏川》进入大家的视野。作为一首脱胎于宁夏乡土的民歌作品，这首歌可谓家喻户晓，几乎人人会唱。经过不同时期的宁夏音乐人的多次改编和重新创作，歌曲《宁夏川》与时代同呼吸、共命运，彰显出了经久不衰的生命力。

“文章合为时而著，歌诗合为事而作。”文艺作品与时代密不可分，优秀文艺作品的背后，是一个时代的血肉脉动。音乐专题节目《一首宁夏川 传唱几代人》正是抓住这种时代演变的节奏，将一首老歌历久弥新、经久不衰的奥秘，用一个个写歌人、唱歌人与听歌人的故事巧妙串联，使其更具主题性、时效性和贴近性。

音乐素材的选择，是决定节目品质的基础

《一首宁夏川 传唱几代人》是以音乐欣赏为主的专题节目，其所选择的音乐作品对节目的立意与主题都有着举足轻重的作用。音乐作品本身作为节目的主体，在选择中首先要好听，才能让听者如沐天籁之音。其次是“让音乐说话”，让音乐作品本身成为节目主题的“讲述者”。我们经过对收集到的大量音乐素材进行反复收听和整理，创作构思逐渐明朗。纵观宁夏本土原创音乐，我们发现以《宁夏川》作为创作基础和灵感的音乐作品很多，每一代音乐人对其理解、感受和表现都各有侧重。这档时长 18 分 52 秒的节目中，一共选取了 7 个版本的《宁夏川》音乐作品，时间跨度长达 50 多年。其中，有 20 世纪 60 年代新中国成立后宁夏建设初期的手风琴伴奏小合唱版本、80 年代改革开放后的迪斯科版本、90 年代抒情的民歌独唱版本、进入 21 世纪彰显个性的摇滚、新民谣版本，以及四代宁夏本土音乐人合唱的气势磅礴、充满朝气的合唱版本和展望未来的交响乐变奏版本。这些不同时期的音乐作品贯穿节目始终，从音乐风格、节奏、编曲、配器、歌词和表现形式上，都“讲述”着时代的发展变迁和人民团结奋进的精神面貌。特别是充满了地方特色的民歌、民谣与现代音乐的完美融合，彰显了本土文化具有的原生性、多元性和感性化，丰富了听觉感受和想象。在突出广播节目可听性的同时，作品引

领听众一同感受在一代代建设者们的不懈努力和耕耘下，这片曾经苍凉、贫瘠的土地是如何走向经济繁荣、民族团结、环境优美、人民富裕的美丽新宁夏。可以说，无论是宁夏人还是外地人，都能通过这部作品产生共鸣和交融，获得独特的听觉享受。

恰到好处的语言表达，更好地烘托节目主题

创作之初，为增强作品的思想性，我们通过网络和图书等多种渠道查找《宁夏川》这首歌的相关素材和背景资料，但这方面的内容是少之又少。于是，我们决定从数十位编创和演唱过这首歌曲的宁夏音乐人着手，这就像是“寻宝”一样，既掌握了一手资料，更加深了对这首歌曲的了解，也为烘托和表现作品主题提供了有力的支撑和保障。经过对大量采访录音的整理，我们以宁夏第一代摇滚音乐人郝建宁老师的讲述作为节目主线，串联起发生在宁夏大地上的历史变革和音乐编创过程中的时代印记。其中，以中青年音乐人的采访同期声做音乐情绪上的呼应，用简洁明快的文字语言带出音乐所力求表现的时代感和艺术表现力，即一段音乐穿插一段采访或解说。通过这一最为常态的节目形式，恰到好处地实现了以歌写史，以歌叙情。以隽永平和的文字和录音采访融入其中，尤其是“燃、吼、心头好”等字词的运用，更是让节目有了代入感和画面感，很好地激发了听众的想象力和感受力。

发挥广播传播特点，增强文艺作品的可听性

声音是广播最基本的元素，广播通过声音完成传播功能，这一特性决定了广播作品形式与结构上一定要注意符合听觉规律。首先要能适应人在听觉方面的生理特点和需求，让人听着不累。所以，我们在录制节目的过程中，站在音乐故事的讲述者、参与者和收听者的角度，反复找寻与每段音乐节奏、气质和内容相符的语速、语调和语态，为节目营造轻松、唯美和具有亲和力的氛围。在解说词录制过程中，我们着重考虑情感基调的设计和气息的把控，语言与音乐节奏和韵律的相得益彰，内容与形式的内在关系，使其搭配顺畅、自然。让每段解说在音乐中进出时机和节奏的把握，都起到“锦上添花”的作用，让听众在欣赏音乐的过程中没有因解说的进出而受到干扰，让适度的解说深化听众对音乐的理解和感受。为了紧扣主题，我们在背景音乐的选择上也是下了很大的功夫。既要做到“煽情”而又不能“滥情”，既要引发“共鸣”而又不是“共振”。经过几十次的修改和调整，最终用于节目里的背景音乐都做到了充分考量时代特征、内容气氛、节目风格与自身的表达风格。

锐意创新，打造更多精品力作

创作一档好的广播文艺节目，一是要有精品意识，做到内容为王，作品才会有生命力。有了好选题，再通过精心策划、巧妙切入和精良制作，才有可能成为精品。二是要做到简约而不墨守成规，鼓励创新但要守住根本。美学的最高境界是简洁、和谐，我们在追求节目形式和表现方法的创新时，不该舍本逐末，脱离广播传播特点，应将广播的媒体优势放大，选择最适合节目内容的表现形式和手法，只要合适，就不过时。三是要加强与其他兄弟台的节目交流与学习。每年中广协文艺委员会组织的节目交流、主题联播等都是广播文艺节目创新和发展的风向标，要在业务交流、资源共享、作品参评等方面加强合作，把握先机。四是要在日常工作中不能总是“低头拉车”，却忘了“抬头看路”。此次获奖也让我们深深认识到“低头拉车”是为了让我们更好地前行，而“抬头看路”则是让我们明确努力的方向。总之，只有在工作中勤于思考、善于学习、注重积累，不断总结经验、积极创新、不忘初心，与时代同行，才能创作出更多更好的精品广播文艺节目。

遵循新媒体运营的“三条生命线”

——《足迹·H5｜看！总书记身旁的这个人就是我》创作体会

徐海鹏

创新的内容、前沿的技术、优秀的运营是新媒体的“三条生命线”。我们在策划、制作、分发《足迹·H5 ｜ 看！ 总书记身旁的这个人就是我》这款产品的时候，也是在尽量遵循这三点要求。

首先是内容。2016 年、2020 年，习近平总书记先后两次来到宁夏考察调研。宁夏各族人民也牢记嘱托，在继续建设美丽新宁夏的火热实践中展现新作为、交出新答卷。在这一背景下，跟随总书记的足迹，展现宁夏各地经济社会发展，特别是当地百姓生活的幸福变迁，是我们媒体的责任。于是，融媒体

新闻中心在年初自治区两会结束后，多次召开策划会，最终从多个方案中确定了目前的这款产品。思路就是寻找曾经跟总书记“同框”的群众，通过他们分享自己的幸福故事，来体现乡亲们的生活越来越好，同时展示当地经济社会的巨大发展，最后把这些都集纳到一个 H5 当中。随后，我们找到了几乎所有总书记在宁夏考察的央媒照片，不断寻访联系出现在照片里的人，最后确定了八位代表人物。人选确定后，融媒体新闻中心派出三路记者，各自认领了序号，定好了拍摄规范，分赴各地进行了深度采访，并且收集了当地的前后对比图和相关资料。

其次是技术。内容设计拍摄好后，要把想法变成现实，必须依靠前沿的技术。H5 这种形式目前已经普遍使用，但绝大部分都是很简单的单线逻辑，就是一页看完，点击进入下一页，交互属性较弱。《足迹·H5|看！总书记身旁的这个人就是我》在设计之初就强调了强交互性，就是让用户在这个 H5 里要有相当的自由度。同时还有一个问题，就是我们要在 H5 里内嵌八个高清晰度的视频，将近 200M，这个体量对于一个 H5 来说是很大的。如何保证 H5 运行速度快、视频播放顺畅，这也是一个很影响用户体验的问题。为了解决这一问题，我们经多方寻找，跟业界顶尖的公司、曾经为多个中国新闻奖一等奖作品提供技术支持的湖南大内传媒合作，才让这款产品达到了我们预想的效果。

人物合影页界面,用户可以在八位人物中随意选择其中一位进行了解。点击照片后,人物会缓慢放大并播放视频,视频播放三秒后,即可选择回到人物合影页或者去村里看看。在整体情况展示页,我们采用了卷轴设计,用户可以通过滚动卷轴来查看当地前后几年的变化,下面配了相应的背景材料。当然,这一页也可以回到合影页继续看其他没看过的人物视频。如果不想看视频,还可以任意选择去总书记去过的八个点看相关情况。结束页,为了方便用户返回浏览,我们还专门设置了滑动回合影页。

总之,《足迹·H5| 看！总书记身旁的这个人就是我》的创作宗旨就是让用户看得舒心,用得自由!

最后是运营。产品再好,最后还得有个好的运营策略。作品制作完成后并没有立即发布,而是等待一个更好的机会。5 月底,中央启动了《足迹》系列宣传报道计划,总书记足迹成了当时的热点。当时,又恰逢 6 月 8 日总书记视察宁夏两周年前夕。瞅准机会,我们果断决定推出该产品,在红枸杞 App、黄河云视 App 以及融媒体新闻中心新媒体矩阵上进行了广泛宣传。8 组系列短视频还在二次编辑后,以每天一条的频次进行推送,保持热度。

《足迹·H5|看！总书记身旁的这个人就是我》作品推出后,H5 观看人次突破了 3 万,8 个短视频单个全网播放量均超过了 10 万,其中弘德村刘克瑞视频突破了 20 万。对这种主题报道意味很浓的新媒体产品来说,以上数据非常喜人。成绩总是属于过去。未来,我们会在创新上继续突破,努力创作出更多更好的新媒体产品!

“大河奔流新时代”
2022年宁夏春节联欢晚会创作阐述

李　岩

一年一度的春节联欢晚会是讲好宁夏故事、强化对外宣传的重要载体。2022年宁夏春节联欢晚会以“围绕中心、服务大局”为出发点和落脚点，全面触及“黄河流域生态保护和高质量发展先行区建设”主题，追求思想深度、情感温度、艺术高度，唱响时代旋律，为自治区党委、政府中心工作的顺利开展营造氛围、凝心聚力。

紧扣时代脉搏设置议题。2022年宁夏春晚胸怀大局，以高度政治自觉，紧扣时代脉搏设置议题，突出“为先行区建设喝彩”总基调，放宽眼界，主动在黄河流域、全国语境下制订主题策划和节目规划，聚焦“六新六特六优”产业和“六大提升行动”，融入建党百年、闽宁协作、全面小康、民族团结、抗击疫情等社会关注热点。晚会时长150分钟，分为《春回宁夏川》《黄河是我家》《和谐一家亲》《美丽新宁夏》《奋进新时代》5个板块，通过歌曲、舞蹈、少儿歌舞、相声、小品、杂技、戏曲、情景朗诵等多元表达，描绘宁夏在新时代、新征程上的积极作为，展现全区上下不忘初心、砥砺前行的拼搏精神。整台晚会用一条清晰的主线，提炼了先行区建设的特色宁夏故事，同时导入黄河之韵，勾勒出奋进中国图景，最终升华盛世中国梦。

注重品位格调，打磨精品内容。本届春晚共设计了21个节目，其中原创和改编节目占一半之多，创近年春晚之最，充分彰显了宁夏文化自信。整台晚会贯穿“传递情感温度、激发家国情怀”理念，穿插“我的幸福”“向亲人拜年”短视频互动环节，把镜头对准普通百姓，让他们表达自己的幸福感受和美好愿望；推出“宁夏高光人物”时刻，把为宁夏发展做出重大贡献的榜样人物展现在大屏上，让观众在感动瞬间体味变化，迸发豪情。这些设计打通了晚会与观众之间的互动，展现出全区人民的获得感、幸福感、成就感，释放家国相连、与国共振的情感温度。

创新运用新技术手段。晚会在宁夏广播电视台1200m²演播厅录制，首次引入天眼摄像，首次应用移动电轨、异形屏、矩阵屏，用一百多块穹顶屏、地屏、主屏、侧屏制作出浑然一体、270度的观演空间，最大限度地克服了演播室景深不足、灯光不够的局限，为晚会增添了全新视听效果。

打好融合传播组合拳。在内容上，晚会注重各年龄段用户的特点，尝试将热门影视作品等资源转化为创作内容，助力融媒体传播的话题度和讨论度。大年初一，晚会在宁夏卫视、黄河云视、红枸杞客户端首播，其他电视频道随后滚动播出，快手、抖音、学习强国等新媒体平台跟进传播。加之配合开展的视频征集活动、微信红包封面赠送活动、抖音合唱赢沙漠星星酒店免费住宿活动，以及各种风格的短视频、宣传片、图文，让 2022 年宁夏春晚在短时间内迅速升温。截至 2 月 10 日 17 点，全网视频播放量超过 2000 万次，网友留言“今年的宁夏春晚高大上不少，有些大气”“宁夏春晚，还挺欢乐，格局蛮大的，意料之外”。2 月 2 日，《广电时评》以《打开春晚，创新抒写宁夏新画卷》为题进行点评：“2022 年宁夏春晚舞台有时代发展印象，还有火热的生活气息”。《主编温静》（原《传媒内参》）在盘点 2022 年宁夏春晚的致胜之道时，称“2022 年宁夏春晚关切时代命题，满载人民情怀，在思想深度、情感温度、艺术高度上实现了三位一体的统一，通过贴合生活场景和节日氛围共情点的地毯式触达，实现了晚会全代际的传播共振”。《光明日报》也以《2022 年宁夏春晚：新时代宁夏儿女的多维表达》进行了报道。2 月 11 日，国家广电总局工作例会上，宁夏春晚受到点名表扬。

2023 宁夏春晚：为时代而歌 与温暖同行

牛雅红

2022 年 12 月 10 日，距离原定的 2023 年宁夏春节联欢晚会录制还有整一个月的时间。若在平时，正是紧锣密鼓地推进节目排练的关键时刻，而这一次却状况频出。总导演石向果"阳"了，高烧、咳嗽、神疲乏力。病后三天还未痊愈，当他出现在宁夏演艺集团排练厅时，却发现连三十个演员都凑不齐；2023 年新春为兔年，依惯例，都是由小朋友扮演的小兔子给大家表演开

场舞蹈，带来新春祝福，可因为生病的孩子多，家长顾虑多，只来了六个孩子；外请演员一次次改行程、改方案，在联排现场，演员们还在调整节目……

这一年，这一次特殊时期的春晚，使宁夏广电人感到了前所未有的压力。甚至有人提出，今年的春晚，还有必要办吗？电视春节联欢晚会发轫于1983年2月，经过近四十年的发展、延续，如今已经成为新民俗。即使再难，也要给宁夏百姓送上属于自己的有家乡味道的年夜大餐。哪有什么岁月静好，宁夏广电人这一次又是负重前行。

最近几年，春晚舞台上，几家头部电视台各领风骚，凭借独特的资源雄霸前端。北京卫视拥有着丰富的演艺资源，全国艺术乐团、著名演员集中于此，调配起来游刃有余。加之始终以来打造的“温暖·家”主题，有一大批喜爱他们的观众。辽宁卫视也拥有不可小觑的实力，依托乡村大舞台的群众基础，被称为小品的海洋和天堂，营造出浓郁的喜乐氛围。湖南卫视在突出湘人、湘味、湘年的同时，始终抓住快乐主题，吸引年轻人关注。而中原大省河南依托深厚的文化资源，持续解码传统文化之美。

作为人口小省、文化小省、经济小省，这一年我们又该如何表现宁夏的独特韵味。上兵伐谋，规划先行。2023年春晚策划之初，主创团队不断思索着一个问题，宁夏有什么？宁夏的电视观众要什么？我们要展示宁夏这一年的哪一张面孔？

大型晚会包括春晚，是思想性、艺术性和欣赏性的集中体现，将多个特性有机结合无疑是最主要的考量。晚会从策划，到推进，到演出，作为分管领

导，台党组成员、人力资源部主任王丽波严格把控每一个环节。尤其语言类节目，她本着高度的政治敏感和责任心，逐字逐句仔细琢磨。最终，在春晚剧组全体工作人员的共同努力下，2023 年宁夏春晚从这几个要素深化主题。

强化思想性，解读近十年宁夏社会经济发展成就；加强艺术性，注重传统文化魅力展示；兼具欣赏性，提升审美意蕴。本次春晚以“春暖宁夏川”为主题，以富含宁夏地域特色的年味表达，表现人民幸福生活面貌，展现黄河流域生态保护和高质量发展先行区建设成果。在最终呈现的舞台上，我们看到了 2023 年宁夏春晚的艺术表达。

强化主持人的作用，在这里，主持人不只是串场的符号，更是发言人、讲述者，他们用饱含热情的语调讲述着宁夏这十年稳中求进的发展变化，使得晚会更具时代性，凸显宁夏特征。

宁夏因黄河而兴，因黄河而生，因黄河而盛，黄河安澜，才有今天的宁夏幸福生活。为此，在节目的选取上，围绕讲好黄河故事，加快黄河文化建设的主题表达，展现塞上江南的新风貌。原创歌曲《相拥黄河》讲述奔腾千年、长驱万里的母亲河所孕育出的黄河精神对中华儿女的激励。民乐合奏《歌从黄河来》带来新时代宁夏人“护生态、节资源、谋发展”的保卫黄河故事。

一个民族的血脉传统依托文化传承，本次春晚将六盘山国家级非物质文化遗产代表性项目“春官送福”搬上了舞台。晚会上，歌舞《六盘春官送福来》以国家非遗文化春官词与流行音乐相结合，带来经典与流行的新唱。这种吉祥祝福的外化，高昂激烈的唱腔，表达了人们对未来美好生活的向往和祝福。秦腔《梨园春来早》由宁夏三位梅花奖获得者表演，梨园新韵不仅唱出了时代感，也唱出了秦腔传统文化的精髓。

春晚将线下流行的声光电的技术综合运用，大屏、侧屏、地屏，炫目的彩灯营造出独具特色的形式美。歌曲、小品、相声、魔术，多种艺术形式的叠加应用，在丰富舞台表现的同时也刺激着受众的感官。小品《新山海情》以闽宁协作下的新山海情为出发点，融入直播带货等社会热点，用诙谐幽默的故事展现续写东西部协作“闽宁模式”新篇章。舞蹈《凤舞宁夏》，围绕宁夏内容展开命题，体现“栽下梧桐树，引得凤凰来”的时代寓意，使这台晚会的独特性得以彰显。

除此之外，相声《神话新说》借古今对比，用神话故事体现宁夏的发展变迁。近景魔术《年的故事》用一副“神奇”的扑克牌将发生于 2022 年的大事国事串联起来，冬奥会、神舟十四号出征等逐一体现。“我跟你走了很远很远，领航的旗格外鲜艳……”男声独唱《这十年》用深情表达深化了整台晚会的主题。

一台成功的晚会就是一首动听的协奏曲，每个音符都跳动得意韵悠长、风情别样。2023 宁夏春晚，用发展、温暖、美好编织了这一年的精彩画卷。我们有理由相信，新一年，在自治区党委、政府的领导下，宁夏的经济社会呈现新发展、新格局，人民幸福生活呈现新面貌、新气象，记录发展变化的又一年宁夏春晚必将呈现新的亮点。

期待下一个春天，期待明年的春晚！

《云视嗨唱》:以互联网思维转战新媒体

温 皎

由黄河云融媒体中心制作的宁夏原创音乐文艺节目《云视嗨唱》获得广泛好评。主创团队在多次复盘并厘清创作思路、细化流程的同时,也进行了一些思考。

构建一档具有新媒体属性的文艺节目

"以音乐为呈现方式,做一档属于年轻人的唱歌节目……",这是创作《云视嗨唱》前,我们接到的一项命题作文。对于之前一直专注做专题片、纪录片、大型活动的团队来说,这项任务极富挑战——我们必须集体跳出传统的创作模式,面对新的节目类型,重新构建一档具有新媒体属性的文艺节目。用什么样的形式,找什么样的资源,如何将这样一档文艺节目做出区别传统媒体的新样态,做出真正的"融合"?这是我们必须回答的几个问题。

为此,我们确定了做这档节目的目的:专注宁夏本土原创音乐,为青年群体的眼睛和耳朵打造一场新媒体视听盛宴!对于这档节目音质的要求之高,促使我们首先争取联合台内录音科的骨干团队,深度挖掘台内现有资源优势,两个团队嵌入式合作,充分发挥各自专长。我想,这就是融媒体平台的优势,面向全台,借力合力,一起"玩"才能"玩"出花样。

新媒体平台与传统媒体间的同与不同

第一季《云视嗨唱》抓住了"新年"这个节点,从接到任务到正式播出,我们仅用了大半个月的制作周期。能够有这样的效率,除了团队以往拍摄大量人文专题片对人脉资源的积累外,最重要的原因就是宁夏得天独厚的原创音乐资源。由于整个创作周期的时长所限,凭借以往做专题片的经验,我们搭出了《云视嗨唱》最初的节目框架:原创音乐人自我介绍+不插电音乐现场+创作简介。没有复杂的置景和机位,仅通过几盏专业灯光点缀来凸显表演者,确保最优的画质和简约又唯美的画面。专业录音团队的加入,使节目的质量有了保障。限于客观条件,团队扬长避短,在后期制作中精益求精,不断修改调整,运用了多种表现形式,最终节目呈现效果令人惊艳。

区别传统媒体的播出形式,新媒体平台有更多的传输渠道。多点发布、大小屏互动,多平台多终端——新媒体技术力量的加入,让我们看到了一个平台更广阔、更多元、更直观、互动性更强的播出效果。于是整个创作团队一鼓作气录制了第二季、第三季。

有了第一季的制作经验,第二季、第三季我们提前规划。由于生产效率提高带来的充裕创作周期,在后两季中,我们区别于前一季去做出一些尝试和改变。

比如,我们将不插电的单人演唱模式逐渐调整为不限制人数、不限表演形式;在保证节目内容优质的同时,在置景上也有了不同尝试,第二季使用了道具、第三季使用了录音棚里的音响设备和乐器……随着两季节目的播出和一季节目的录制,根据播出反响和呈现效果,我们也更深入地了解了新媒体平台与传统媒体间的诸多区别及应对思路(见表 1-1)。

表 1-1　新媒体与传统媒体的区别及应对思路

项　目	区　别	应对思路
内　容	相较传统媒体而言,新媒体语言风格更加活泼、表述更偏网络化,更容易被年轻人接受。	未来新媒体产品内容设计上,要根据选定内容方向做风格化处理,改变传统表达方式,更易于吸引年轻人,更贴近大众。
表现形式	相较传统媒体而言,新媒体可横屏可竖屏,可根据不同使用场景灵活匹配,分发渠道多元化。	基于此,未来的新媒体产品可以在同一 IP 下创作形式多样,传播、服务更垂直,关联性更强的"专辑"。
拍　摄	相较传统媒体而言,新媒体视频的拍摄更灵活、自由、门槛低,不一定需要非常专业的拍摄技巧和设备,只需手机就可以轻松完成。	传统媒体工作者有技术、会讲故事、能够把握舆论导向,可以尝试做得更加多元。围绕同一 IP 创作不同内容专辑,根据传播规律制订长短期规划,辅助以不同的表现形式,拍摄会变得更灵活多变。
制　作	针对新媒体视频的传播规律,衍生出越来越多功能强大、操作简便的视频剪辑 App,相较传统媒体的视频制作周期,更便捷、更高效,最终呈现效果也更贴近网络传播。	制作手段的多元,让长期从事传统媒体的工作者有了更多施展的空间,但唯一要改变的是呈现方式的不同,需要更有针对性,既可以照顾大屏宣传要求,又可以制作满足小屏的传播。
播出平台	跟传统媒体相比,新媒体的播出平台更多元、更广阔、更垂直。	借助互联网技术,向着新媒体发展,这是传统媒体发展的必然趋势,也是实现媒体融合的必由之路,未来节目形态会更加多样,传播覆盖也会更加广阔。

整个团队开始思考:我们想要打造的新媒体产品,不应该只是简单地把传统媒体思路的产品直接发布在新媒体平台上。新媒体的属性到底应该怎么呈现?媒体融合到底应该怎么"玩"?

互联网思维下的新尝试

随着互联网技术的日新月异,新媒体也在飞速发展。新的节目形态和热门内容,早已不会像"爷青回"的记忆,当你看到热门的时候,就是它即将消失的时刻。在这样的时代,挑战和机遇并存,所以与其适应算法,与其去盲目跟风,不如深入学习,真正掌握,自铸精品,做强做好自己。

综上,对于《云视嗨唱》的未来,我们将继续秉持不断钻研学习创新的态度,带着互联网思维去做更多符合新媒体样态和传播规律的尝试,打开格局,放开眼界。相信由《云视嗨唱》的尝试作为引子,我们还会创新拓展出更多新的节目样态!

《主播说新闻》:如何成为内容品质化高地?

沙晓莉

2020年以来,为应对互联网时代传播格局的深刻变化,融媒体新闻中心在红枸杞客户端及所属各新媒体平台官方账号推出《主播说新闻》栏目,立足"评论是媒体的旗帜""评论代表媒体立场"的高度,坚持正确舆论导向,以正面宣传为主,输出舆论引导正能量。

推出至今,《主播说新闻》在探索和学习中日益精进,以高质量、高浏览量、高评论量,逐步成为宁夏广播电视台融媒体新闻中心内容品质化的一个高地,进一步提升了主流媒体的传播力、引导力、影响力和公信力。

《主播说新闻》主要有四个特点:

一是栏目围绕"头条解读、社会民生、热点关注、政策解读"四个关切方向精心选题。内容以区内外重大事件及重要政治、经济、社会、民生等方面新闻为主,紧追舆论热点事件,梳理事件来龙去脉,剖析问题根源及其警示意义,突出新闻性、思想性和贴近性,用独特视角、独立思想和亲切表达强化正面引导力。

二是强调用通俗语言传递主流声音。栏目在制作过程中针对短视频传播需要,在语言表达及互动形态上分别进行了创新尝试,表达上多用人称代词“咱们、您、我们、我、他们”及表示感叹或疑问的语气词等，去除疏离感，拉近与受众的情感距离。

三是重视全媒体融合传播，将党媒报道优势转化为点击量、点赞量。《主播说新闻》的很大一部分话题都是配合当天《宁夏新闻联播》播出的新闻同步制作推出，但大屏转小屏并非简单平移，而是通过对新闻事实的浓缩、分析、引申和点评，扩大和方便了新闻事实的传播，进一步提升了舆论引导力。

四是以用户思维强化《主播说新闻》标签化运营。栏目有专人在关注网友的评论留言，针对大家关心关注的话题，及时回应百姓关切，创新开拓了党媒与用户之间的新连接。比如，《我的检测结果咋还查不出来呢？》《你的健康码变色了吗？为什么会这样？如何转绿？》等多篇作品根据网友关注热点专门创作，多次占据同城热搜榜，形成了传播主流价值观和正能量的强大社会舆论场。《银川开启新一轮核酸检测，不检测，健康码就“红了”》引发全网关注热潮，带动多级传播，发布 6 小时突破 100 万播放量，网友评论近千条，拓展了用户与节目的互动空间，做到了与受众共同成长。2022 年全国两会召开期间，栏目推出特别节目《主播说两会》，聚焦全国两会上的亮点热点，通过对两会的内涵和外延进行解读。4 期节目，全网浏览量突破 300 万。

在融媒体新闻中心新媒体传播体系中,《主播说新闻》已经是一档具有独有风格的品牌栏目。2021 年,融媒体新闻中心成立了"主播说"写手群,目前已经有三十多人。大家精心选题,根据传播需要,简练新闻事实、凝练主流观点,科学、准确、通俗地向网友深入解读新闻事件,变"不理解"为共识,引发了新的阅读和传播热潮。栏目不仅在新闻主题、呈现方式、叙述视角各方面有一定突破,在文本、播报、声效语态方面也有所创新,多次受到相关部门的关注和认可。在抖音、快手等新媒体平台,栏目也收获了相当数量的忠实用户,并且节目频繁被学习强国等平台转发,评论活跃,数据亮眼。

未来,我们将会跳出舒适圈,强化标签化运营,在包装、样式、文稿等方面继续寻求突破,立足坚守"喉舌观"的同时与时俱进,努力以受众喜闻乐见的形式更有效地传递主流声音。

《黄河谣》(第二季):用有温度的对话致敬新时代奋进者

祁 丽

2022 年 10 月 15 日起，宁夏广播电视台和中广天择传媒股份有限公司联合制作的大型人物访谈节目《黄河谣》(第二季)在宁夏卫视频道播出。节目以“对话宁夏传奇人物,致敬新时代奋进者”为主旨,通过讲述宁夏各领域奋进者的故事,绘就了一幅塞上儿女砥砺前行的时代画卷。

节目自开播以来,广受关注和好评。不少观众表示,《黄河谣》(第二季)通过有温度的真诚对话，将宁夏大地的新变化浓缩为一个个鲜活生动的生

命故事，在创新表达中绽放时代芳华，巧妙撰写了一部“中国故事”里不可或缺的“宁夏影像人物志”，为新时代主流媒体开展主题宣传做出了新的探索。

深耕人物 为时代“画像”“立传”“明德”

在奔流前涌的历史进程中，“人物”命运的波澜看似微不足道，却终将汇聚成新时代的洪流。《黄河谣》（第二季）关注“大历史”中的“小人物”，以鲜活的人物为切入点，聚焦宁夏“六新六特六优”产业高质量发展中的重要人物，“杏林妙手”周玮、“草根作家”马慧娟、著名艺术家王志洪、企业家任爱民……

在娓娓道来的故事中，他们的人生徐徐展开。与以往“高大上”的人物典型不同，《黄河谣》（第二季）突破了传统访谈的模式，重新梳理人物的命运轨迹，选取关键的转折点进行对话，用真实的力量塑造了许多血肉丰满的人物记忆点，让观众过目不忘。

谈及《黄河谣》（第二季）的创作思路，总制片人石向果表示：“我们希望打磨出一档有温度、有色彩、有情感的节目，通过深耕人物书写时代思想，为社会源源不断地提供精神养料，让更多的人从中汲取力量勇毅向前。”

在节目中，他们不再是高高在上的英雄人物，而是我们身边那些有血有肉的普通人。面对人生的种种境遇，他们有困惑和挣扎，也有软弱和无奈。对此，节目组并没有选择回避，在创作时采用一种正视的态度，真实记录和展示了人物的命运起伏和心路历程。

面对生死，遭遇坎坷，受到冷遇……当人生中遭遇逆境时，他们的选择是什么呢？

有些人选择了用坚韧守护初心，矢志不渝。曾任宁夏抗疫专家诊疗组组长的周玮，在节目中坦诚地说，连续带队在抗疫一线奋战两个多月，洗澡时“水龙头哗哗响的时候，眼泪忍不住就掉了下来”。在那一刻，观众的心弦被拨动，在生死面前，许多和周玮一样的医护人员义无反顾为病人扛起生命的重担，然而他们自己却默默承受着肩上的责任和压力。“你不要怕，有我们在，一定会好起来。”这句话既是他对危重患者的鼓励和祝福，也是当初那个因“双肺浸润性结核大咯血”被温暖治愈而立志为医少年的初心和矢志。

有些人敢于“蹚新路”，在困境中“抓螃蟹”。一手打造小任果业品牌的企业家任爱民，人们熟知他的睿智和干练，然而他创业中的每一步都走得格外沉重。“十五岁开始用借来的钱买了一辆三轮车摆地摊卖水果，几个月下来连丢带赔只剩三百块钱。”不但没有赚到钱，还曾因为五毛钱和顾客大打出手。在节目中，他诚恳地说：“我那时候年轻也没有经验，上去就给了他一巴掌……原谅我真是对不起。”

有些人选择了深入生活，苦中作乐。宁夏话剧团的擎旗人王志洪，五十七年如一日，用青春和热爱让宁夏的大篷车成为全国文化战线的一面旗帜。然而王志洪刚接任宁夏话剧团团长时，却遭遇话剧发展低迷期。他有过被当成骗子的尴尬，也曾体验过“一盆凉水浇头”的无奈。一场精心排练半年的大戏开演时，只来了两位拿着赠票的观众。在节目中，观众看到了他的失落和困窘。然而面对这一切，他并没有放弃。“我们到农村去，我们与乡亲们同吃同住同劳动……从构思故事到创作剧本，再到组织排练，每一句台词都需要取材农村老百姓的真实生活。”于是后来才有了像《闽宁镇移民之歌》《六盘鸿雁》《陈九斤脱贫记》这样一批脍炙人口的精品力作。

在《黄河谣》(第二季)中，节目组用真实构架人物的血肉和骨架。正是这种面对人生挫折时“破茧化蝶”展现出来的勇气和力量，让他们战胜了困境，闪现出人性之光，也让观众走入人物饱含激情与温度的奋斗历程。

注重故事化表达 以情感叙事引发共鸣 传递正能量

节目中，作家马慧娟的故事给观众带来感动与启示。这位从西海固走出的全国人大代表，用手机写作，写牛羊，写庄稼，写脚下的土地。她相信，读书可以改变命运，写作可以成就自己。正如马慧娟在书中所写："这是一群人的故事，这是一个村庄的故事，这是一个时代的故事，这是脱贫时代所有人的故事。"

注重小切口、微刻画背后的大主题，将生动感人的个人生命史融入宏大叙事，也将正能量化为前行的动力。《黄河谣》(第二季)的制片人李岩认为，"人物访谈节目受制因素众多，常常费力不讨好。每一期节目都经过栏目组反复修改和打磨，它们从不同的视角切入，但都殊途同归，力求彰显人物的个性、风骨和时代精神。它不是'宣传片'，更像是一种被赋予人性化的'产品'，有更多的市场价值和传播空间挖潜。"

面对时代主题，如何用最生动的电视语言去生动描摹，让屏幕上的声画光影历经时间沉淀而焕发光彩？《黄河谣》(第二季)把"讲故事"作为打开对话和倾听之门的"金钥匙"，让原本枯燥的说理变成娓娓动听的交谈，令观众眼前一亮，精神为之一振，在探索与观众的"交心方式"上也翻开了新的一页。

在节目中，陈海和盐池滩羊四上国宴的"内幕"，周玮为一名已经去世的患者徒手按压心脏十小时的"前因后果"，马慧娟 11 部斑驳手机背后的命运起伏，任爱民向打饼子的好朋友借十万块钱的兄弟情谊……"爱折腾""医者仁心的柔软""不甘心"……面对一个个鲜活的人物，主持人给予了更多的共情和倾听，也有了更多的"沉浸式"参与和互动。所以访谈现场有了主持人马丽的潸然泪下，有了主持人林然留白般的瞬间沉默，也有了人物在镜头面前敞开心扉的释放和坦然。

尽管职业和岗位不同，但是人们面对人生挑战时不懈奋斗的追求是相通的。好的作品，离不开“故事”，离不开现实，更离不开人性的温度和精神价值。节目组从不同人物的创业奋斗与生命历程中，找到引发观众情感共鸣的故事，与观众的现实生活发生共振，释放蕴藏的大情怀与正能量，这也成为我们扎根当下、继续前行的不懈动力。

借船出海 用“项目制”探索人才聚集合作模式

在节目拍摄制作期间，宁夏广播电视台工作人员和湖南中广天择同仁密切配合、共同解决采访过程的难点。“演播室用了切割灯，重新布光后，人物的面光照明更加干净柔和，也解决了以往大屏反光的问题。”

在长达八个月的创作中，《黄河谣》（第二季）团队前后派出五组导演团队走进全区五地市，实地走访企业、嘉宾所在地二十处以上，记录下许多精彩影像和温暖瞬间。

“湖南中广天择在‘策、采、编、发’等环节流水线式的创作模式和团队人员协同高效的团队精神，让人很受启发。”开门办节目，让大型精品节目创作“借船出海”，《黄河谣》（第二季）在此次与湖南中广天择的合作中获得了“双赢”，不仅推出了精品节目，也给宁夏广播电视台跨部门合作的集约化发展带来了新的思考和契机。

习近平总书记说：“新时代属于每一个人，每一个人都是新时代的见证者、开创者、建设者。”《黄河谣》（第二季）彰显出一种奋斗不辍的精气神，真诚展现了宁夏人民心中有信仰、脚下有力量的新时代风貌。我们期待更多有思想、有温度的鲜活作品去抒写和记录我们这个伟大的时代。

广播剧《黄河水甜》：用声音讲述宁夏 用故事书写时代

马 茵

2022 年 5 月 11 日，中央广播电视总台中国之声《记录中国》栏目中，一段高亢、悠远的宁夏花儿响起，宁夏广播电视台制作的三集广播连续剧《黄河水甜》开播了。宁夏广播电视台 5 套广播频率、浙江交通之声、贵州交通广播等广播媒体，学习强国、宁夏广播电视台红枸杞 App、黄河云视 App 等新媒体平台也陆续推出了该剧。近日，《黄河水甜》在第二十二届中国广播剧研究会广播剧专家评析中被评为连续剧一等奖作品。

《黄河水甜》以“共产党好，黄河水甜”为主题，聚焦西海固移民自力更生、艰苦奋斗、脱贫致富的时代传奇，讲述了宁夏吴忠市红寺堡区移民开发 20 多年来的巨大变迁。展现了以马万喜为代表的宁夏贫困山区群众在党和政府的关怀下，移民搬迁到黄河灌区，在脱贫攻坚战役中，借力闽宁帮扶致富奔小康，将飞沙走石的“干

沙滩”建设成寸土寸金的“金沙滩”,并积极投身乡村振兴的故事。

原国家广电总局电视剧司司长、现中广联合会副会长,中国广播剧研究会专家组成员李京盛评价:这部剧选取的题材,是在中国扶贫攻坚战役中最具典型意义的故事,是最能体现中国的制度优势在脱贫攻坚中发挥出的巨大威力。这就使得这部剧在题材内涵上,具有了超越其他扶贫题材的高度和深度,很有广播剧版《山海情》的味道。这部剧在艺术表达上故事讲述流畅,情节比较饱满,人物形象刻画较生动,地域特色也较鲜明,在戏剧性、文学性和音乐性上做了较好的结合。

中国广播剧研究会副会长高坦评价:这部作品既有历史的讲述,又有现实的展现,这就比一般的脱贫题材作品,有了更厚重和更丰富的内涵,和前期获奖的《闽宁镇》堪称姊妹篇。作品地域特色鲜明,特别是切合主题和剧情的花儿歌词,不仅烘托了主题,还极大地增强了节目的可听性。

好故事、好作品的标准是什么?有思想、有温度、有品质!怎样才能创作出真正的好故事、好作品?要深入生活、扎根基层,增强脚力、眼力、脑力、笔力,要在学习与思考中探索创作。

练脚力,好故事永远在基层

生活是艺术创作的源泉。一部好的广播剧,一定是用脚力丈量出来的。在路上,才能感受时代前进的脉搏;到基层,才能挖掘鲜活的故事;扎实的脚力才能见实情、动真情。

吴忠市红寺堡区——宁夏扶贫扬黄灌溉工程的主战场、全国最大的生态扶贫移民集中区。经过20多年的开发建设,总人口已达23万,2020年3月实现脱贫摘帽。在生态移民、闽宁协作、精准扶贫、乡村振兴的全方位脱贫战役中,吴忠市红寺堡区出现了大量生动感人的故事和可歌可泣的人物,成为广播剧艺术创作的富矿。

为更好地诠释作品,创作者多次深入吴忠市红寺堡区、宁夏西海固地区,千方百计寻访红寺堡开发的建设者、亲历者。他们走遍红寺堡5个乡镇,在田间街头、百姓家中、扶贫车间、养殖合作社来回奔波,挖掘到每一个人物

原型背后鲜为人知的故事和闪光点，积累了丰富的创作素材。正是这些凭借脚力采撷到的扣人心弦的生动故事，让创作者感受到了心灵的震撼、灵魂的洗涤和精神的净化，并义不容辞地传播这些动人故事和精神力量。

有了与正在扎扫把的李耀梅的促膝长谈，才有了善良而又坚毅的枣花形象；有了与村干部、第一书记、致富带头人、建档立卡贫困户的“零距离接触”和“心与心对话”，才有了风沙毁苗后的绝望、葡萄丰收后的喜悦、勤劳致富后的欢欣。

深入基层，深入生活，是积攒力量和温暖的过程，会让你内心底气十足，作品掷地有声。不吝惜脚步，不荒废脚力，最终它一定会给你丰厚的回报。

明眼力，“火眼金睛”抓准题材，选对素材

广播剧创作的第一步首先要明确“写什么”，确定选题是整个创作的基础，更是难点和重点。题材好不好，关键看眼力，心明眼亮才能选准好素材、好故事。

以生态移民、脱贫攻坚、乡村振兴为主题的题材众多，要锁定最具典型性、时代感的故事。在采访中，一封《退保申请书》进入了创作者的视野。有人想尽办法要成为建档立卡贫困户，享受各类优惠政策，申请人王克银却主动退出低保。一番“跟踪追击”后，贫困线上挣扎的王克银抚养 3 个成为孤儿的侄子侄女，日子逐渐好过后知恩感恩、主动退保并回馈社会的鲜活故事被挖掘出来，彰显了新时代农民在脱贫路上用实际行动塑造的道德力量和人性光辉。

只有投身时代洪流，多观察思考，多捕捉积累，时刻保持用高度敏感的眼力捕捉精彩与精髓，才能创作出有高度、有深度、有温度的作品。

强脑力，用创新思维提升作品质量

打造一部广播剧精品力作，要从题材选择、剧本创作、音乐制作、演播录音、制作合成等各个环节动脑筋，下功夫。比如剧本怎么写？如何从“小切口”反映大主题，以“小角度”讲明大道理？这样一部农村题材的广播剧如何让其接地气、有人气？如何让音乐创作更具特色，更贴合剧情？《黄河水甜》人物鲜活形象生动、语言充满生活气息，以充满宁夏地域特色的花儿演唱为故事链条，在戏剧性、文学性和音乐性的结合上，做出了有益的探索。

脑力是思维的能力、思考的能力。勤学善悟、用心思辨，才能使作品有新意、有魅力，才能让作品更有凝聚力、引领力、感召力和穿透力。

磨笔力，倾力呈现有思想、有温度、有品质的精品力作

“剧本，一剧之本。”好作品离不开好剧本，好剧本定要反复打磨，精雕细琢。《黄河水甜》的剧本在广泛听取各方专家的意见和建议后，四易其稿，对核心故事进行了更合理合情的修改和完善。在录制合成制作后，又对完成的剧集反复斟酌并再度进行了修改，力求将作品打造成为思想性、艺术性、欣赏性俱佳，具有强烈的时代感和辐射力、影响力的作品。

《黄河水甜》的创作者在创作手法上谋求创新，对叙事方式进行多元化探索，采用了倒叙闪回、第一人称、时空嫁接、虚实结合等方式，巧妙架构故事、设计剧中人物、展现矛盾冲突、注重细节描写，并运用了花儿、民歌、秦腔等多种艺术手段作为点睛之笔。全剧的大结局不仅做到了首尾呼应，也避免了直白、铺排和空泛，更是将剧情推向了高潮，奏响了“共产党好，黄河水甜”的主旋律。

以“精品奉献听众”为情怀。《黄河水甜》的创作者用声音呈现了一幅幅生态移民脱贫、特色产业兴旺、美丽乡村振兴、科技兴农富民的动人画卷，一个个干部群众齐心协力、志在奋进、增收致富的幸福故事。在广播剧的创作道路上，只有始终在生动的历史变迁中感受中国奋进的磅礴力量，才能充分挖掘事实之真与艺术之美，实现集社会宣传和艺术审美于一体的初心，才能向“思想精深、艺术精湛、制作精良”的目标不断靠近，打造出紧扣时代脉搏、弘扬主旋律和社会正能量的作品，真正做到用声音讲述宁夏，用故事书写时代。

《音乐思政课》为何能打动人心?

宋　韬

广播节目中心精心打磨出一堂《音乐思政课》。2023 年 3 月上旬,他们面向全区各部门单位举行了一次推介活动,发展研究中心党支部“借机”集体观摩。这堂《音乐思政课》以中国共产党人的精神谱系和英雄模范事迹为主线,以具有时代感的音乐为特色,旨在让党的二十大精神深入人心、广泛传播。我们认真听完整堂“课”,内心深受触动并有所感悟。应该说,《音乐思政课》表现的内容以及创作人员背后的努力,的确可圈可点、可敬可佩。

内容打造:“理、事、情”兼备

“沉浸式学习,声动又心动”。这句宣传语体现了《音乐思政课》创作人员对呈现效果的追求。而现场观众谈及感受时,也往往对此表示认同。那么,这堂“思政课”是怎样达到这一效果的呢?

思政课的目的是立德树人,本质是讲道理。但要把“思政课”讲得入脑入心,其实并不容易。如果只讲道理,容易空泛,不易吸引受众;而只讲故事,没有思想提升,又容易导致琐碎;最重要的,如果不能使受众的内心受到触动,最终也难以达到思政教育目的。所以,一堂成功的“思政课”,一般需要“理、事、情”兼备,而且在表现形式上要有吸引力。可以看到,这堂《音乐思政课》

力图具备以上要素——二十大报告相关内容和中国共产党人的精神谱系是在说“理”;英雄模范事迹是在讲“事”;故事中力求突出感人片段,是在抒“情”;而贯穿其中的歌曲通过对形式特色的追求,则给了受众更多的“沉浸”空间。当有了以上的自觉追求,《音乐思政课》要达到预期效果自然就不难。

其实,如果把追求“理、事、情”兼备作为一种方法,我们做节目、写文章,也当如此。事前有此方向,事后对照检验,达到目的就会事半功倍。

主动“出圈”:“媒体 +”意识难能可贵

当今,“跨界融合”现象比比皆是。这作为一种创新途径,似乎也成了一种时代现象。我们在融媒改革中经常强调的“媒体+”,也可以视作“跨界融合”。当然,这种“跨界融合”不是无原则的见异思迁,而是立足自身优势的兼

收并蓄。对正在谋求“媒体融合”之路的宁夏广电来说，力求做好“媒体+政务服务商务”，既是加快发展的迫切需要，其实也是顺应了这一时代趋势。

广播人打造的这堂《音乐思政课》，本身就是个综合的产物。你看，视频一般属于电视，舞台更多属于演艺，思政内容似乎属于教师或政工人员，即便音乐也不完全是广播的专利。可以说，在媒体深度融合的背景下，今天的广播人不仅早已进军“看得见”的视频，而且正以“媒体+”的姿态向更广阔的领域攻城略地。

当然，要做到“媒体+”，就必须跳出传统节目生产习惯。这也意味着需要自我加压，付出更多努力。但没有这样的“自讨苦吃”，也就不可能有传统媒体的未来。从这个意义上来说，《音乐思政课》创作中渗透的“媒体+”意识难能可贵，应该在全台大力倡导！

整合集成：创新也有“捷径”可走

毋庸置疑，《音乐思政课》是一次创新。但细细看来，其中的每一段内容，我们都感到熟悉或者似曾相识。由于“旧酒装新瓶”，让旧题材因此有了新的生命力。可以说，这是集成创新的产物。

重温入党誓词、唱《国际歌》、阐述党的理论，这些是党员活动常用的“标配”；李大钊、陈延年、焦裕禄、邓稼先、袁隆平、黄文秀、王有德……他们的故事和影视片段，我们大多也已经熟知，似乎都不算“新鲜”。但当我们围绕主题分门别类进行重新整理，突出“泪点”和“痛点”，再加之具有时代性的剪辑、配乐时，曾经熟悉的内容就呈现出了一种崭新的面貌。《音乐思政课》中的歌曲，很多来自近年出品的相关影视剧，平时很容易被忽略。而当它们在这样一个空间集

中呈现，在构筑形式特色的同时，又有了一种新时代的视角，产生了另一种动人的力量。

《音乐思政课》围绕主题对资源加以整理，通过整合集成达到了创新效果。实际上，举目四望，全国广电节目中相当多的创新之作，也都采用了这样的“拿来主义”。当我们赞叹其中的创新思想时，不妨也学学人家收集材料的汗水，整合材料的匠心。而当这样的集成创新多了，原始创新也就不会远了。

“两个效益”：用心才能行得更远

《音乐思政课》创作人员说，他们将努力“打造精品、树立品牌”，推动“进机关、进企业、进校园、进农村、进社区”。显然，这一“雄心壮志”瞄准的是对实现“两个效益”的追求与渴望。

当前，宁夏广播电视台节目生产在坚持社会效益为主的同时，越来越注重经济效益的实现，这也是提升自身造血能力所需。不过，我们采用的方式往往是“联办”或“定制”。而广播节目中心却勇闯新路，他们先打造出一款产品，然后再用力去找市场，其胆气可敬，其精神可佩。此前，宁夏音乐广播曾以情景党课《信仰的力量》做出过有效探索。如今，广播节目中心继续打造《音乐思政课》，则又是一次勇敢的拓展。当然，能看到“思政课”中有广阔市场，也体现了他们独具的慧眼。

此外，我们在观看《音乐思政课》时，也不免产生一个念头——当广播节目中心力求以《音乐思政课》打动人心、撬动市场的同时，宁夏广播电视台不妨先给予一定支持。这种支持，可以是内部“购买”，用来教育我们自己的党员，也可以是建立一种协调激励机制，让全台更多职工加入到市场推广中

来。这样一部优秀的思政作品，理应有更多机会与全区广大党员见面。

当然，一个作品要面向市场，自身必须不断追求过硬的品质。从这方面说,《音乐思政课》还可以不断打磨、精益求精。比如，党的二十大报告主要思想应该更加突出,理论阐述与内容呈现需要更好结合,整体上的编排逻辑还有必要细细推敲,舞台呈现方式也可以进一步丰富,等等。但无论怎样,我们认为,《音乐思政课》在宣传阐释党的二十大精神的同时,也是宁夏广电人自身谋求“文化自信自强”的一次可贵探索,真心值得点赞!

《阿普快评》：一个“网红”的诞生

祁　丽

2022年9月13日中午，阿普像往常一样，在办公室支好手机开始录制节目。他录的这档节目叫《阿普快评》，这天的话题是“割伤狗舌头替子讨公道”。这档新媒体节目几乎每天发布，但撰稿、出镜、摄像、剪辑、发布，只有阿普一个人。虽然忙碌辛苦，可开播四个月来，他乐此不疲。

阿普当天的节目做好后，通过逐级审核，很快就能在《直播60分》微信号、“阿普快评”抖音号、快手号以及当晚《直播60分》栏目等平台发布。到这天为止，他已经发表了147条评论。其中，8月1日发布的《四川警察持枪抢人背后令人反思》，仅抖音平台的点击率就达到了18.3万，观众互动超过六千余条。

随着越来越多的人成为阿普的粉丝，很多人好奇——阿普是谁？

“我是阿普”

阿普本名叫蒲成鹏，是公共节目中心

的一名摄像记者，做新媒体节目其实只是他的“兼职”。阿普是山东人，性格直率，关系好的同事亲切地叫他“蒲怼怼”。这个从网络热词演变而来的昵称里，少了一份互相对峙、剑拔弩张的怨怼，多了一份年轻人勇于表达想法、敢于说出心声的特质。一个普通的摄像记者，没有主持人的字正腔圆，没有演播室的灯光音响打磨，也没有雷人的选题和爆料，凭借简单的两分钟热评，却在短短的时间里“走红”网络，引发不少网友的关注和热议。这究竟是怎么做到的呢？

一切看似偶然，实际上这是公共节目中心在推进媒体融合发展之路上的又一次试水。

起初，阿普并没有想到“网红主播”和自己有什么关联，但公共节目中心的一次全员“头脑风暴”让机会来到了阿普面前。“中心出台了绩效奖励办法，激励全体编采人员集思广益投入新媒体创作，人人参与，多劳多得。”

此前，公共节目中心开设有电视评论《今日视评》，同时也为其量身设计了一套适合新媒体传播的“外衣”。经过多番尝试之后，摄像阿普成为这个板块名副其实的主播。众人拾柴火焰高。阿普的作品出炉后，全中心人员都是后援团，参与到出点子、推送和转发当中。“蒲怼怼”的《阿普快评》就这样诞生了。

草根的力量

阿普的录制背景通常是办公室的一株绿植或者家里的书架。镜头前的他穿着休闲 T 恤，留着普通的寸头，不开美颜也没有滤镜，用一口略带山东方言的普通话点评热议。虽然背景简易，貌不惊人，但他却收获了全国各地不少粉丝，其中以四川人居多。

有人说，和以往的新闻评论节目相比，《阿普快评》不够全面深刻，有些观点甚至剑走偏锋——录制背景粗糙，缺乏省级媒体主播“权威、规范、专业、大气”的荧幕形象。然而，《阿普快评》吸引网友的，恰恰是一种草根、原创的力量。

《阿普快评》常有独到的思想，在鱼龙混杂的网络评论中令人眼前一亮。

《卖20元芹菜被罚六万六》批评执法人员“执法什么时候都不能只讲力度，没了尺度，忘了法度，失去温度”；《给顾客上桌吃剩的鱼，道德何在？》讽刺称自己太忙的商家，“不但以后很难再忙起来，恐怕还有后面的处罚等着你”；《城管踢翻小贩摊位，要得哪门子官威？》一针见血指出，“暴力执法本身就是行政违法”……观点不求面面俱到，但是新颖有力，好比在武器中，它不是利剑和长矛，更像是一枚匕首，进可攻，退可守，迅疾锋利。

内外兼修

如今智能手机上可用的视频剪辑软件很多，阿普喜欢用“剪映”，功能多而且速度快，给自己录好的视频加上字幕、音乐、视频和动画，让观点更加醒目。因为这档节目整个流程都由他一人完成，所以省去了许多磨合的环节，编辑自己的视频也更加得心应手。

《阿普快评》的许多评论内容，都来自阿普在生活和工作中的观察与思考。《按电梯摔伤女孩 不要拿“小”当理由》《向高空作业的工人泼水太恶毒了》《地铁安检员上班打盹睡觉真不合适》……原本是一些常规话题，因为“图、文、影、音”多种形式的综合运用，打破了以往单一的文字评论模式，不仅为节目的厚重丰富添彩，也让观点更加明晰有力。《土鸡蛋真的比普通鸡

蛋好吗？》《药店过度推销何时休》《共享单车头盔　想说爱你并不容易》……关注普通人生活中的衣食住行，了解他们的感受需求，这让他的评论多了一些烟火气。

阿普发现，很多关注度高的节目都源自热搜事件，只要比其他主播更快，在第一时间发出更有说服力的评论，网友不但会看，那些主播也会引用和转发，然而，想要做到观点“有理、有力、新颖、独特”绝非易事。新闻评论从来都是舆论引导的有效利器，如何发挥得当，还需要“脚下有泥，心中有火，眼里有光”。为此，阿普做了许多尝试。他在一些评论中设置悬念，融入情感和故事，比如《上海中考泄题案败露　竟因抄错题》《老人组团偷瓜为何有恃无恐？》《一家族四个孩子溺亡　教训太深刻》……这些评论对公共事件的关心以及体现出的社会责任感，既是表达也是引导，经过网友大量转发和评论，引起了广泛共鸣。

困惑与希冀

《阿普快评》目前进展顺利，但阿普觉得这个节目并不理想。有人对他说，地方台新闻本土化是最大的竞争优势，但本土话题除了热点事件，想在互联网上赢得关注并没有流量优势；也有人善意地提醒，毕竟是省级媒体的节目，录制环境也太简陋，于是阿普的背景从办公室换成了演播室，这让他觉得“有点拘束，不那么自在了”；还有人说，如今的“网红”背后都有强大的幕后团队做策划、做推手，阿普觉得这很难，因为“大家都很忙，哪能专门抽调人手给你帮忙”……但对他来说，最难的其实在于，用传统媒体固有的思维去做新媒体，根本“融”不进去。

当前，宁夏广播电视台推进媒体融合发展改革正在推进中，各部门也积极在体制机制、流程管理和人才技术等方面进行新的探索和实践。在这一背景之下，《阿普快评》的出现，如同一株初生的幼苗，面目一新、生动有力，迸发着热情和活力。然而，融媒探索毕竟是一段艰难的历程，阿普能否真正成为“网红”，前面还有很长的一段路要走。

《“老姨妈”的疑问》:台前幕后“变形记”

祁　丽

“老姨妈的‘良田’方言地道得很！”

“编剧太有才了！”

“土话‘老虎招招’是蜻蜓吧,太接地气了！”

“我们兴源村这几个美女成了网络明星”……

在宁夏旅游广播视频号中,方言情景剧《“老姨妈”的疑问》引起了不少网友的关注。网友留言点评的这期节目说的是良田镇移风易俗新风尚的故事。从八卦兴源村老禹家的儿子刚结婚又离婚的“小道消息”开场,在村民的纷纭议论中得知是“高价彩礼惹的祸”,“老姨妈”苦口婆心地劝慰大家“婚事喜事要新办,庄重简单大家赞,真心祝福情谊长,铺张浪费不应当”。

很多人好奇,“老姨妈”是谁?“丫头”扯磨的那些事儿靠谱吗?这档视频方言情景剧的台前

幕后有哪些耐人寻味的故事呢？

疑问1：这是一档什么节目？

《“老姨妈”的疑问》是广播节目中心2021年10月24日推出的，由刘颖、马建平、刘海蓉三位工作人员创排，前期由张可萌参与后期制作，在宁夏旅游广播视频号发布。剧中，由经验丰富的马建平和刘海蓉分别饰演善良热情、乐于助人的“老姨妈”和爽朗机敏的“丫头”。该剧紧跟当下热点话题，捕捉生活小事、趣事，用诙谐生动的宁夏方言向大众科普生活知识，令人在捧腹一笑中获得启发和思考。可以说，《“老姨妈”的疑问》是广播节目中心在融媒改革中的一次尝试，用公众普遍关注的热点焦点进行创作，用“广播+”增加新亮点，以一种更迅速、更便捷、更喜闻乐见的方式在新媒体平台上传播，探索融媒前行之路。

疑问2：“老姨妈”是怎么上线的？

融媒时代来临，用户的收听习惯悄然发生变化，广播节目在生产、传播和盈利模式也要与时俱进。过去“一招鲜，吃遍天”已成明日黄花，“大象也要学会跳街舞”成了普遍共识。对此，宁夏旅游广播的主播刘颖深有体会。作为《“老姨妈”的疑问》的主创人员，她身兼编剧、摄像和后期制作于一身。从业十年的经历让她对电台节目有一种笃定的情怀，但是对网络生态和行业发展的关注，让她愿意做出更多积极的探索和尝试。

在2022年疫情形势最紧张的时候，刘颖上网时发现许多人对核酸检测的“混采”辨识不清，“做完核酸啥时候才能看到结果呢？”。根据这个网络热点，她灵机一动和同事马建平、刘海蓉、张可萌用手机录制了一期防疫情景剧，在电脑上剪辑编辑后上线发布。没想到点击率过万并被学习强国采用，“比预想的效果好”。在连续播出五六期节目后，就连扮演“老姨妈”的马建平在小区也“火”了，很多原本不认识的小区居民都主动跟她打招呼，热情地询问“老姨妈”下期更新的时间。“粘着泥土、带着露珠、冒着热气”，《“老姨妈”的疑问》就这样上线了。

上线伊始，栏目就连续推出六条疫情防控方言情景剧。《我为啥要打新

冠疫苗呢?》讲述“怕打针”的“老姨妈”在了解疫苗知识和相关注意事项后,放下包袱去打针的故事;《年龄大就不能当志愿者了吗?》用义务执勤的老党员龙秋梅、王晓鸣的事迹,号召更多的市民助力疫情防控;《怎么有那么多东西要买?》跟随志愿者一张张“代购”清单背后沉甸甸的付出,提醒大家疫情期间理性购物……“字正腔圆的播音腔,总感觉缺了那么一点点乡土情愫,而家乡话防疫提示让大家听得懂、记得住,听起来更亲切,传播效果也更好。”乡音亲切,土话易懂,通过通俗易懂的方言和脍炙人口的顺口溜,引导人们客观冷静地认识和应对疫情,真正入耳入脑入心,取得了良好的社会宣传效果。

疑问 3:广播人做视频,是“鸡蛋碰石头”吗?

“刚开始就用手机拍,在电脑上装了个软件,自己学着剪视频。后来有了索尼微单和领夹麦克风,用起来画质和声音就好多了,都是一点点慢慢摸索。”从策划拍摄到后期剪辑,刘颖觉得最难的还是给同期声加字幕,都是方言对话,有些听不懂的就要反复听好多遍。“为了照顾特殊人群,比如听力不好的或者聋哑人。”

有人说,广播做好声音产品就行了,做视频又不是广播人的长处,这无异于“鸡蛋碰石头”，很难出精品。可在刘颖和她的同事们看来，对方言的表现力是广播人的长处：“像马建平曾参与制作《毛老羔的幸福生活》《哈喜喜扯磨》和《毦，这一家子》等方言广播剧，这就让她在驾驭‘老姨妈’这个角色时驾轻就熟。”如果让广播节目能够同时具备音频、视频、图片等多形态呈现，会让节目丰富立体多元，更适应当前受众的多样化需求，可以有力提升节目的竞争力和覆盖面。

在《“老姨妈”的疑问》中“老姨妈”和“丫头”采用对话拉家常的形式，一问一答，一说一和，人物设置层次丰富，性格分明，每集故事都与普通大众生活息息相关，也是百姓邻里关心和关注的事情。《我的钱谁来给骗走了？》老姨妈想拉着朋友一起在网络兼职赚外快，不料掉进骗子的圈套，不但几千块钱打了水漂，还弄丢了朋友的信任，提醒大家警惕网络诈骗，守好自己的“钱袋子”；《听说你能徒手“摸电门”？》老姨妈在丫头的新房“大显身手”修理电门，结果两人都触电被炸成“钢丝头”，用自己命悬一线的经历形象生动地普及用电安全知识。剧中人物都是我们身边的普通人，故事、台词、表演都带着质朴浓郁的生活气息，鸡毛蒜皮、酸甜苦辣、家长里短，让节目显得很“接地气”，烟火气足，耐人咀嚼。节目既有意义又有意思，既有态度又有温度，在冲突中凸显本土文化，传递正能量。

疑问4：栏目困难不少，还能持续吗？

《“老姨妈”的疑问》在线推出后，并没有做到定期更新，一些节目的表现空间还可以深挖。在剧情策划上，故事的“包袱”可以再多一些，要有设计有埋伏有底料，灵活巧妙地“抖”起来，多一些意料之外的悬念来展开故事，真正做到有“疑”有“答”，避免平铺直叙的说教；在拍摄和制作上，可以尝试寻求更多“外援”支持，无论是拍摄场景、画面构图，还是后期剪辑，在节目的可视化方面有节奏、有亮点，也有耐人寻味的点睛之笔……

“大家平时都是各忙各的，都是抽空来录，虽然十几期节目总共只发了两三百块钱，但是没有一个人抱怨，还是想把节目做好。”在拍摄节目时，一些当地群众主动参与“出镜”。兴源村的于姨妈、和顺村的嘎子们，以及社区

小卖部的女摊主，他们的热情和互动成了这档节目最大的源泉和动力。最近有相关部门主动提出和《“老姨妈”的疑问》合作，一年八万的宣传费，这让大家多少有了一些底气。

在当下，探寻“广播+”不是一句口号，实现全媒体传播，任重而道远。在坚守与转型中，既要仰望星空，也要脚踩大地，注重关注眼前人、身边事，《“老姨妈”的疑问》像锤子敲钉子一样找准了“切入点”，然而如何深挖出宝，打磨一档既“可看、可听、可读”又“可互动、可分享、可体验”的节目，还需要更多的探索和实践。

《H5|1999 年，他们来了！》：山海相约，青春有你！

王　越　马文婷

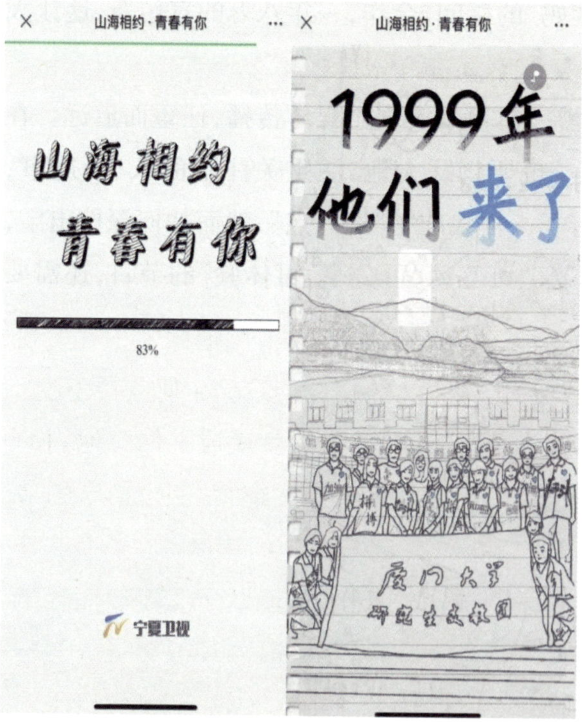

2022 年 9 月 10 日，宁夏卫视中心创意制作的 H5 作品《1999 年　他们来了》在宁夏卫视微信公众号首发，受到广泛关注和点赞，产生了良好的传播效果。作品聚焦厦门大学研究生支教团，通过小故事、小切口，展现闽宁协作、教育扶贫大的时代背景，将 33 张照片、5 个故事融入其中，让重大事件的宣传报道接地气，在沉浸式场景中讲好主旋律故事。

我们的灵感来源:它是这样诞生的

这个作品的创意产生于一次我们去海原采访的途中，很多人看到我们不像本地人,又比较年轻,都会热情地跟我们说话:“你们是厦门大学支教团的吗?我家孩子就是被你们厦大老师教过。”“我家孩子受到你们影响考上大学啦,现在回来在海原学校当老师呢!”这让我们非常好奇,究竟是一个什么样的群体,受到当地百姓这样的尊重?带着这份疑问,我们开始前期调查研究。“闽宁对口扶贫协作”是习近平总书记在福建工作期间,亲自部署、亲自推动的重要战略决策。1999 年,厦门大学组建首批研究生支教团,成为“闽宁对口扶贫协作援宁群体”的重要成员。从此,厦门大学研究生支教团连续 23 年扎根“西海固”接力教育扶贫,累计覆盖学生数 2.8 万余名。这让我们眼前一亮,这不就是我们守正创新非常好的选题吗?调研中我们还发现厦门大学研究生支教团带给这里的除了知识、教学方式的改变,最大的改变是观念的改变,影响这里的孩子、影响孩子的家长,影响一代又一代人。特别是第九届研究生支教团的两张学生合影照片的对比,让我感受到信念和坚持的力量。

我们的创作故事:脚踩坚实大地的生动实践

前期我们收集了上千张照片,拍摄素材量多达 100 多个小时。如何才能以巧妙的形式将众多素材进行串联?我们经过深入走访和“头脑风暴”,最终

确定了该作品以时间为线,通过“1999 年 他们来了”“支教接力他们看到了坚持的意义”“长大后我就成了你”“他们的故事仍在继续”四个篇章的节点故事进行串联。在后期制作时,创作团队用 14 天时间,把新媒体技术的手段与传统讲故事的手法相结合,最终以“照片+文字+视频+音乐”的创意互动形式呈现,将 23 年的发展变化融入一个简洁生动的 H5 之中。《1999 年 他们来了》充分展示了 H5 作品可互动、可分享、可体验的特

点，它让用户在便捷的互动中，直观了解了厦门大学研究生支教团23年的爱心接力，以及他们给宁夏南部山区教育带来的巨大改变。

创作者说

媒体转型，“转”的是表达方式、播出平台、收听收看习惯，以及受众的参与程度，但不会“转”的是对优质内容的需求。媒体融合是一篇大文章，我们既要集中攻坚，也要久久为功，坚守内容定力，在此基础上不断创新。我想，我们的作品一定会如这帮年轻人一样，有无限的可能，也会充满青春的魅力！

融媒体直播项目《生态中国》：云平台唱响生态梦

孙 蕾

2023 年 4 月 21 日 14 点 30 分，宁夏黄河云融媒体指挥调度中心大厅，九省区主流融媒大咖齐聚云上，共同见证一场从宁夏出发的生态接力。台党组副书记、总编辑田宝贵正式按下《生态中国》启动键，宣布《生态中国》系列融媒体直播活动正式启动。作为 2023 年黄河云视圈定的关键词，“生态”不仅是聚合联盟媒体的集结令，也是撬动宁夏融媒力量的绿色契机。

融媒赋能 共话“生态中国”

新时代的中国，人与自然正在开启和谐共生的新篇章。宁夏广播电视台应时而动、因势而谋，策划推出《生态中国》系列融媒体直播项目，以实际行动践行习近平生态文明思想。该项目是宁夏广播电视台 2023 年的重点

项目，也是一次拓展媒体矩阵、升级内容品质、提高影响力与知名度的有益探索。节目旨在传播、推介、讲述宁夏生态故事的同时，与全国各省区融媒平台形成线上线下协同联动的合作机制，一同记录、展现行进中的生态中国，也为宁夏台未来实现更多领域、更多形式的全网合作，打通新渠道、扩充朋友圈。

如何讲好“生态故事”

作为区内门户新媒体平台，黄河云视有承办《生态中国》的平台优势和技术优势，但对于怎样才能把生态文明建设的中国故事讲新讲活、讲深讲透，却要一边摸索一边实践。既然叫《生态中国》，那在项目策划实施的过程中，就要有把视野放大到全国的眼光与格局，从产业结构调整、污染治理、生态保护、应对气候变化等领域多管齐下，再依托不同地区丰富生动的素材和联盟平台在媒体融合发展、内容策划生产等方面的经验，打造更具深度和广度的节目内容，全方位、多角度、立体化展现生动鲜活的中国生态故事。通过一次次策划会的头脑风暴，我们最终确定了 2023 年《生态中国》系列融媒体直播项目的任务单——以春、夏、秋、冬四季为节点，以山、水、林、沙为主题，计划全年开展 4 期，每期时长 120 分钟。令我们欣喜的是，这一策划也得到了联盟单位的认可，可以说在项目筹备阶段，我们期待“聚焦强势平台资源实现双向赋能”的目标初见成效。

做好开题之作

在草长莺飞、生机勃勃的四月，我们决定按下《生态中国》的出发键。我们将首期节目的主题定为《生态中国——用好每一滴黄河水》。之所以选择黄河作为《生态中国》系列融媒体直播活动的开题之作，缘于黄河流域生态保护和高质量发展是习近平总书记亲自谋划、亲自部署、亲自推动的重大国家战略,也是沿黄省区久久为功的世纪工程,宁夏更是被赋予了先行区建设的时代重任。第一期直播的英雄帖发出之后,我们随即收到了青海“观察”、内蒙古“奔腾融媒”、山西“黄河 Plus”、河南“大象新闻”、山东“闪电新闻”的积极回应。大家不但在规定时间为我们提供了精彩的出镜直播策划,还发来了各地标志性沿黄景点的慢直播素材。这些饱满鲜活的素材让我们在制作编排时,有了更大的腾挪创作空间。

为了给首期《生态中国》造势,我们充分利用黄河云视的技术优势,策划了线上项目启动仪式。为了给《生态中国》一个美好的开启,时长 25 分钟的启动仪式,我们的团队反复打磨活动流程、做好技术传输保障、提前设计相关宣传物料,并有幸邀请到山西广播电视台视听融媒体中心、内蒙古广播电视台融媒体传播中心、黑龙江“极光新闻”、浙江“潮新闻”、山东“闪电新闻”、河南“大象新闻”、广西广播电视台都市频道、青海日报新媒体中心、新疆日报“石榴云”,以及区内 14 家市县融媒的同仁共聚云上,一同见证《生态中国》的首发之旅。

4 月 24 日 15 点,首期节目《生态中国——用好每一滴黄河水》顺利全网上线。节目由主题直播和沿黄 6 省慢直播两个环节组成,直播总时长 3 个小时。《生态中国》9 家联盟媒体及全区 14 家市县融媒同步直播。整场直播亮点纷呈:《生态中国》“用好每一滴黄河水”宁夏站选点银川市贺兰县四十里店村的贺兰县稻渔小镇。作为一个占地面积 1230 亩的生态农业基地,不论养鱼养蟹,还是种稻种菜,都要倚赖母亲河——黄河。这样一个“用水大户”要如何直面“用好每一滴黄河水”这个时代责任呢?记者从政府主导与企业农户主动作为两个维度出发,为大家讲解贺兰巧解农业用水困局的思路与理念。

用水与排污,犹如一体两面的硬币。如果说抢先一步的稻渔小镇仍在“水资源循环利用”的问题上精打细算,那么宁夏的一些优势企业则正在通过试水“排污权”交易,撬动企业新的增长潜力。宁夏站的另一组直播团队通过在宁夏恒康科技有限公司的拍摄采访,展现了银川市试点排污权交易改革后，企业环保理念及发展理念的嬗变。

内蒙古“奔腾融媒”将直播点选在了黄河第一闸——三盛公水利枢纽。这一水利工程的建设凝聚了几代人的心血与汗水，付出与坚守换来的却是万亩良田沃野，瓜果鱼菜丰收。三盛公水利枢纽博物馆里记录留存了建设者战天斗地的传奇故事。如今有科技力加持的三盛公正在发挥愈加重要的枢纽作用。而随着用水理念的不断转变，地处黄河拐弯处的内蒙古人正不断提升着黄河水的使用效率。

河南“大象新闻”从人口大省、农业大省切入，介绍了河南省科技赋能黄河水资源利用的真实故事。其中以校企模式攻关课题，解决用水困局，提升用水效能的故事让人印象深刻。河南省充分发掘省内高校相关优势专业，让专家带队驻点企业及相关项目设施，实时监测、指导、改进、破解用水、净水、排水方案与技术瓶颈，让每一滴黄河水都能在河南物尽其用。

“高效用水节水”是为黄河蓄能，“大力治污减排”则是为黄河减负。双管齐下，黄河流域的生态治理与水资源的保护与利用水平必然会稳步提升。“用好每一滴黄河水”，这项正在沿黄九省区稳步推进的世纪工程，将让黄河成为真正造福两岸百姓的幸福河。180 分钟的直播，全国新媒体平台观看总人数超过 300 万人次。

记者手记

好记者讲好故事:总有一道光照亮我

牛嵩林

“心中有爱,眼中有光”,是我接到 2021 年“好记者讲好故事”演讲任务时,脑海中浮现出的第一句话。我想,这就是我对好记者的理解,也是讲好好故事的初心。

自参加工作以来,我从没有离开过新闻报道一线。这份工作带给过我荣誉,也带给过我满足。然而,最让我感到珍贵的是,总能遇见给我那道光的人,顾云香就是其中一位。

顾云香今年快 50 岁了,是全国五一劳动奖章的获得者。和很多女性一样,她爱美、爱拍照、爱分享生活的点滴。但和其他女性不同的是,她将自己的青春和热血都献给了荒漠,默默地在毛乌素沙漠腹地,坚守了 20 多年。

我和顾云香的第一次见面是在她的家中。她的家在宁夏灵武市,离市区远,离沙漠近。从国道 307 的路口到她的家,要经过一段 11 公里的沙土路。尽管去之前我们已经有了一些心理准备,但由于这条沙土路非常崎岖坎坷,再加上路边布满沙生植物,让我们时常有走错了路的感觉。后来,终于看到了一户人家,本来是打算去问路的,没想到这就是顾云香的家。

在得知这是她家的时候,我真的被震撼到了——这里方圆十几公里内,

就只有她一家。我当时就问她："这里都没有人，你们住着应该很不方便吧？"她笑着对我说："有水，有电的，有啥不方便呢？"可后来采访中我才知道，她用水是靠一口机井，用电是靠一块太阳能板，因此一到阴天下雨，没电停水都是常事。

因为路上耽误了时间，我们到的时候已经是中午了。两大碟子咸菜，就着米饭，就是他们的午餐。住得离市区远，再加上要养护树木，他们很难吃到新鲜的蔬菜，咸菜就是他们最好的下饭菜了。

看不上电视，上不了网，饭菜主要是咸菜土豆。这样的日子，即使是她雇来养羊的羊倌也没有一个能坚持超过一周的，但顾云香夫妇俩一住，已是 20 年。

顾云香是 1999 年开始种树的，那年她的小女儿刚出生。她和丈夫用跑运输积攒下的 16 万元，在毛乌素沙漠的跳儿井，承包了 5000 亩的沙地。当时，她想着用三五年的时间把沙地治理好了，就可以搞养殖，再努力努力说不定可以建一个农场。可谁能想到，这一干就是 20 年。

20 年的时间，小女儿长成了大姑娘，小树苗也长成了参天大树，而顾云香夫妇却因为种树，花光了所有积蓄，还数次贷款投入其中。顾云香更是为了种树，一次次与死神擦肩而过——开拖拉机栽倒在井里，压坏了韧带；坐拖拉机，又遇上刹车失灵，险些瘫痪；给树刷药，却因为配方的问题，导致农药中毒，差点丧命……周围的亲人朋友都劝她放弃，她也确实动过这样的念头，可每一次都是身体刚刚恢复，就又一头扎进了沙漠，因为她始终放不下那些树。

是啊，哪个母亲能忍心丢掉自己的孩子呢？当她把树比作孩子的时候，我就知道，种树、治沙已经成为她生命的一部分。

20年的时间，顾云香的农场梦虽没有实现，但却实现了生活在这片土地上好几代人的梦想——让近3000亩的沙地披上了绿装。

顾云香只是宁夏治沙人中的一个缩影，她的故事也只是宁夏荒漠化治理的一个篇章。截至2020年，宁夏森林覆盖率达到15.2%，草原综合植被覆盖度达到56%，并连续20年实现了沙化、荒漠化土地“双缩减”，成为全国首个逆转沙漠化的省区。

宁夏用三代人完成了沙漠变绿洲的奇迹，相信未来，宁夏还将创造更多的奇迹。而我能做的，就是继续讲好像顾云香这样拥有朴素情怀、坚定信念的普通人的故事，弘扬他们甘于奉献、顽强拼搏的精神。因为是他们点亮了我们这个时代，也照亮了我前行的方向，让我能够义无反顾地守着初心，用新闻工作者的担当，记录时代，歌颂美好。让我们记住治沙女英雄顾云香，记住每一个平凡而伟大的名字。

好记者讲好故事:奋斗者 正青春

房燕燕

年少时,曾经被海伦·凯勒的《假如给我三天光明》深深感动,在她那本该黑暗又寂寞的世界里,处处闪耀着执着所创造的奇迹之光。那时的我总会问自己,这些是真的吗?

毕业后成为一名电视出镜记者,一天到晚出没在新闻现场,我才发现身边就有很多奇迹发生。

2019年,全国最美大学生名单揭晓,来自宁夏的盲人女孩黄莺榜上有名。得知这个消息,记者天性告诉我,我要去关注黄莺,我要把她的故事讲述给更多人听。

在去武汉前,我查阅了相关资料得知,黄莺是宁夏首位使用盲文试卷参加普通高考的盲人考生;以高出理科一本分数线85分的成绩被武汉理工大学社会工作专业录取;被评为2019年全国"最美大学生"……相比这些人尽皆知的事迹,我更想知道,她是如何战胜自己的生理缺陷,翻越学习中的一道道山梁的?

武汉的跟踪拍摄只有一周时间,要把黄莺这么多年的努力浓缩在几分钟的电视报道里,对我和团队而言并不简单。我们开始根据她的作息时间、生活学习方式、兴趣爱好，广泛收集老师、同学以及父母对她的评价等等。前期的“道听途说”只能获得一些表面信息，我意识到，只有“感同身受”，才能找到我想要的东西。

于是，我在想，如果我是黄莺，我将怎样破解人生中的一道道难题呢？这一刻，我的耳畔萦绕着《你是我的眼》的旋律，我知道，看不见，是她最大的困难。

深入报道时，我了解到两岁时，因为一次高烧，黄莺的世界成了黑色。黄妈妈告诉我，小黄莺虽然失去了视力，但记忆力却出奇地好。幼儿园教的古诗，只要听过几遍就能完整地背下来，上小学时，黄莺就学会了弹钢琴，很快她的指尖就倾泻出美妙的音符。黄莺说，每当弹起钢琴，她的脑海里就会浮现出美丽的山和美丽的水，享受着音乐带来的美好瞬间。

我问黄莺，你是怎样用心认识世界的呢？

黄莺说，小时候没觉得“看不见”是多大的问题，但随着自己一天天长大，这个问题也在“长大”。为什么我不能和正常孩子一样去上学？为什么许多事他们可以，我就不行？“除了看不见，我什么都能做！”这是采访中对我触动最大的一句话。

从不能变成可能，从不行变成优秀，黄莺的学习之路无疑是坎坷而苦涩的。她学会了盲文，字板扎不动就用头顶着，触摸盲文的手指破了、流血了、出茧了，接着继续；别人看一次就懂的题，她要反复学好几遍。经过日复一日、年复一年的努力，2015 年，黄莺顺利通过高考，圆了自己的大学梦。

黄莺告诉我，进入大学之后，新的困难一个接着一个，最难的高数课程几乎把她打垮，看不见老师的板书，没有相应的盲文教材，抽象的图像全凭想象，“听天书”般的上课让她接近崩溃。一堂课下来之后，她至少要请教三个同学才能学懂弄会。

我问她想过放弃吗？黄莺说，很庆幸老师和学姐都特别照顾我，每周给我补习三四次，我怎么好意思放弃呢？要学，就得学出个样子。学期末，黄莺高数成绩达到了惊人的97.2分，令老师和同学们惊叹不已。

作为记者，我能做的是将黄莺的励志故事讲给更多和她一样的年轻人，因为，黄莺活出了自己想要的样子！

采访黄莺为我打开了另一扇门，我很想做她们的眼，让她们看到精彩的世界！我由此深度接触到了残障人士这个媒体关注度并不高的群体。

这些年，我采访过特殊学校的学生、肢体残疾的手艺人……他们每个人的奋斗经历，都堪称奇迹！

智力残疾运动员袁一闻23岁时，在全国第十一届残运会暨第八届特奥会赛场上夺得田径比赛5枚金牌。他用闪闪的金牌告诉人们：即使不同，也可以为国争光。

高位截瘫的王辉，24岁时凭着高超的贺兰石雕刻技艺成为一级工艺美术师。他手上厚厚的老茧告诉人们：即使不同，也可以创造美轮美奂的精品。

用嘴吹画的肢残者倪岩，17岁时就以口代手创作出一幅幅精彩画作。许多年过去了，他用西北汉子的坚韧不拔告诉人们：即使不同，也绝不向命运低头！

在他们身上，我看到了青春的力量，看到了平凡中生长的奇迹！

2022年，是中国共产主义青年团成立100周年，习近平总书记在“五四”青年节上深情寄语大学生：“现在，青春是用来奋斗的；将来，青春是用来回忆的”……过去十几年的记者之路，我很庆幸见证了那么多不甘命运的拼搏，记录了他们闪光的足迹！在青年的身上，我读懂了社会担当；我看到开拓创新的时代风采。我是80后记者，我将带着青春的热度，用新闻的视角去记录青春时代的奋斗者。

好记者讲好故事:“小树苗”也要有个妈妈

谭博雯

2022 年 12 月,我接到一个采访任务,了解多年前从宁夏西海固等偏远地区“吊庄搬迁”来的村民如今的生活情况。到了村里,我惊喜地发现,一排排新房干净整洁,乡亲们说收入高了,生活环境好了,日子比之前强太多了!我替老乡们高兴的同时,却还有一件事让我高兴不起来。在石嘴山市星海镇祥和村,我发现存在一个现象,10 个孩子有 8 个是没有妈妈照顾的。他们大多都是跟着老人生活,成了“心灵困境儿童”。

我通过查资料了解到, 这种现象不是个例。这些年全国各地陆续开展“爱心妈妈关爱小树苗”的活动,“小树苗”是困境儿童的代称,“爱心妈妈”指来自社会各行业的帮扶者。

2023 年年初,我跟随自治区妇

联的同志，顶着寒风走到宁夏许多山区角落，去寻找仍没父母照顾的孩子。挨家挨户走访时，我遇到了13岁的葛军，这个小朋友后来也成为我人生中温暖的存在。小葛军出生不久，妈妈就离开了，爸爸再婚后也没有回来过，她一直跟着爷爷奶奶生活。虽然是个女孩，但葛军有着男孩子的性格和打扮。刚一进她家，我就看到门口堆着几个破旧篮球，我问她："怎么这么多篮球？"小姑娘有点难为情："这些都是爷爷捡来的。"我听了后感到特别心酸，当时就有种冲动想立刻给她买个新篮球回来，同时也萌生了做爱心妈妈的想法。

当我兴奋地找到自治区妇联的毛主任时，她笑着就拒绝了我："小谭，你没当过妈，你的爱心我能理解，但这件事你做不了。"这句话仿佛给我浇了盆冷水。确实，毛主任说的很有道理，我还是个让妈操碎心的孩子，有什么能力给别人当妈妈呢？

可当想到孩子们那期盼的眼神时，我毅然决定再想想办法。"道虽迩，不行不至；事虽小，不行不为。"经过了第二轮准备后，我再次找到了毛主任，并和她交流了三个多小时。终于，她同意了。

之后，我几次去找小葛军，她都不在家，我知道她是故意躲着我。几经努力，我最终又一次见到了她。当时，她一直低着头，双手攥得紧紧的。我也有点伤心，难道真的被毛主任说着了，我做不了妈妈？那段日子，身边很多人也都劝我放弃，我一时特别迷茫。于是，我拨通了妈妈的电话。妈妈当时说了一句我这辈子都忘不了的话："如果你都放弃了，他们就真的被放弃了。"这句话像一剂强心针，让我一下子坚定了起来！

想起葛军最喜欢打篮球，于是我

开始苦练篮球。有一天，我们出现在同一个篮球场，她看到我先是一愣，然后继续打球。当我把一个快滚到水沟里的球抛给她时，她下意识地接住了我传的球。那一刻，我知道她开始接受我了。当我从背包里掏出一个崭新的篮球递给她时，我看到葛军的眼睛立刻放出光芒，特别开心地把篮球接过来抱在怀里。

从那以后，我几乎一到周末就带着葛军喜欢的书、爱吃的汉堡去看她，给她做饭、帮她辅导功课……再后来，村里的叔叔阿姨会看到我们两个手牵着手有说有笑地出现在那条乡村道路上。一天，一位卖菜的大姐说："你们母女长得真像。"我们默契地相视一笑，谁都没有说话。但觉得有一种温暖在我们之间传递。

暑假期间的一天，我远远地看着葛军和几个孩子打球。突然，一个孩子的妈妈喊他回家吃饭。这个孩子对葛军说："我要回去了，你妈妈啥时候喊你吃饭啊？"那一刻我想，完了，这句话一定会让葛军难受。果然，葛军低着头说："我，没有妈妈。"可当她一转头，看到了远处的我，突然很激动，又对那个孩子说："不，我有妈，她就是我的老谭妈妈！"说完之后，转身飞快地扑到了我的怀里。没想到短短几个月的相处，我能给孩子带来这么足的底气。那一瞬间，我的眼角湿润了。

暑假结束前，我带葛军去了宁夏大学。那是她第一次来到大学校园，看到哥哥姐姐们迈着自信的步伐有说有笑地走在美丽的校园里，她羡慕极了。回去前，她塞给我一封信：

老谭妈妈：

谢谢您，在我最需要的时候出现，是你让我变得自信。和您在一起我很快乐，我会努力练球，希望成为一名职业运动员。妈妈，我爱你！

小树苗　葛军

那一瞬间，我真的太温暖了，她成长蜕变的光芒是我欣慰的源泉！

2023 年 5 月，《宁夏新闻联播》播出《爱心妈妈护苗记》后，全区共有上千名爱心妈妈与困境儿童结成“一对一”或“一对多”的帮扶对子。“十一”前夕，宁夏交通广播又分享了我和葛军的故事，更多听众由此希望献出爱心。正所谓“积土成山，风雨兴焉，积水成渊，蛟龙生焉”。

这些移民来的孩子已经不愁吃不愁喝，但他们缺爱。人最不能缺的就是情感，没有情感的人生是寂寞的旅程。困难不是博取同情的资本，而是一种帮助成长的独特经历。葛军如果有一天真的能参加全国的比赛，我一定会一同前往。那时的我会远远地看着她，期待着她夺得冠军的那一刻冲向她的老谭妈妈！

时间为证，在爱的供养下，一棵棵搬迁来的小树苗必将生根发芽，长成参天大树，让这片土地更有生机和活力！

跟随"主持人马丽"黄河寻"宝"

马 丽

"我是马丽，跟我一起黄河寻'宝'"。

2021年末，抖音账号"主持人马丽"推出新媒体短视频栏目《黄河寻"宝"记》。随着黄河铁牛、黄河鲤鱼、郭守敬铜像、黄河奇石等黄河"珍宝"被娓娓道来，"主持人马丽"也从之前的内容庞杂，开始了有意图的主题集中。明眼人能够看出，这是一次主持人IP化的积极尝试。那么，您想知道《黄河寻"宝"记》是怎样诞生的吗？

我是马丽，跟我一起了解《黄河寻"宝"记》。

缘起

身处融媒时代,我内心常处在一种矛盾状态——既焦虑不安,又跃跃欲试。为了调整主持人传统定位,也出于对亲民、人气、流量的向往,2019 年 2 月,我试探性地注册了一个抖音账号“主持人马丽”。起初,我并不知道该做些什么。发布的内容也就是晒晒生活、抖抖幕后,内容有些杂,而且数量也不多。不过,借助传统大屏带来的知名度,“主持人马丽”倒也赢得了不少粉丝。这样的状态持续了两年多,直到 2021 年台融媒改革的到来。

2021 年开始的融媒改革中,台领导鼓励我们主持人行动起来,主动向融媒体主播转型。我所在的融媒体新闻中心也明确表示,要积极孵化主持人网络账号,支持打造一批具有时代特色的融媒体产品。于是,我从自发的“游击队”变成了“正规军”,内心受到了很大鼓舞。但究竟该以什么题材来打造自身形象呢?经过反复讨论,身边的母亲河进入了我们团队的视野——

宁夏是全国唯一全境属于黄河流域的省份,90%的水资源来自黄河,85%以上的经济总量来自沿黄经济带。黄河对宁夏的意义非同寻常。如今,宁夏正肩负着“建设黄河流域生态保护和高质量发展先行区”的时代重任。讲好黄河故事,赓续黄河血脉,不正是时代赋予我们媒体工作者的责任吗?

黄河滔滔入胸怀,文化传承须我辈。当我们感叹、感怀、感念于黄河母亲留下来的印痕宝藏、历史踪迹时,“寻宝”二字便呼之欲出。于是,在中心领导的支持下,我和团队以黄河为切入点,加快了传统媒体主持人向网络 IP 化的进军。

就这样,《黄河寻“宝”记》诞生了。

角色

涉猎主播风格的抖音短视频,对我是个不小的挑战。作为传统媒体主持人,我对播报新闻、嘉宾访谈、现场主持等工作,还是比较擅长的,但如今与融媒体团队合作拍摄《黄河寻“宝”记》,每期节目都需要从思路、选题、策划、角色定位一一参与,这就需要进行角色的转换。传统电视媒体工作流程当中,通常采访、撰稿、审稿、主持、拍摄、后期编辑、直播多人明确分工,各司其职；而新媒体短视频制播团队，一般人数不多，小而精、精而全，我们这个团队也不例外。由于栏目人设 IP 是综合我的屏幕形象和个性风格设立的，这就要求我必须参与从选材、策划、文案撰写、镜头设计，到拍摄、剪辑、审片，甚至视频发布的所有环节。而参与就意味着责任，这既是对账号“主持人马丽”的负责，也是对团队的负责，更是对节目衍生的源头——《宁夏新闻联播》栏目负责。

《黄河寻“宝”记》系列短视频栏目，定位为每期寻找一件与黄河有关的文物、人物、作物、生物等，通过不同文化属性的“宝”物，向新媒体受众粉丝展现、分享关于黄河流域源远流长的故事与情感。寻“宝”，寻找的是厚重的历史与文化，是黄河沿岸现代的产业融合，更是如今先行区建设的腾飞与畅想。

设问

为了更好地实现栏目定位，我们每期节目开始前 3 秒，都会以一个提问来“抓眼球”，以引起粉丝的关注与兴趣。

第一期开篇的提问是：“羊肉串常见，为什么牛肉串却少见呢？”由此，引出银川中山公园的镇水铁牛，以及大禹治水、水不扬波、河道永固、黄河安澜等等民间故事、历史传说。

第二期提问是：“孔子是家喻户晓的思想大家，他的儿子叫什么大家知道吗？”由此切入黄河鲤鱼话题。因为孔子喜得儿子时，国君鲁昭公送去大鲤鱼表示祝贺，于是孔子给儿子取名“鲤”，字伯鱼。

第三期提问是：“从古至今，各朝各代货币种类有很多，但能种地的钱，你见过吗？”由此引出宁夏博物馆文物——布币，分享文物

背后的故事。布币最初的形状与黄河流域农耕农具镈相同,后来秦始皇统一六国,将货币统一为方孔圆钱。

第四期提问是:“一年有 365 天还是 366 天呢?”由此引出唐徕渠旁的郭守敬铜像,因为他早在 700 多年前就测算出了一年有 365 天 5 小时 48 分 46 秒的精确时间。而且就是他,在宁夏曾负责水利灌溉工作,疏通了多条因战乱而荒废堵塞的黄河渠道。这条视频的浏览量达到了 6 万多人,点赞量达 8000 多次。在留言区,郭守敬曾经的家乡——河北邢台人的点赞和关注最令人感怀。

接下来的提问还有——“中国最长寿的艺术家是谁?”“冬奥会最早出现在什么时候?”这些问题你能答得上来吗?欢迎到“主持人马丽”中寻找答案。

随后,我们以“非遗”为主题,结合剪纸、书法、葫芦烙画、宁夏小曲、口弦、泥哇呜六项非遗技艺,推出了“非遗过大年”春节特辑。“主持人马丽”通过倡导人们保护非遗、传承非遗的同时,也为春节赋予了浓郁的年味儿和文化气息。

知性而灵动的人设、接地气的语言风格、有趣的黄河历史小知识,与悠久厚重的黄河历史文化嫁接融合,恰恰碰撞出了粉丝在碎片化时间里快速捕捉黄河短视频的热望与黏度。

在路上

传统,不仅属于过去,更是现代发展涂抹不掉的底色;现代,不仅仅是一个时代概念,在文化上更是与传统有着割舍不开的一脉相承。尤其像黄河文化这样历史悠久、内涵丰富、生命力旺盛的文化元素,似水流长,趣味无限,意趣深远,吸引着我们继续探寻的脚步。

《黄河寻“宝”记》推出短短两个月时间,累计播放量就已接近 25 万,获赞 1.2 万,引发话题近千条。这些数据给了我们鼓励,但我们也清醒地认识到,一切只是开始,脚下还有很长的路要走。不忘初心,方得始终。今后,我们创作团队将继续深挖黄河文化,讲好黄河故事,积极投身到宁夏建设黄河流域生态保护和高质量发展先行区的实践当中,为宁夏的宣传鼓劲加油,为奔腾不息的黄河增添上一朵小小的浪花。

宁夏卫视编导见证减贫奇迹

刘欢磊　席名飞

2021 年岁末，我们作为《原隆村：春到移民村 情暖贺兰山》的编导，参与了中央广播电视总台大型纪录片《记住乡愁》第八季“乡村振兴”系列节目的拍摄。

离开故土，他们的乡愁是什么？拍摄原隆村通过易地移民搬迁、脱贫致富奔小康的故事，这是我们想到的第一个问题。

原隆村，是宁夏银川市永宁县闽宁镇下辖村，是永宁县最大的“十二五”生态移民安置村。由于村民绝大多数是从宁夏南部固原市原州区、隆德县 13 个贫困乡镇搬迁而来的，所以取名为原隆村。在中央广播电视总台《记住乡愁》栏目以往拍摄过的百多个乡村中，原隆村可以算是建村历史最短的一个村子。然而，就是这样一个只有十年历史的移民村，却见证了中国东西部扶贫

协作创造的世界减贫奇迹。

原隆村所在地闽宁镇是中国东西部扶贫的典范，近些年因为移民搬迁脱贫致富而受到国内外的关注，尤其是随着电视剧《山海情》的热播，这里一度成为网红打卡地。刚开始拿到这个选题时我们信心满满，直到做了第一次前期调研后，我们开始变得“绝望”。深冬时节的大西北，荒凉萧瑟，冰天雪地。当我们打算开拍时，原隆村不少村民已经忙着准备过年，之前设计好的拍摄场景根本无法实现。但是，拍摄进度已是箭在弦上，不得不发。如何在这样一个“恶劣”的拍摄条件下，生动精彩地讲好原隆村的故事？着实让人苦恼。最后，我们决定把落脚点放在讲述人的故事上，希望通过记录移民村百姓今天的生活，来反映十多年来原隆村发生的变化，让观众看到这里的过去和正在发生的事情。事实证明，我们做出的选择是正确的。

初到原隆村，两千多栋排列有序的院落让我印象深刻。听村民说，他们刚搬来时，每户分到 50 平方米的住房，外带一个三四百平方米的院子，为以后的发展留出空间。房间里水电各种基础设施齐备，说“拎包入住”一点也不为过。安居之后就是如何乐业。“搬得出、稳得住、能致富”，这是政府对做移民搬迁工作干部提出的要求，也是每一个搬迁到原隆村的村民对未来生活的期盼。

自强不息，是我们在原隆村采访时的深切感受，也是十多年这里的百姓艰苦奋斗用汗水凝聚成的精神内核。搬迁以前，因为受自然条件限制，他们只能靠天吃饭，搬到新的地方，水电交通等基础设施跟老家比，一个天上一个地下。原隆村人无比珍惜这来之不易的好生活，他们抓住每一个机会让自己的生活变得更好。村民刘莉现在是原隆村一家酒庄的车间主管。十年前，刘莉的生活重心是灶台和孩子，想进步都找不到机会，做主管更是想都不敢想的事。村民马燕做电商主播，直播间里的她口若悬河，跟天南地北的网友侃侃而谈，推介家乡的特产风物。谁能想象得到，十年前，马燕连县城都没去过几回，更别提今天通过手机直播赚钱，改变生活了。让马燕难忘的是，她还为国家领导人介绍过原隆村的直播带货。现在原隆村有三分之一的村民在

家门口打工，有房有车在原隆村已经是稀松平常的事。为了适应新形势需要，村民们不断学习新生事物，以适应新变化。原隆村人的变化，靠的是移民搬迁的好政策，靠的是自强不息、努力奋斗的品质。他们说，自己的汗水才是幸福生活的根本。

感恩，是原隆村村民发自内心的情感流露，也是在拍摄中最让我们感动的部分。这几年生活好了，村民魏国泰自己筹钱建了秦腔大院，组织村民办自乐班，吼秦腔，那是故乡的声音。他在大院里挂起条幅“移出稳住　感谢党恩”，表达对今天生活的感恩之情。做电商的徐美佳时常往返于闽宁两地，她觉得福建与宁夏就像“亲戚”般相处，二十六年不间断的帮扶，让闽宁两地人民的感情已经刻到了骨子里。从去年开始，徐美佳在直播间里增加了福建产品，她希望尽自己最大的努力，来回馈福建“亲戚”。这情谊发自内心，是原隆村人坚守的最质朴的为人处世之道。

随着采访的深入，村民们跟我们说起现在的生活，幸福和满足溢于言表。村民张彩霞的话尤其让我们记忆深刻，她说走在路上都自由自在的，生活有了踏实感、安全感。村民刘莉说，她终于知道了什么是课本上写的安居和乐业。

经过十多年的艰苦努力和不懈奋斗，原隆村人摆脱了贫困，走上了致富奔小康的道路，昔日的干沙滩变成了金沙滩，创造了世界瞩目的减贫奇迹。这个奇迹的创造，得益于各级政府搭起的“舞台”，也离不开在聚光灯下起舞的原隆村人不懈的努力。

搬迁到此的原隆村村民，他们的乡愁是什么？我们想起了郭文斌老师的几句话：“记住乡愁，就是记住恩情；记住乡愁，就是记住根本；记住乡愁，就是记住春天。”拍摄结束时，春天已悄悄来临。重新回看原隆村的时候，和煦的春风正徐徐吹来。

讲好移民故事 凝聚奋进力量

——《家园·黄河岸边海浪起》创作手记

陈良君

宁夏的历史本身就是一部迁延不断的移民发展史。自治区成立后，来自祖国各地的建设者为宁夏建区兴区和繁荣发展贡献着力量。特别是在三线建设中，许多工厂迁建宁夏，奠定了宁夏工业的基础，伴随而来的工业队伍被称作“工业移民”，这其中，吴忠仪表是一段绕不开的记忆。

为了制作反映宁夏移民文化的电视专题节目《家园》，我们确定了以吴忠仪表厂作为其中一集的拍摄对象，但吴忠仪表厂接受过的采访不计其数，怎样表现这家企业浴火重生走向辉煌，并从中揭示工业移民与企业发展同频共振、扎根宁夏、奉献宁夏，变他乡为故乡的情怀，这是一道难题。在拍摄之初，

我们多次调研，优化结构，希望在表现形式上能够有所改变。

“双故事线”叙事，丰富表现形态

双线结构叙述故事，能够从不同角度辅助印证，从而让整个故事情节更加丰满，结构也更为集中紧凑。在经过前期调研后，我们从寻访到的几位上海一代工业移民中选取了顾锦元一家作为代表。1965 年，19 岁的顾锦元跟随企业搬迁至吴忠仪表厂，在此后的几十年里，这一家人的命运与企业的兴衰紧紧联系在一起。顾锦元的两个儿子也在吴忠仪表厂上班，他们一家两代人见证了吴忠仪表从初期建设、步入低谷，到再度辉煌的全过程。但是通过这一家人的故事来反映一家企业，甚至是一个时代的变迁，形式上、内容上都过于单薄。在多次走访调研后我们发现，1958 年，为了支援即将成立的宁夏人民广播电台，一批来自包括上海人民广播电台在内的广播人援建宁夏。我们找到了当时援宁的原宁夏人民广播电台播音员肖鸣，作为另一条故事线展开。同时，我们翻阅《宁夏日报》和相关电视报道，查找到从 20 世纪 60 年代至今的关于吴忠仪表厂的报道内容，使各个时期的新闻报道与企业发展相互印证，并从中选取三段新闻，以广播画外音的形式起承转合。这两条故事线既独自成立，又相互交融，能够很好地丰富主题。

突出人物情感，挖掘生动细节

片中的两位主人公，在宁夏生活了几十年，每当讲起当年豪情满怀支援宁夏，老人们的故事很多，所以必须要提炼精简，从中挖掘生动细节，从而突出人物情感。了解到顾锦元退休后再没有去过厂子，我们特意邀请他重返企业，看到曾经熟悉的工厂车间已经脱胎换骨发展成为行业翘楚，老人感慨万千。在历史陈列区，他一遍又一遍摩挲着当年使用过的设备，我们的镜头及时捕捉到这些细节，在片中予以放大，以更好地渲染情绪，突出人物情感。肖鸣老师有写作的习惯，她在后来的回忆录中，也记录了当年上海台援宁播音员对她的帮助和指导。抚摸着老照片，讲述着过去的故事，老人家一度哽咽。我们没有打断老人的情绪，而是把镜头推上去，选择忠实记录，这样的片段成为后来与观众共情的亮点。

还有一个细节，肖鸣老师已经80多岁了，我们在节目中设计了一段当年关于吴忠仪表厂发展的新闻稿，作为广播画外音处理。原本请肖老师读一下，是为了寻找当年播音员播报新闻时的感觉，给后期配音作为参考。但是肖老师不厌其烦，一遍又一遍地录制。每当读到宁夏人民广播电台呼号的时候，她的声音还是那么高昂激越，甚至在后来，她觉得当时读得状态不够好，又在家里专门练习之后，邀请我们再次录制，还不断表达歉意。所以这一段广播画外音，我们最终采用了肖鸣老师现在的播报声音，尽管这个声音不再年轻，但是这个声音是充满感情的，这样的敬业态度是令人敬佩的。

用好历史资料，注重现实寻访

为了更加丰富立体地展现吴忠仪表厂的发展变迁史，我们特别注重史料的运用。吴忠仪表厂几经变迁，有许多历史资料已经遗失，但我们还是希望能够在那些沉睡的史料里泛起历史尘烟。在现在的吴忠仪表有限责任公司档案室里，我们通过翻阅大量资料，查找到当年上海崇明仪表厂内迁的部分史料，从中读取有用信息。我们找到了1965年10月17日吴忠仪表厂厂务会上，时任党支部书记张宝元的一段话："我们底子薄，走得还要稳一点，不要想一鸣惊人，要在提高质量上下功夫……"这个片段我们做了特殊处理在片中予以呈现，真实可信，富有历史纵深感，很巧妙地反映了吴忠仪表厂专业专注的精神内核。

同时，我们还观照现实。2021年吴忠仪表厂的当家人马玉山当选中国工程院院士，这是一个被提及太多的新闻热点，但是这个点又不能不提。于是我们在节目开篇，通过广播画外音的形式巧妙处理，生动灵活，又很好地利用了广播元素，并且始终从新闻报道的角度关注企业发展，使两条故事线始终有机交融,自然衔接。

吴忠仪表厂发展到今天，骨子里是传承，灵魂里是创新。我们以记者Vlog现场记录的形式切入,通过对“国家级李军技能大师工作室”的展现和对李军本人的现场采访,讲述吴忠仪表人不断消化、吸收、改造、完善,走出一条“引进再创新”的路子,通过“高端控制阀关键技术自主创新和产业化”项目的研究与实施,带动我国控制阀领域整体技术进步的故事,很好地表现了现在的吴忠仪表人不断创新超越、实事求是、敢闯新路、依靠群众、勇于胜利的精神。

每一个支宁人都对宁夏这片热土充满深情和热爱，他们数十年如一日地奋斗在各行各业,悄然改变着这里的一草一木,他们的故事凝聚起各民族团结奋进的力量,也留下了一笔笔珍贵的精神财富,连同他们的后代,仍然在这块土地上生生不息,让宁夏的未来更加令人期待。

小消息也能迸发大能量

——《六盘山与秦岭之间形成动物迁徙通道 秦岭53种珍稀野生动物来六盘山安家落户》创作手记

杨治宏

在第32届中国新闻奖评选中，由宁夏广播电视台融媒体新闻中心创作的《六盘山与秦岭之间形成动物迁徙通道　秦岭53种珍稀野生动物来六盘山安家落户》荣获消息类一等奖。作品以六盘山自然科考成果发布为引子，首次集中展示了红外相机拍摄的六盘山珍稀野生动物的视频画面，语言生动流畅、诙谐有趣，和野生动物的表情动作完美契合。记者从这些新发现的野生动物的来源上，通过深入采访，从一个侧面反映了中国遏止和扭转地球生物多样性衰减趋势，加快生物多样性保护所做出的努力，生动展示了六盘山与秦岭之间形成野生动物迁徙通道结论的科学性、权威性。

我于2021年10月播发的消息《六盘

山与秦岭之间形成动物迁徙通道 秦岭53种珍稀野生动物来六盘山安家落户》荣获第32届中国新闻奖消息类一等奖。很多人觉得,一条事关野生动物的小消息为什么会获得如此高的奖项?我认为,只要把小消息与时代背景完美契合,用小消息来表述时代大主题,小消息就能迸发大能量。

在长久的关注中发现选题

我曾在宁夏固原市担任驻站记者8年，六盘山国家自然保护区位于固原市东南,这里的野生动物一直是我关注的热点。我先后拍摄报道了六盘山发现华北豹、鬣羚、毛冠鹿、娃娃鱼等珍稀野生动物的消息。六盘山最近几年为什么会持续不断地发现这么多的珍稀野生动物？这些动物究竟是从哪里来的？这两个问题深深印在了我的脑海里。

6年前,全国开启了第二次陆生野生动物资源调查。东北林业大学课题组来六盘山调查野生动物资源,他们在六盘山林区安装了大量的红外相机。我觉得这两个问题的答案在这次调查中有望得到破解，于是就主动和课题组取得联系。

在调查报告没有形成前,调查组的数据是不对外公开的。当我了解到东北林业大学的博士生导师刘先生是调查组的组长时,就有了十足的把握。10年前,他曾在宁夏贺兰山研究岩羊,我与上海电视台纪录片频道合作,专门记录过他的故事,双方建立了深厚的友谊。

当我在六盘山见到刘先生时,老友重逢的激动场面可想而知,刘先生欣然同意我参与这个项目。调查组每一次进山收集红外相机的影像数据,我都跟他们一同翻山越岭、爬坡过沟,为的是复制一版珍稀的野生动物影像资料。五年来,我信守与他们的约定:等课题报告公布后才能播发这些影像资料。

有一次,我们进山收集影像资料的时候,看到一只华北豹正在袭击一头野猪。我们的突然出现打扰了一场惊心动魄的狩猎,华北豹走开了。此时野猪处于昏迷状态,但是当我们走近拍照的时候,野猪突然苏醒,向我们冲过来,四个人挥动手杖,把受伤的野猪赶走了。这次经历让我见识到了野生动物世界的恐怖。

一个秋天的黄昏，我们收集完资料的时候，天已经黑了。丛林中没有道路，没有手机信号，我们迷失了方向。丛林中的夜晚危机四伏，华北豹不主动袭击人类，但野猪的威力我们见识过了。经验丰富的刘先生建议，我们顺着溪水，轮流用手机的微光照明，就能摸索回山下的营地。在海拔 2000 多米的高山上，深秋溪水的冰冷能渗入骨髓，每当蹚进齐腰深的水潭，能感觉到肺里的最后一丝氧气也会被冰冷的溪水逼出体外。到了凌晨两点，我们终于摸到了山下。

在关注六盘山野生动物的同时，我也关注着全球生物多样性保护的情况。2021 年 10 月 12 日，习近平总书记在《生物多样性公约》第十五次缔约方大会领导人峰会上发表了主旨讲话。习近平总书记宣布：中国将率先出资 15 亿元人民币，成立昆明生物多样性基金，支持发展中国家生物多样性保护事业。

5 天后，东北林业大学关于六盘山陆生野生动物资源考察报告公布，六盘山新发现了 53 种珍稀野生动物，包括华北豹、黄喉貂、马鹿等。六盘山新发现如此多的野生动物，不就是中国尊重自然、顺应自然、保护自然，构建人与自然和谐共生的地球家园、实现生物多样性和谐共生的体现吗？

因此，长久的关注与思考，我形成了“六盘山与秦岭之间形成动物迁徙通道 秦岭 53 种珍稀动物来六盘山安家落户”的报道主题，这虽然是一条小消息，但它却拥有了时代大主题，因而拥有了大能量。

在持久的追问中发现主题

东北林业大学关于六盘山野生动物资源的调查报告一公布，马上成了当地媒体追踪的热点，六盘山新发现 53 种野生动物的消息铺天盖地。当其他媒体纷纷报道发现了多少种野生动物的表象时，我还是在追问五年前的两个问题——六盘山为什么会持续不断发现陌生的珍稀野生动物？这些动物到底是从哪里来的？

我与课题组专家多次沟通，专家说他们只是负责调查数量，从哪里来的不是课题关注的内容。在整理红外线影像资料的时候，我发现好多种野生动物都是从六盘山南边的林子里最先出现的。我提出一个问题，这些野生动物

是不是从秦岭迁徙来的？因为只有六盘山南边的秦岭具有丰富的野生动物资源。

课题组专家之一，宁夏大学生命科学学院教授张显理对这个问题很感兴趣。按常理来说，六盘山的西北方向没有丛林，只有南边的秦岭具备野生动物资源向六盘山迁徙的条件，但秦岭和六盘山相隔300多公里，两山之间必须具备野生动物迁徙的生态环境，才能完成源源不断的迁徙。

经过详细调查了解，陇山北与六盘山相连，南延至陕西省西端宝鸡以北，横贯陕甘宁三省区，既是关中平原的天然屏障，又是北方重要的分水岭。如今的陇山，森林覆盖率达到40%以上，空气质量、绿色发展指标等位居甘肃省前列，大熊猫、金丝猴等30多种国宝级动物在这里栖息繁衍，几乎绝迹的亚洲金猫也惊喜出现。这充分说明，在横跨陕西、甘肃、宁夏三省区的秦岭、陇山与六盘山之间，形成了一条野生动物迁徙通道。

于是，我脑海里就形成了“六盘山与秦岭之间形成动物迁徙通道　秦岭53种珍稀动物来六盘山安家落户”的报道主题。这条消息说明了三个问题：一是宁夏通过百万移民和退耕还林，生态环境得到了根本性的恢复，六盘山成了野生动物的家园；二是祖国西北的生态环境得到了大幅度改善，具备了野生动物迁徙的条件；三是秦岭野生动物的大规模向北迁徙，充分说明了中国生态圈向北拓展的大主题。

在认真的创作中形成价值

已逝的中央电视台的陈虻老师曾说过：“一定要问自己为什么要拍这部片子，并对答案反复审视，当你不断地去追问自己的时候，当你的答案经得起推敲的时候，事实上你也就找到了你真正要切入的方向。”

我觉得这种持久的追问会让报道的主题更加明确，为创作指明了方向，搭建起了抵达信息核心价值的通道。但你的报道价值观众是否认可，必须从观众的角度出发，观众最想从这条信息的传播中得到最关切的信息，决定了这部片子的创作角度、语态、画面等信息元素。

因此，当我的追问与观众的关注两条轨道合拢的时候，就是这条消息的价值峰值，也就决定了这条消息的结构和坐标。观众最爱看的是这些野生动物的画面，因此，在第一章节中，我用拟人化的手段，给豹子、黄喉貂、鬣羚等野生动物的画面加上了生动的解说词。这样一来，就让野生动物的出场有了温情，从而打破了过去在野生动物报道中的冰冷的科普感。野生动物走秀完了，观众自然有一个疑问，这些野生动物从哪里来的？因此，六盘山与陇山、秦岭之间形成野生动物迁徙通道的结论水到渠成。

好的新闻作品会给人以启发。这条消息播发之后，会让观众对中国的生态环境建设与保护有一个直观的认识。如此多的野生动物向西北迁徙，它们就是宣传队，充分说明了中国西北生态环境持续向好、生态圈继续北移的新闻主题。

历时 5 年，形成了一条消息，我感觉很值，因为这是我热爱的一个报道主题。能荣获中国新闻奖一等奖，是对我 5 年来为热爱行动的最高奖励，这座神圣的奖杯，也是对中国生态事业做出贡献的群体的表彰。

第 32 届中国新闻奖评委会评委推荐语这样写道：“近年，六盘山不断出现野生动物，这些野生动物从何而来引发了记者的关注和思考。该消息以六盘山自然科考成果发布为引子，通过对课题组专家的采访，用影像生动展示了六盘山与秦岭之间形成野生动物迁徙通道结论的科学性、权威性，从一个侧面反映了中国遏止和扭转地球生物多样性衰减趋势，加快生物多样性保护所做出的努力。该消息首次展示了红外相机拍摄的六盘山珍稀野生动物的视频画面，语言生动流畅、诙谐有趣，和野生动物的表情动作完美契合，具有较强的可视性。”

守住初心，做有思想、有温度的广播节目

——《“双减”政策来了 期待教育回归“初心”》创作手记

梁 丽 吴 明

梁丽：立足民生 让节目有思想有温度

在第32届中国新闻奖评选中，宁夏广播电视台报送的广播评论《“双减”政策来了 期待教育回归“初心”》获得二等奖。新闻评论在诸多新闻文体中占重要地位，对创作者的知识、理论水平和文字表达都有很高的要求。该评论以抽丝剥茧的逻辑性，生动阐述了教育“双减”政策的重大意义，同时也旗帜鲜明地揭示出“双减”政策真正“落地”的现实举措。评委认为，该作品在夹叙夹议中层层推进，升华主题，是一篇有温度、有力量的报道。

这篇评论之所以能够脱颖而出，既是对作品立足民生问题的肯定，同时也是对新闻记者客观公正引导舆论职责的认可。

从业二十多年，我先后做过广播类的直播访谈节目《百姓关注》、新闻调查节目《新闻观察》、新闻评论节目《观点八分钟》，立足民生创作出更多好作品，始终是我追寻的目标。在这条路上，我一直牢记自己作为新闻人的初心：倾听百姓心声，做有温度、有思想的广播节目。

脚力+眼力，及时关注热点，全面深入采访

民生节目的内容要重点关注与群众生活密切相关的民生问题，只要真正做到深入实际、深入基层、深入群众，做生活的有心人，就很容易发现一些热点新闻话题。2021 年 7 月，国家出台了“双减”政策，同年 10 月 9 日，自治区也出台了相关政策，全面落实国家“双减”政策的工作部署。我们敏锐地意识到，这是一个良好的契机和窗口，可以通过教育这个民生问题，传递国家的大政方针、反映群众的呼声和心声、透视教育热点和痛点话题。有了采访方向，接下来就是付诸实践。本着搭建沟通交流平台的目的，我们希望和“双减”政策有关的各方都能够发出自己的声音。一方面，我们密切关注各个学校和教育主管部门在“双减”工作落实过程中所做的有益尝试、积极探索和监督管理工作，积极联系相关采访，陆续采制了《“双减”政策下 家校共同努力为孩子成长保驾护航》《“双减”在行动 让学生在体验中成长 在快乐中学习》等新闻；另一方面，我们还采访了大量市民群众，尤其是学生家长，倾听他们对于“双减”政策的意见和建议，制作了专题节目《“双减”政策大家谈》，形成了对“双减”政策实时和有效的关注。

脑力+笔力，发挥舆论引导，尝试个性化写作

追踪“双减”政策落地宁夏一个多月的时间里，我们发现一些市民群众对这项政策能否破解目前教育焦虑等问题持怀疑和观望态度，觉得有必要发挥新闻记者的职责，客观、公正地引导舆论。在前期采访掌握大量第一手录音素材的基础上，我们又邀请了教育界的专业人士客观评析了“双减”政策在实施中应该注意的细节问题，同时采访了教育培训机构在转型中采取的应对措施，趁热打铁制作了广播评论节目《“双减”政策来了 期待教育回归初心》。

新闻工作者要有与时俱进的工作作风。撰写这篇广播评论时，我们采取了夹叙夹议的写作形式和通俗易懂的说理方式，尝试站在不同受众的角度，运用同理心体会各方的心声，进而呼吁大家为找回教育的初心共同努力。该评论在《宁夏早间新闻》早高峰时段播出后，宁夏新闻广播微信公众平台收到了大量听众、网友的点赞和留言。

吴明:守住初心与勇气 记者永远在路上

这是我们记者生涯中一次看似平常的采访,确立选题、联系采访对象、采写打磨文字、制作完成播出。中间有磕绊,不顺畅,但总算完成。但这似乎又不是一次寻常的采访,由于疫情期间无法与采访对象面对面,我们只能在语录间隔空交流;敏感问题让采访对象心怀顾虑,我们竭尽所能让他敞开心扉。这是一次守住初心的采访,我们似乎又看到了初出茅庐时自己那副无畏无惧、不达目标誓不罢休的样子。

百年大计,教育为本。教育改革关乎千家万户,牵动着众多家庭的神经。2021年7月,国家出台“双减”政策,无论是作为记者还是家长,我们必须要说点什么。这种表达的冲动让我们格外关注宁夏的“动作”。10月,自治区党委办公厅、自治区人民政府办公厅印发《关于进一步减轻义务教育阶段学生作业负担和校外培训负担的实施方案》,全面落实中央“双减”工作部署。策划许久的选题启动,我们开始行动。学校采访相对顺利,宁夏各学校动作很快,高度重视。但旋即疫情袭来,我们的采访也不得不按下“暂停键”。这不是一道必须完成的作业,但是我们不能放弃,更不能潦草收场。作为媒体人,面对国家出台的这项关乎千家万户的改革,我们有责任发声:一方面为受众全面解读这项政策,另一方面揭示这项教育改革的重大意义。

沉寂中,我们梳理架构文章骨架。疫情相对稳定后,我们发动各方关系,联系采访家长、校外培训机构、教育部门等相关人士。在电话中,我们吃了不少“闭门羹”,常被简单粗暴地拒绝,这些记者采访中的“家常便饭”我们又逐一尝遍。我们曾相互调侃安慰自己,这种痛并快乐的感觉又回来了。我们互相打气,要完成报道就要做到有勇有谋。“勇”是全力以赴,不轻言放弃,有百分之一的希望也要做百分之百的努力;“谋”是做足功课,谋定而动。我们克服交流上的诸多不便,以恒心诚意打开了采访对象的话匣子,完成了一场场“空中采访”，最终成就了这篇评论。

新闻的本质是人，要做有温度的报道。或许这也正是此篇报道受到肯定的一个原因。我们运用同理心，尽可能地站在改革中涉及的不同受众的角度，融入其中，建立共情，引发共鸣。这种与采访对象的同频共振、共情共鸣，让评论同样也可以充满脉脉温情。同时，着力打磨文字，让语言更接地气，通俗生动，质朴而不失铿锵之力，让报道既温暖而又充满力量。田宝贵总编辑评价说，此篇报道关注民生热点，视野开阔，论点鲜明，论据充分，在夹叙夹议中层层推进升华主题，是一篇有温度、有力量的报道。

因为热爱所以常怀敬畏之心，这份敬畏，使我葆有新闻理想的初心，时时叩问自己：随着时代变迁，随着岁月流转，我们的初心变了没有？还有没有勇气去为了完成一篇报道全力以赴，全情投入，穷尽所有的方法和路径？而最现实的做法就是永远在路上，通过采访一桩桩事，一个个人物，在一个个新闻现场，在与采访对象思想碰撞的火花中，叩问内心。

追寻记录现实版的"山海情"

——《打卡山海情》创作手记

刘仲雄

在第32届中国新闻奖评选中，由宁夏广播电视台融媒体新闻中心与福建省广播影视集团合作的新闻纪录片《打卡山海情》获三等奖。《打卡山海情》讲述在电视剧《山海情》热播之后，来自福建厦门的援宁干部、闽宁镇挂职副镇长李辉钦，与当地政府、群众、开发商一起，全力打造一条以"山海情"为主题的美食街，使其成为闽宁镇文旅产业核心打卡点的故事。本片真实的现场记录和真诚的情感表达，展现出福建援宁干部解决问题的果敢担当和宁夏群众迎难而上的乐观精神。

2021年初，一部脱贫攻坚题材电视剧《山海情》在全国热播，红遍大江南北，剧中的故事发生地——宁夏闽宁镇成为关注的焦点。真实的闽宁镇发展得怎么样？那里的百姓过着怎样的生活？在巩固脱贫攻坚成果、全面推进乡村振兴的时代大背景下，由福建省广播影视集团电视综合频道中心与宁夏广播电视台融媒体新闻中心共同组建的主创团队，秉持强烈的使命感和专业记录的情怀，扎根宁夏跟拍 10 个月，拍摄素材 400 余小时，采访干部群众 50 余人，创作完成了这部新闻纪录片《打卡山海情》。

抓住脱贫攻坚衔接乡村振兴，推进共同富裕的时代大势

脱贫攻坚绝不是终点，而只是万里长征的第一步，是伟大复兴精彩长剧的一个序幕。2021 年是全面推进乡村振兴、扎实推进共同富裕的“元年”。全面乡村振兴和共同富裕都是人类现代化历史上的创举，未来的历史进程将更加波澜壮阔、感天动地，是更加值得新闻工作者记录和描绘的历史活剧。在这样的大背景下，我们选择东西部扶贫协作的典范和样本的闽宁镇，作为主要故事发生场景，无疑具有深远的含义。

精心选择并跟拍记录典型案例，将大家与小家紧密相连

脱贫攻坚和乡村振兴的故事，是近几年媒体的热点，如何才能拍出新意？《打卡山海情》关注如何推动城乡产业、人口的融合，实际上展示了一个国内大循环的“微案例”。全片真实记录下了在“山海情”主题美食街创业的丁大姐一家因少算 20 元钱而自责，甚至委屈流泪；援宁干部李辉钦因为做新媒体直播而备受“不务正业”的舆论压力，中秋节因为疫情无法回家；美食街负责人因疫情收不上租金而懊恼；举办“闽宁好声音”活动恢复人气，带领美食街走出低谷等精彩瞬间。真实的现场抓拍和真诚的情感表达，展现出福建援宁干部解决问题的果敢担当和宁夏群众迎难而上的乐观精神。在展示手法上，新闻纪录片《打卡山海情》没有依靠华丽的包装和后期，而是用 10 个月时间在现场跟拍，原汁原味展示基层干部群众决策、争论、迷茫、奋斗、成功的过程，也原汁原味展示风土人情和百姓日常，让观众有现场感、代入感，直观感受到宁夏的巨大变化。

央媒推荐，融媒传播，年轻化呈现走进新生活

对于一部闽宁两省区的重点纪录片，简单在电视上播出几次，既辜负了各级领导的期望，也是对摄制组自身努力的不尊重。事实上，融媒时代，电视纪录片同样可以实现“一次采集，多次分发”的传播理念，使得播出效果最大化。播出之际,节目受到新华社、光明日报、人民网、广电总局《广电时评》等中央媒体的点赞及预告。开播之际,福建卫视新闻、宁夏卫视新闻均做出专题报道,新华社发表文章《听,闽宁镇——福建与宁夏的山海情》,《福建日报》配发评论员文章《真实最能动人心》。

此外《打卡山海情》的播出,也不忘在闽宁两省区进行大屏小屏联动互动。本片推出后,与热播电视剧《山海情》交相辉映,主创团队制作了一系列短视频在网上破圈传播,闽宁两省区新媒体客户端、抖音、微博、视频号等全网点击量超 1200 万,最高单条点击量 450 万,形成山海携手、联袂宣传的良好氛围。

新闻纪录片《打卡山海情》能够获得第 32 届中国新闻奖三等奖,是闽宁两省区新闻工作者通力协作的成果,充分展现了新时代新闻工作者践行“四力”的优良作风,是“闽宁精神”在新闻宣传工作中的生动实践。2022 年,由原班主创团队创作的《闽宁纪事 2022》已于 10 月 13 日在东南卫视、宁夏卫视等平台顺利播出。接下来,双方还会继续合作新的节目,我们相信随着闽宁两省区的联系越来越紧密,我们还会创作出更多优秀的节目。

《闽宁纪事 2022》:山海有你,路在脚下!

刘仲雄

2022 年 10 月 13 日,由国家广电总局指导,闽宁两省区宣传部、广电局、广播电视台联合制作的纪录片《闽宁纪事 2022》在宁夏卫视、东南卫视首播。作为一部已经连续创作三年的编年体纪录片，主创人员是如何在这一季中不断守正创新、寻求突破的?

作为编年体纪录片《闽宁纪事》的第三季,《闽宁纪事 2022》被列入国家广电总局“十四五”纪录片重点选题和“记录新时代”纪录片精品项目,节目播出后收视率位列同时段第一,在海博 TV、腾讯、红枸杞客户端、B 站等发布的短视频、直播等全网点击量破 2000 万,并赢得新华社、中新社等中央媒体以及国务院发展研究中心专家学者的点赞和推介。回想创作历程,我觉得有以下几点值得回味。

系列组合、平行剪辑的叙事结构

“聚焦脱贫攻坚、加强长期协作、实现互利共赢、促进共同富裕”。面对这样的闽宁协作主题,编年体纪录片《闽宁纪事》自创作开始就没有采用宏大叙事的方法,而是更侧重于采用块状分层、系列记录、多线并存的叙事模式。就《闽宁纪事 2022》来说,节目包括《爱在山那边》和《山海新农人》两集,每集

30分钟，分别讲述厦门大学研究生支教团24年的“支教帮扶”故事,以及闽商在援宁工作队指导下,发展食用菌产业、促进乡村振兴的产业升级故事。每集均采用了多线并行的故事讲述方式,以多个人物故事构成叙事的基本元素,用故事支撑主题,这形成编年体纪录片《闽宁纪事2022》的一大亮点和看点。

“人物多而不乱、故事情节丰富、节奏清晰明快”是绝大部分看过《闽宁纪事》系列纪录片观众的共同感受。从创作开始,导演组就根据节目主题,寻找适合表现的故事主人公,并在拍摄的过程中,不断发掘新的记录对象。

在《爱在山那边》中,支教团团长周博语是一开始就被确定的故事主人公。但导演组认为,拍摄采访团队总负责人属于“常规套路”,且只表现一位人物,不仅记录风险较大,也不利于表现支教团群像。为此,导演组在海原、彭阳、隆德等多个有支教老师的中学实地调研、试拍,最终在20多位支教团队员中选中了在彭阳二中支教的段颖老师作为另一位拍摄对象。小段老师从西北大山深处走出的独特经历以及感性、真诚的思维,打动了导演组,外加彭阳二中属于厦门大学新设立的支教点，我们敏锐地预判，这个点很有可能“有故事”“容易出戏”。果然,小段老师的支教经历和家访故事,成为了节目中不可多得的精彩亮点。在拍摄过程中,导演组不断与老师和学生们拉近距离,长达300多小时的拍摄素材,最终在片子展现出4位支教队员、3位宁夏老师以及5位宁夏学生的形象和故事。30分钟的纪录片故事中,不仅呈现出厦门大学研究生支教团24年支教宁夏的厚重历史和丰硕成果,更带出了支教团教学帮扶、爱心助学、自我成长的工作主线和故事。西北戈壁的独特画面语言和当地学生与福建的天然差别,最终呈现出特色十足的纪录片故事。

沉浸记录、情绪优先的拍摄逻辑

“你们是怎么拍到这些场景和故事的？”很多看过纪录片《闽宁纪事2022》的观众和同行，都会发出这样的疑问。的确，不同于传统专题节目，《闽宁纪事2022》是一部“反套路”的纪录片，充满了各种“矛盾”与“冲突”。在纪录片中，无论是支教老师、宁夏学生，还是援宁闽商、创业群众，他们都没有顺风顺水的主角光环，也没有完美无瑕的人物设定，而是一个个努力奋斗的平凡人。导演团队在宁夏拍摄6个多月，最长连续拍摄时间超65天，在与故事主人公高度熟悉后，他们习惯了摄像机的存在。摄制组得以使用长焦镜头，沉浸记录，成功捕捉到鲜活的现场和生动的同期声，进而感染观众。在《爱在山那边》中，摄制组记录下支教老师家访时，学生突然情绪失控，骑上一辆电动车离开现场的瞬间；记录下当地校长听了支教老师的公开课，直言“课程不适合当地学生，不能想当然把沿海的教学方式带到山区里来”。在《山海新农人》中，摄制组记录下乡村百姓第一次看到福建食用菌的好奇与疑问，记录下初次当上副厂长的宁夏女工，因经验不足与现场负责人发生冲突的落泪现场。这些情节和冲突，正是闽宁协作过程中最真实的生活状态，最为鲜活的人物情感，也是全面推进乡村振兴战略进程中最需直接面对的社会热点。

这样的沉浸式记录，也推动了许多故事情节的发展。在《爱在山那边》中，摄制组跟随周博语老师前往学校的男生寝室巡查，却意外记录下当地孩子多数没有使用下发不久的爱心保温杯。追问之下才得知，当地学生爱喝凉水，虽然学校里配备了两台饮水机，但由于只提供热水，多数学生并不习惯。由于

天气炎热，学生们图方便，就经常用简易的塑料桶接生水喝，这对他们的健康来说是个大问题。记录下学生们七嘴八舌的鲜活现场后，导演组与支教队员也萌发了“改变这群孩子”的愿望。经过援宁工作队协调，闽宁协作资金援助了5台直饮水机，为学校改善了用水条件。这一鲜活生动的现场故事，让教育帮扶更加丰满有力。

融合传播、多平台分发的传播方式

在节目播出之际，主创团队组织部分专家、学者以及福建援宁工作队等群体提前观看，撰写了10篇点评文章，并在节目正式播映前后，将稿件在闽宁两省区新媒体客户端、学习强国平台等连续刊出。《闽宁纪事2022》所表现出的积极主题与真挚情感，得到了国务院发展研究中心、中国纪录片研究中心、厦门大学、宁夏作家协会、福建省新闻评议组等单位专家学者们的高度评价，称作品“细致刻画了闽宁两地的干部群众‘寻找正确道路’的心路历程”、探索实践了主流纪录片，聚焦小人物、传递正能量、展现大情怀。新华社、光明日报、中新社、广电总局《广电时评》等均对纪录片的播出予以较长篇幅的文字及视频报道，也使得纪录片的影响突破区域限制，成为全国性关注的媒体传播现象。

《闽宁纪事2022》在创作完成后，摄制组邀请短视频团队进行拉片，创作了几十个短视频，其中两个15秒短视频“学生突发疾病，危急关头，幸亏有这位支教老师在”“最后一次下课，学生挥泪告别支教老师”在抖音点击量双双破600万，引发超20万网友点赞评论。截至2022年10月18日，《闽宁纪事2022》全网点击量已破2000万。全网新媒体点击总量相比2021年度的《闽宁纪事2021》增长70%。

《闽宁纪事2022》作为国产纪录片的一个特色鲜明、内涵丰富的序列，在系列纪录、多线并存、多元化视角的叙事模式和突破地域、平台及媒体疆界实现合作共赢等方面做了成功的尝试。接下来，摄制组还要继续走进年轻群体，走进闽宁协作群体，去探寻更多的可能。

在探索中寻找“通关密码”

——《思想的田野·宁夏篇：奋斗新长征》导演手记

闫　兵　温　皎　王　越　王柳萌

《思想的田野》是国家广电总局策划指导，全国33家上星频道分批拍摄、统筹播出的大型电视理论节目。按照国家广电总局整体规划，《思想的田野·宁夏篇》被列入第五季，于2022年3月29日在宁夏卫视播出。节目播出后，社会各界对创新解读习近平新时代中国特色社会主义思想的方式普遍给予了好评，国家广电总局例会也予以表扬。

节目主要涉及的场景有四站，分别是宁东站、闽宁镇站、稻渔空间站以及吴忠金花园站，由不同编导完成。每一场景背后，都有许多精彩故事，正是这些故事，完成了节目的最终呈现。

第一站《思想的田野·宁夏篇：奋斗新长征》“宁东站”部分作为“思想号大篷车”行进宁夏的首站，承载着为全片打开格局、定准基调、抓人眼球的使命。因此，如何讲透这一思想成为我们这一站的核心目标。通过调查研究，我们确定了拍摄方案——以“干”字为中心，分别从煤化工、新材料、新能源三部分，以一瓶油、一面旗、一瓶水为线索，以人物故事、产业升级、社会效益为表现内容，全方位阐述宁东作为宁夏工业的代表，是如何借助科技创新和高质量发展创造辉煌的。我们做了许多前期准备工作，当疫情来了，拍摄计划被迫中止，什么时候继续更是未知。当时，焦虑、迷茫的情绪开始出现，各种变故也不断发生：重要“道具”氢能源大巴车被运至北京支援冬奥会；外景逐渐由秋的斑斓变为冬的萧瑟……尽管面临的拍摄考验越来越多，但我们一再提醒自己保持耐心，积极寻找应对办法。那段时间，我们一遍遍调整脚本、一遍遍推倒重演，始终以最佳状态等待着疫情过后的拍摄。终于，疫情稳定后，我们于 2021 年 12 月底，完成了这一站的拍摄。

第二站的“闽宁镇”是我国东西部扶贫协作的样板。2021 年初，以闽宁镇移民搬迁为题材的《山海情》在全国热播。经过讨论，我们决定从《山海情》入手，再带入到闽宁镇的历史与现实。这样，既能在短短十几分钟之内较为完整地展现闽宁镇的发展史，又能兼顾节目的体验感和趣味性。闽宁镇部分涉及的场景丰富，人物众多，光是需要出镜的人物就有十几个，加上与之沟通的相关联系人，我们具体接触的人物达到二十多个。为了设计好每个人物的特点以及他们在全片中的独特功能，仅前采就跑了五六次。那段时间，几乎每个周末不是在开会，就是在电话里和同事探讨脚本细节。思路确定了，脚本也打磨了无数回合。在嘉宾档期的硬性要求下，我们集中在两天，完成了高强度的密集拍摄。

第三站的“稻渔空间”是一个农业生态观光基地，“收割水稻”是我们在这里设计的重要场景。但是具体哪天收割，哪天能拍摄，日期迟迟无法确定。日子确定不了，就意味着我们邀请的嘉宾，还有各部门工作人员的时间无法安排。那段日子，我们每天工作的首要任务就是与稻渔空间工作人员通电话。每天问的问题也只有一个，就是“你们确定哪天开始收割水稻了吗？”几经协调，我们最终确定了 2021 年 9 月 29 日带机彩排，9 月 30 日正

式拍摄。稻渔空间一共有五个分场景的拍摄，环节多，任务重，而且拍摄时间只有一天。我们所有人都全力以赴。开拍前，录制人员一遍遍检查录像设备、录音设备，嘉宾们一遍遍组织自己的语言，大家都在争取用最好的状态让录制一遍过。与时间赛跑了近两个月，“稻渔空间站”的前期录制，圆满结束了。

第四站的“吴忠金花园社区”是吴忠市中心最大的社区，同时还是一个多民族聚居的社区，曾获得“全国民族团结进步模范集体”“全国先进基层党组织”和“全国最美志愿服务社区”等荣誉。按照节目总体策划要求，这一站的内容要紧紧围绕“民族团结”的主题来设计。那么，哪些内容可以展现这一主题？哪些人物可以进入拍摄方案？通过前期资料研读和实地考察，我们了解到，金花园社区一系列荣誉的背后，离不开一支成立了十八个年头，为社区老百姓、为困难群众提供贴心服务的志愿服务队——“兰花芬芳志愿服务队”以及它的带头人——“七一勋章”获得者王兰花。这样，我们吴忠站的人物和内容就有了基本轮廓和线索。

这次拍摄经历对我们来说，就像在打一个全新的通关游戏——不断尝试、多方谋划、潜心设计，再层层过关，最终寻得通关密码。尽管时时焦虑，但乐此不疲。《思想的田野·宁夏篇：奋斗新长征》从项目启动到节目播出历时大半年，但这次经历和打磨对我们来说十分宝贵，原因在于有扎实的调研、完善的策划和强大的团队。可以毫无愧色地说，这是我们的诚意之作。作品通过内容、形式、话语的创新，聚焦思想本身的力量，将理论概念转化成一个个具体生动的图景，聚焦不同年龄层，入心化行，出新出彩，让人们真切感受到了伟大思想在宁夏大地上的实践伟力。

还原先烈的初心与印记

——《档案宁夏·初心印记》创作感悟

鲍 俊 丁 晓 冯兴华 万 海

2021 年是建党 100 周年，宁夏广播电视台经济频道《档案宁夏》第五季以“初心印记”为主题，选取革命先烈以及在特殊年代有突出贡献的前辈，运用重现历史场景和讲故事结合的手法，讲述了革命前辈的英雄事迹。

鲍俊：这样拍片过瘾！

经济频道这一季《档案宁夏》的主题是“初心印记”。作为项目负责人，我们在与档案馆几轮沟通后，从初选的 50 位革命先烈中确定了 10 位人物。其中，有奔波于宁夏与上海之间的统战密使张子华，有宁死不当国民党大官的共产党员崔景岳，有中共北方第一支红军正规军二十四军军长赫光，还有宁夏第一个党组织中共宁夏特别支部的书记李临铭，等等。人物确定之后，我们开始一遍遍地从自治区党史办、自治区档案馆、各地市档案馆寻找相关人物的档案、资料、事迹，努力发掘其中的故事，寻找拍摄切入点。

团队首先要做的就是学习。看《档案宁夏》往期的节目，学习曾经使用过的讲故事手法、拍摄技法、谋篇布局方法。同时，团队考虑最多的就是如何创新，在吸收往期节目优点时能够有所突破。在拍摄手法上，我们尝试通过情景再现、实地寻访等方式，让革命先烈的故事活起来。以张子华为例，他留下来的资料比较少，但故事又非常精彩，我们就采取了演绎的方式，把大部分拍摄场景放在了影视城。我和编导丁晓去了好几趟，每一条街道、每一个房间都进行了踩点。服装道具我们发动身边的人去借，角色都是我们频道的小伙伴们自己出演。由于前期策划做得充分，改稿、分场景、分镜头、分角色一遍遍梳理，拍摄时比较轻松。北方的冬天天寒地冻，尤其室内拍摄时，屋子里阴冷阴冷的，大家只能待在室外，但是大家的精神状态特别好，从每个人的眼神中能感受到创作的快乐。

而针对崔景岳、李临铭、赫光这样的人物类型，由于留存的档案、物品比较丰富，我们就采用主持人出镜、现场体验加影像资料融合的方式，通过主持人瞻仰遗迹、遗物，尽可能全方位展示革命烈士不为人知的传奇故事。在整个创作过程中，我们力争抠好每一个细节，在画面、灯光、音乐、音效、影片节奏等方面精心打磨，尽最大努力打造精品节目！

丁晓：创新从改变细节开始

筹备宁夏广播电视台经济频道这一季《档案宁夏》时，首先摆在我们面

前的问题就是创新。然而对于这类人文历史节目，创新的难度很大。对于既有的历史事实，我们需要在充分尊重史实的前提下，让节目内容更加多元化。想让节目形式新颖，

可腾挪空间并不大。

首先,这类节目由三个主要元素组成。一是主持人演播室或虚拟空间、影棚、相应场馆内景等串联讲述。二是相关文史资料、实物,甚至文物引入。三是与内容相关的影像资料、纪录片、影视剧的编辑使用。如果只是简单地将这三个节目要素,进行电视手法的再编辑,那么这一季的《档案宁夏》无疑又回到传统节目的道路上了。我们节目组一致认为,主持人要走出场馆,进入现场,这一观点也是这一季节目的主要改变。带入的方式虽然有很多种,但是改变固有摄制模式,是最有效的一种方法。主持人不再是一个讲述者、传达者,他是一个体验者。主持人告诉观众的,不再是我听到一个故事,或者我给你讲述一个故事,而是我在这里看到了曾经发生的故事,我在这里感受着曾经那段故事的点滴,我感受的是一段峥嵘岁月,你是否也有共鸣!

最开始,我们提出了几种方案。一种是将具有故事性,人物性格鲜明的选题,采用情景再现的方式演绎出来。这种方案的难点在于,演绎部分的内容拍摄,基本属于影视剧制作手法。将影视剧内容很好地和一档讲述类电视节目相结合,让演戏不只是单纯的演戏,让讲述不只是单纯的主持人串场,这就需要在一些拍摄制作的细节上去下功夫了。在样片拍摄阶段,我们节目组几次碰头,就细节如何处理进行了讨论。主持人的出现方式要与影视拍摄的内容有关联,哪怕只是单一的场景关联。最开始,我们翻看了很多类似片段的拍摄和处理方法,比如同景别遮挡转场、同物体移动转场等等。这些在影视剧中常用的拍摄方式,尤其在抖音等短片中,更是被广泛运用。很遗憾,我们在这次模仿学习的过程中,还是没有完全呈现出来,这也跟我们自己的业务能力有关。

原本我们是打算演员和主持人分别用不同的人饰演, 这样不会让观众有一种跳不出的懵圈感。而正式拍摄时,原定的男主角却始终约不到时间。对于我们来说,经费有限、人员有限、设备有限,如果不赶在影视城恢复营业前拍摄完成的话,一旦影视城正式进入营业期,将会使得我们的拍摄难度大大增加。这时,我们尝试了一下主持人既是男一号,男一号又是主持人的拍摄方式。这就是大家看到的《统战密使——张子华》这一集中，主持人冯兴华一人饰二角，闪亮登场。

至于本季《档案宁夏》的节目制作过程中，还有很多的细节，都是我们在尝试、摸索中不断学习的。就像拍摄最后，主持人在八里桥烈士公墓纪念碑前的出镜，整体拍摄完后，正好天擦黑，就有人说了一句："如果这条再不过，那就得打灯拍了。"当然，这是一句玩笑话，以我们的设备水准来说，是拍不了这种外景夜戏的。但是我们几个突然想，可不可以用手头的几盏灯，勾出人物的轮廓，这样以纪念碑为背景，给一个走向纪念碑致敬的镜头。不过，这个人不再是主持人，而是剧中的张子华。这样，就有了张子华回头一笑，走向写有"革命先烈永垂不朽"的那个镜头设计。

总之，通过这季《档案宁夏》的拍摄，我们团队积累了很多经验，碰撞出了很多想法。在即将开启的下一季《档案宁夏》中，我们依然会坚持这种从细节处寻找突破点的做法。

冯兴华："张子华"剧里剧外

《档案宁夏》终于播出了。看惯了我端坐演播室的亲朋好友，都很惊奇。有人调侃说我是一个被主持耽误的演员。玩笑过后，若有所思，主持人在这类节目中到底是什么？

应该是讲述者。

全国档案类节目已有不少，其中不乏优秀作品。而《档案宁夏》在宁夏广播电视台已制作播出三季，早已成熟。为了创新，节目组在这一季的稿件中，刻意加入了不少人物的细节与心理描写。因此，主持人在这里应该是一个讲述者。但只是讲述，够吗？

还应是演播者。

这也是节目组前期策划时，做出的大胆尝试——情景还原最大的难点。在《统战特使张子华》中，讲述人与革命人物的形象重叠，会不会产生时空错乱？节目组为此展开激烈讨论。最后编导组决定，只要主持人能够做到演得形象，讲得投入，一定能将二者身份剥离。果然，正是节目最后主持人与革命

人物的时空交集,让人回味悠长。

最好是当事者。

既演又播,是对情节的还原。如果走进英雄的内心,必然产生非凡的效果。在拍摄韩练成时,当看到展厅中韩练成与陈毅的一张张照片,反复阅读韩练成与亲友的信件,我体味到了一边家国,一边功名的两难境地。此时,用当事者的语态娓娓道来,使得人物形象跃然荧屏,革命精神得以升华。

十一集《档案宁夏》,半月拍摄时间,辗转多地、人员紧张、经费有限,困难与匆忙之中难免略有瑕疵。但有了对稿件的反复打磨,对场景的精挑细选,对后期的百般挑剔,对主持的不断尝试,才让一位位革命英雄走出历史的展板,走入我们的身边。节目虽已制作完成,但有些瞬间依然念念不忘。忘不了,荒漠中刺骨的寒风;忘不了,六盘山顶耀眼的光辉;忘不了,地牢里的"严刑拷打";更忘不了,纪念碑前那回眸一笑。

万海:守住初心 方得精品

从业多年,每一次拍摄制作专题节目的时候,都在做"自我催眠"。努力让自己沉浸,使劲让自己代入,好让自己与要拍摄的对象"合魂"。

但这一次完全没有。

不论是在先烈曾经工作的地方,还是在肃穆的烈士陵园,抑或是记载他们革命足迹的纪念馆。拍摄器材还未取出,完全不用暗示自己,思绪就已然穿越到那个年代了。不只是我自己,摄制组的所有成员都似乎在这个拍摄空间里保持了一致的状态。每一个场景的设置,每一个镜头的拍摄,每一次主持人出镜的布光,都进行得细致入微,甚至于小心翼翼。

平日里拍摄主持人冯兴华出镜,每一次我都大喊:"给力点!一遍过!"但这一次,每拍完一条,监视器前都人头攒动,短暂的沉默后,都决定再来一

遍——我们觉得还能表现得更好。尽管彼时盐池的戈壁滩上气温零下 11 摄氏度，冯兴华身上也只穿着一件单薄的西装。

从《档案宁夏》的策划会开始，摄制组拿到一份份先烈的档案资料，就认为这不只是一次工作，而是一场战斗。同事升级为同志，团结协作完全不在话下。钟鼓楼上，豫旺的山沟，彭阳的窑洞，盐池的戈壁……冒着严寒，辗转多地拍摄，冷不冷？苦不苦？答案是肯定的。但是当一张张黑白的照片，先烈们坚毅而不屈服的眼神在大家脑海里不断闪回，化作一个个一组组的镜头时，让你觉得所有的辛苦与付出都是值得的。

在拍摄三五八旅大生产运动中的劳动英雄武生华足迹的时候，我们惊叹他在那样艰苦的条件下创造的一个个奇迹。这一次，我没有抱怨自己手里的设备落后，没有为又一次没吃上午饭而长吁短叹。拍摄结束，我也终于明白，在人的一生中，意志对于做好每一件事具有怎样的重要性和决定性。

这一次的拍摄和制作，感受最深的不是每一期的运镜，不是镜头组接时乍现的灵感，也不是后期编辑的一次次调节和校色，而是这次《档案》栏目的主题——初心印记。在持久的感动中，我们用镜头再现先烈的足迹，用镜头重现先烈的故事，用镜头表达我们的敬意，用镜头说出我们的决心。

不忘初心，方得始终。

阳光姐妹：坚守初心 无问西东

胡 凌

在栏目里，大家都叫我们“帮办记者”，也叫“阳光姐妹”。“帮办记者”，虽然听起来只比记者多了两个字，可实际上，每条报道的工作量是一般新闻的两三倍。

2022年，《这事帮您办》重新改版。作为栏目定档的帮办记者，每周我们的稿件必须要定期播出，不能空档，而且每条新闻必须做到有故事、有情节、有进展、有追踪、有结果。要想保证这“五有”，首先记者的前采工作要做得非常细致，不能只听求助者的一面之词。要分析事件，多方取证，听取意见，做出判断，制定拍摄方案。

现实中的事件往往不像我们预料的那么简单。就拿我最近接触到的一件事儿来说吧：肖先生家住银川市西夏区一小区，因为屋里下水不通，想要维修却遇到了难题。起初我以为是一个

简单的问题，到了现场才发现处理起来非常棘手！老旧小区使用的是铸铁管道，主管隐蔽，维修困难，维修资金肖先生愿意一个人来出，但是拿出合适的维修方案却是个难题。为解决这件事，光跑物业公司就跑了三趟，才等来维修人员查看管道走向。由于肖先生家的管道走向特殊，不像普通居民楼管道“直通”。他家的下水管道通往的是本单元的二楼和旁边单元的二楼，要想维修，必须找到邻居们也能同意的方案。作为帮办记者，我们一家一家地协调，一户一户地走访，最后终于和物业公司在多次沟通后拿出维修方案，解决了困扰肖先生家多年的难题。当肖先生热泪盈眶地对我们说谢谢时，我们心头瞬间涌出记者的职业自豪与感动。

当然，每一次采访结束，我们面对的有感谢，也有协调结果不尽如人意的抱怨。可是我们深知，作为一名帮办记者，必须坚守客观公正的原则。在这个前提下，用媒体的力量切实去帮助老百姓解决他们遇到的困难事、麻烦事，担起记者肩头的一份责任，回报观众朋友的每一份信任，做新时代合格的记录者、见证者！

万物生长是我家 身边最美自驾路

——与CCTV财经频道合作拍摄《最美自驾路》宁夏行心得

朱浚业

说起到宁夏旅游自驾，可能很多人脑海中浮现的会是中卫的66号公路，抑或是沙坡头景区腾格里沙漠里刺激的冲沙之旅。2023年9月，当我拿到中央广播电视总台财经频道《最美自驾路》栏目的拍摄邀约，看到前期策划案时，发现原来此行的目的地是固原。我就想：对于固原，如何以主持人的身份把这段“路”说好，呈现出宁夏旅游自驾的独特之处？起初，我有些犯难。中心领导说：用心体会，找准变化，用你的风格改变全国观众对于固原的固有印象。是呀！固原这片土地变了。不管是外地朋友还是当地人，提起过去的固原，肯定没法和旅游自驾联系到一起。曾几何时，苦瘠甲天下几乎成了西海固地区的唯一标签。要改变这一刻板印象，我能做什么？

出发之前，我与此次拍摄的导演进行了沟通。导演告诉我：面朝黄土背朝天的西北之地，有一个生态

好、路通人富的世外桃源，这期节目的核心就是这个！前期踩点结束后，摄制团队确定了三位主持人——一位是通过CCTV主持人大赛进入总台财经频道的白影，一位是宁夏广播电视台融媒体新闻中心的记者陈夏，另一位就是我。在第一天到达后，我们与导演再次探讨了拍摄方案：既然人们看多了黄沙，为何不做一次穿越，从中卫境内的腾格里沙漠穿越到绿树成荫的固原？何不在节目的开篇就让全国观众体会到宁夏的神奇呢？最终，我们决定用年轻人喜欢的网络热门IP大话西游开篇，一位旅客在镇北堡西部影城捡到了月光宝盒，由于不满最后的结局，用时光穿越的方式让至尊宝和紫霞重回这一世，体验一次最美自驾路，用热门IP和穿越的方式为这期节目做个热门开场。服务大屏的同时，也可以通过小屏的传播，更好地为节目造势。这样的形式，至少能够吸引观众来一次难忘的沉浸式体验，设置悬疑点让观众带着疑问看下去。

这次自驾体验的主线沿着六盘山展开，沿途有山、有水、有树林，固原曾经的生态环境和眼前的森林水系形成鲜明对比。大道如虹通四海，这次旅途中，我们沿着四通八达的公路网，从漫漫黄沙中步入绿洲，在古丝绸之路上领略误入“江南”之美，感受六盘山地区的天高云淡，在花鸟鱼虫中体验“醉氧”的错觉。这里，土豆曾经是饭，也是菜。过去土豆运不出去，烂在地里，人们就得饿肚子。如今，这里成了全国冷凉蔬菜种植基地，大山里的孩子们不仅能吃到最新鲜的蔬菜，还能和北京、上海这些大城市的人们一起分享，分享曾经贫瘠土地之上的“万物生长”。

在自驾路上，面对着车里的五个镜头，我们三个主持人畅所欲言。因为三人风格各有不同，输出的内容既融入了文化和历史，也有个人的感想感悟。344 国道这条路在千百年前是古丝绸之路的一段，千百年后我们再次行驶在这条路上，过去的马车变成汽车，过去的土路变成柏油路，仿佛就是过去和未来的一种对话。可能多年前也有三个使者骑着骆驼，带着商品开启过他们的“自驾路”吧！

这一路的经历尤为可贵。我们见到了冷凉蔬菜基地农民真诚的笑脸，见到了民宿老板“老马”拿出绝活时的自豪神情，看到了每一位交通人在谈及公路网络建设时的骄傲。路通了，路好了，人富了，这才是最美的自驾路。我们在一所乡村中学中，全班同学齐声朗读《愚公移山》，孩子们用自己的方式向宁夏交通人致敬。一代代宁夏交通人，用心血修成连接南北的幸福之路，不正是当代愚公的行业群像吗？当最后一个环节，我们三位主持人需要结合一路的旅程谈谈感悟，写下手账时，导演拿出了这所中学孩子们的心愿单。当看到他们的心愿时，我们所有人热泪盈眶。导演为了我们的情绪不受打断，录制一直在继续。一个多小时里，我们的眼泪就没停过。孩子们有的说：家门口的路修好了，希望在外打工的父母多回来看看；有的说：路好了，我们可以去看看外面的世界。此时望向前路，再看老照片，我们不禁感叹眼前这看似普通，却承载了那么多人的希望、理想和心愿的路，这一条条路，才是最美的路。这一条条路，正是通向万物生长、美丽富裕的路。

“您的大学录取通知书已送达！”

文　锐

2023 年 7 月 17 日，宁夏广播电视台公共节目中心策划了一期《我区 2023 第一封高考录取通知书派送中》的现场直播，记者房燕燕赴固原，通过沉浸式、伴随式报道，完整记录了宁夏第一封清华大学录取通知书在固原送达的过程。由此创作的系列短视频在抖音、快手等平台上吸引的关注度超过了百万。

随着各个大学录取通知书的陆续送达，关于今年高考的话题也由此落下帷幕。但是回顾这场高考，对高考报道的角度依旧是值得探索的课题。在高考这个热点话题下，所有关于青春、拼搏、梦想、回忆的词条都成了高考的另一个符号。作为正在拥抱融媒体时代的传统媒体，该如何借用新媒体平台突破重围，实现蝶变？如何让“年年岁岁花相似”的高考报道在同题竞争中脱颖而出？如何让高考报道褪去喧嚣，创新报道角度，实现传播力的增长？今年，公共节目中心在高考这个话题中，延续了以往的直播优势，同时也做了新的尝试。

伴随式直播　五市全覆盖

在 2022 年的高考策划中，公共节目中心首次尝试用新媒体直播的方式在全网进行了五个小时的直播，积累了关于高考题材的直播经验。2023年，公共节目中心继续发挥团队优势，派出十二路记者奔赴全区五市。在银川一中、银川二中、唐徕回中、盐池、固原、红寺堡、中卫等各考点，通过慢直播和现场直播相结合的方式，展开了五个小时的沉浸式、伴随式、多角度现场直播，首次将高考直播做到五市全覆盖，全方位展现社会合力为考生保驾护航的场景。

做有温度的高考

在高考前半个月，宁夏六盘山高级中学的老师亲手为同学们设计了一张通往梦想的火车票，引起了全网关注。那么在高考这天，这位老师和同学们是否可以和我们进行“梦幻联动”？于是，我们策划在当天的一路直播当中，由记者朱浚业身着校服，带着这张特殊的火车票来到宁夏六盘山高级中学，与即将进入考场的同学和送考老师完成了一场仪式感满满的直播。记者通过校服、毕业照、火车票等元素进行设计，镜头前老师和同学们真实的师生情，让高考原本紧张的氛围立刻充满了温情。

爱心送考车队也是每年关注的热点话题。今年我们的焦点在银川和石嘴山爱心送考车队，记者房燕燕和方乐沂分别在银川和石嘴山跟随当地爱心送考车队，记录了送考的过程。石嘴山“爱心送考”活动开展了16年，很多学子都是在高考这一天坐着“爱心送考车”顺利抵达考场。今年，融媒体记者

方乐沂和考生坐爱心送考车一起驶向考场。在公交车上，一对双胞胎姐妹同赴考场，她们互相加油打气，共赴梦想的战场，让我们感受到了青春与亲情。此外，固原、红寺堡、中卫台的各路记者分别通过交警护航高考、志愿者服务高考、家长温暖陪考、老师“花式”送考等温暖人心的故事和现场，为观众提供了了解高考的多元视角。

做时代的高考

高考是一代又一代人的记忆。1977 年，中央决定恢复高考，这个重要的决策，让中国迎来了尊重知识、尊重人才的时代。它不仅仅是一场考试，它被赋予了太多含义。恢复高考 46 年后，20 世纪 70 年代、80 年代高考的亲历者，他们对高考的记忆又是怎样的呢？

从 46 年前恢复高考的起点一路走来，更像是在告诉我们中国教育制度改革的创新与发展。我们希望，能通过老、中、青三代人来讲述高考，来体现基于教育的时代变迁。于是便有了《那些年，我们一起走过的高考》板块。在高考前一个星期，我们选出三个年代的高考亲历者，通过前期对人物的拍摄，用短片的方式呈现每个人的高考故事，反映高考和时代的变革。他们分别是 1977 年高考亲历者陈忠祥、1989 年高考亲历者邢寿宁，以及 2019 年高考亲历者王燕。通过“演播室+人物短片+访谈”的形式，在高考当天邀请他们做客直播间，一同回顾这些年的发展与变迁，让访谈既有年代感，又有温度，也能引起全社会的共鸣。通过他们的讲述，体现高考在与时代的共振中不断变革的过程。高考的变化，不仅代表了我国教育的发展进程，也折射出了中国经济社会的气象万千。三位嘉宾的故事和年代背景，就是国家和社会的发展的一个缩影，也记录着特定时代的教育印记，值得我们回溯。通过人物访谈，高考的话题就不再单调，而是有了一个时代背景。同时在访谈期间，我们设置话题讨论，增强网友和嘉宾之间的互动感。关于高考的年代访谈，是公共节目中心的一次新尝试和探索，在拓宽报道维度后，我们发现，可探索的空间远不止当下的高考。

做高考的“贴心人”

高考报道，作为媒体，做考生和家长的“贴心人”的服务宗旨是不会变的。首先，我们设计了《高考加油站》的访谈环节，特别邀请了银川二中的数学老师、往届考生（在校大学生）做客直播间，现场为家长和考生支招。同时增加互动板块，考生家长随时可以对直播间老师进行提问，增强互动性和服务性。其次，对考生的心理辅导也不能忽视，在这一个板块，我们邀请了国家二级心理咨询师现场给家长和考生进行心理咨询，开展现场咨询服务，为考生及考生家长进行心理疏导。同时，栏目还收集了来自全国各地高校的学长学姐给考生加油打气的视频，让节目更有力量。

记录温情 快速传递

快节奏的《直击高考第一现场》，十二路记者守候在全区五市各考点外，随时捕捉考场外的信息与直播间联动。记者朱浚业在宁夏六盘山高级中学考点外，捕捉到了第一个走出考场的考生。采制的短视频第一时间发出后，当即引爆抖音、快手，观看量破百万。同时一位陪考奶奶的一番话更让人为之动容，“希望我的孙子将来做一名对国家有用的人，他是国家的孩子”，类似的感人瞬间在最后的直播快切当中，综合呈现、温情动人。多路记者原地待命，随时进行现场直播，每个考点的记者连线3—5分钟，既展现了记者过硬的现场把控能力，同时也考验了记者临场发挥和捕捉有效信息、有效画面的能力。

在创新中预见未来

高考前，通过《主播说高考》系列短视频占据话题流量；高考当天，多平台持续关注报道，形成多角度、立体化的矩阵影响；首次尝试在《健康宁夏》抖音号、快手号、视频号进行VR实景

直播，让网友身临其境感受高考……

公共节目中心新媒体官方平台观看、点播、点赞创历史新高，创作发布短视频 49 条，浏览量 1000 余万次；慢直播 4 场，视频号、抖音号、快手号、微博客户端等平台总观看人数破 1000 万人次；新媒体账号增粉 3000 余人。

这场关于高考的直播，是公共节目中心使用新媒体平台进行主题传播的又一次探索。尽管还有不足和缺憾，但前行的每一步都弥足珍贵，未来也便有了新的支点。奔流，才能向未来！

“扛硬人”与“软绵羊”

——《记住乡愁》(盐池篇) 编导手记

席名飞

由宁夏广播电视台卫视中心承制的《记住乡愁》盐池篇,《盐池——塞上牧歌传四方》于 2023 年 8 月 13 日 23:00 在中央广播电视总台中文国际频道(CCTV-4)播出。

《盐池——塞上牧歌传四方》是大型纪录片《记住乡愁》第九季“乡村振兴”系列中的一集。在自治区党委宣传部组织牵头下,2022 年 9 月,宁夏卫视中心受中央广播电视总台中文国际频道(CCTV-4)邀约,与中央广播电视总台《记住乡愁》栏目开展二度合作。摄制组克服筹备期因疫情带来的诸多困难,经过近一年的前期策划、采访调研、文稿创作等,于 2023 年 6 月进入二次实地拍摄,并于 7 月底完成后期剪辑制作。

《盐池——塞上牧歌传四方》集中反映了在乡村振兴战略的实施过程中,盐池县滩羊产业的发展历程,以及在产业与生态、传统与现代的平衡取舍中，几代盐池人面临的选择。片中盐池人数十年如一日的治沙种树故事真实感人，舍小利保家园的精神令人钦佩。新一代年轻羊倌带来的新技术、新气象，也为滩羊现代化养殖提供了值得借鉴的新模式。

盐池这期节目开拍时，时值宁夏隆冬，大地一片枯黄。望着光秃秃的树丫和随风带起的沙尘，心里不免有些失落。北方的冬天，难免如此。但我也想让外地的朋友们看看不一样的宁夏，一个春暖花开时也会绽放绿色的宁夏，一个虽处塞上但也温柔隽秀的宁夏。好在这一愿望，最终在 2023 年的这个夏天，达成了。

现在的盐池已经用滩羊这一张“白色名片”，打响了“她”在全国的知名度。靠着养殖滩羊，盐池人的收入大大提升，生活发生了极大变化。

史书记载，盐池自古是水草丰茂之地。当地养羊的历史可以追溯至秦汉时期，周边汉墓中出土的随葬品中，就有小陶羊。可以说千百年来，养羊已经成了当地老百姓安身立命的营生。

但盐池县地处毛乌素沙漠南缘，生态环境十分脆弱，大规模的放牧让土地沙化的问题日益严峻。最严重的时期，沙漠的边缘一度逼近到了盐池县城周边。

以前最直观的感受就是，从银川驱车去盐池，高速路的两旁都是黄沙漫

漫的景象。遇上刮风的时候，那更是飞沙走石，连路都看不清。盐池人也认清了要想生存发展，生态问题务必放在第一位。于是从二十世纪八九十年代起，轰轰烈烈的植树治沙运动就开始了。

片中刘江老人在青山乡治沙，可以说是盐池县治沙的一个缩影。为了保护自己的家园不被风沙吞噬，家家户户扛着锹，背着树苗走向沙窝。他们数十年如一日栽种树木，绿了一个又一个的山头。在全体盐池人民的努力下，盐池县的植被覆盖率从未治理前的10%增长到了70%以上，在毛乌素沙漠南缘筑起了一道坚韧的绿色生态屏障。

生态好了，产业也有了更好的发展空间。盐池的滩羊产业也迎来了越来越多的年轻“羊倌”。他们当中，有坚持初心、坚守滩羊品种的郑国和，也有大胆创新、给羊修跑道听音乐的冯欢。深入接触下来，我们感受到的，不仅是他们身上不怕输的那股闯劲，更多的是他们对家乡产业的那股自信和热爱。他们坚信自己的努力加上优质的产业，未来的希望都是看得见摸得着的。

乡村要振兴，需要的是大家合起伙来，一起向一个目标奔。有的人为家园生态奉献青春和岁月，有的人为产业可持续发展而不断创新，还有的人顺应政策带领大伙一同发展。作为时代的记录者，最幸运的莫过于能感同身受地体会他们的开心和快乐。

《非遗档案》:在传播中创新 在创新中传承

王　勇

《非遗档案》是宁夏广播电视台联合宁夏文旅厅打造的微纪录片系列短视频季播节目,通过选取各类代表性的非遗项目进行拍摄,让非遗成为人们认识技艺之美、匠心之美,感知传统之美、生活之美,感悟中华文脉、增强文化自信的有力载体。在《非遗档案》中,或通过意趣盎然的情节铺展、活泼亲和的表达方式,原汁原味的细节呈现走近观众,或巧用非遗元素,使其非遗的文化魅力在服、化、道、摄、录、美中绽放出来。第一季已于 2022 年 7 月 30 日至 10 月 16 日在宁夏文旅频道播出,受到了关注和好评。

微视频,大内涵

呈现于荧屏的一个个真实而精彩的“非遗文本”,就是生动的中国故事,也是精彩的宁夏故事。“羊肉鲜、黍稻齐、药精准……”这是灵州唐氏羊羔酒传承七代的家训,也是《非遗档案》第一季中诸多能够体现非物质文化遗产所蕴含的历史底蕴、匠心精神、东方美学、民族韵味和中国智慧的精彩片段之一。

与以往大多数纪录片不同,《非遗档案》是篇幅短小、制作精致的微纪录片,每期时长 5 分钟。在叙事上追求情感化、故事化、个人化的总体风格,追求网络传播效果,符合年轻群体的视听习惯。内容涵盖十大类非遗项目,以

“见人、见物、见生活”的理念，用电视化表达方式让非遗在传播中传承，激发非遗在新时代迸发出“亘古亘今、日新又新”的活力。

小切口，大主题

讲好非遗故事的关键，在于淋漓尽致地呈现出非遗和人的关系、生动鲜活地讲好传承人的故事。在叙事方式上，以具有代表性的非遗传承人的第一人称讲述作为叙事结构，以工作场景、生活场景和历史影像为视觉资料，介绍非遗项目的文化由来和历史意义，展示他们对非遗技艺传承的思考和努力。从生动丰富的细节断面折射出当前时代浪潮中，传统文化的真实处境和宁夏非遗项目的保护发展状况。

围绕“传承、保护、创新”，第一季节目重点选取各类具有代表性的非遗项目进行展示，如深入挖掘唐氏羊羔酒、皮艺制作工艺、编结、黄渠桥羊羔肉、麦秆工艺品制作、刺绣等非遗项目，通过追溯这些非遗项目的技艺发源和由来，展现时下非遗传承、弘扬和现实运用等内容。再如追寻剪纸王宪苓、剪纸伏兆娥、贺兰砚石飚、贺兰砚闫家砚、面塑孙福宝这些非遗人的脚步，通过记录主人公对非遗技艺的学习与坚守，表达非遗人在面临新时代的变化与挑战过程中致力于使之根脉相续、永葆活力的不懈坚持和努力的故事。这是非遗人孜孜不倦的努力，亦是媒体人使命不怠的责任，从一开始，栏目组就立下目标，要以精致的镜头和独特的视角，通过小体量的故事讲述，呈现宁夏非遗百花齐放、精彩纷呈的整体面貌，为宁夏非遗代际传承与发展留下宝贵的精神脉络。

老故事，新表达

节目由三个固定的主题内容组成，并将这三个部分有机地融合在一起，以保证整个节目的信息量、节奏感和趣味性。这三个部分分别为非遗技艺展示、学艺故事讲述和传承保护现状介绍，既有非遗技艺和内涵的记录，又有对非遗传承和发扬的呈现，以及传承人情怀和理想的表达，全面立体地让人感受非物质文化遗产的博大精深、源远流长。

非遗之美——非遗技艺展示。以主人公亲身示范、倾情讲述的方式，细致入微地展现非遗工艺的制作技巧和工艺特点，用极小的篇幅、快节奏、高精度、最大信息量地展示工艺之难、之精、之美，画面上追求美轮美奂、动人心魄的视觉冲击力。

非遗之情——传承故事讲述。以人物讲非遗故事，以故事带非遗。此部分以被拍摄对象的从业经历为切入点，从日常训练入手，通过语言、动作等形式，形象生动地介绍该非遗项目，同时在讲述过程中穿插个人对于非遗项目的独到见解，以小见大，呈现非遗项目的生存现状及传承难题，让观众在看过之后还能产生思考，提升片子的后续价值。

非遗之脉——传承与发展的精神脉络。此部分纪录当前非遗传承发展的现实状况，体现传承人对这门手艺的保护、推广和传授，包含广收弟子、形式创新、立项保护、市场推广等方面，通过主人公的实际行动表现非遗传承的刻不容缓和任重道远，呼吁更多人投身到保护和传承非遗的行动中，融合新时代的特色让非遗技艺再放异彩。

习近平总书记指出：“每一种文明都延续着一个国家和民族的精神血脉，既需要薪火相传、代代守护，更需要与时俱进、勇于创新。”当深受喜爱的剪纸在节日担当气氛的主角，当春秋时期便普及的苏绣绣进了表盘，当贺兰砚作为一种纪念品馈赠亲朋好友……在时光里蒙了些许微尘的非物质文化遗产正焕发出全新的光彩。非物质文化遗产是中华文化的瑰宝，也是人类文明的重要组成部分，讲好非遗故事就是讲好中国故事。而媒体人要做的，就是把非物质文化遗产的故事讲述好，用电视化表达方式呈现宁夏非物质文化遗产百花齐放、精彩纷呈的整体面貌，为宁夏非遗代际传承与发展留下宝贵的精神脉络，实现非物质文化遗产助力乡村振兴、服务文旅融合，提升文化自信做出应有的贡献。

我在福建实训：仰取俯拾 蓄力奔跑

马　佳

2023 年 9 月，我们一行四人赴福建省广播影视集团进行了为期一个月的实践学习。如果用一句话来形容这次福建学习之旅，那么一定是融入福建人血脉的那句——“爱拼才会赢”。学习期间，我们每时每刻都能感觉到身边奔跑的身影，看到福建广电人在闯、在拼、在创新。这段日子，仿佛身边有个声音在不断提醒：现在，我们很需要奔跑起来……

福建省广播影视集团创新动力何以如此强劲？带着问题，我们一路寻找答案。

高效协同的“融合力”

刚到福建省广播影视集团融媒体资讯中心，就赶上了一次战役——防御“海葵”。

来看一组数据：

9 月 4 日到 9 月 6 日，“海葵”对福建全境影响最大的3天里，中心派出近20个报道小组，分赴厦门、漳州、福州、平潭多地，累计直播近10个小时。

这样的闻“汛”能动，这样超大体量报道并能实现精彩呈现的背后，就是福建台“大中心、大融合、大转型”改革的生动实践。

融媒体资讯中心实现了大中心、大融合、大转型：中心传统端有《福建卫视新闻》《福建新闻联播》，还有新闻频道、乡村振兴频道和新闻广播；新媒体端有“海博TV”“福建发布”——这样一个“最优平台”的阵容，能够根据定位、资源、特点，整合广播电视、网络平台以及技术部门，构建融为一体、调度有力、高效协同的新机制。在各类重大主题宣传报道中，这样的阵容更便于策划融合传播项目，充分运用融合传播手段，从而放大传播体量与声量，发挥出最好的全媒体传播效果。

人才涌动的“澎湃力”

融媒体资讯中心有500多人，拥有集团最优秀的采编团队。作为媒体融合的“发动机”，专业、敬业的团队总能创作出爆款精品。那么，他们是如何实现转型的呢？

福建省广播影视集团推出个人IP孵化机制，让采编播一线优秀人才脱颖而出。这一做法给我们印象尤其深刻。

融媒体资讯中心在新媒体矩阵“海博TV”和“福建发布”上推出了“一线记者在现场”的短视频栏目《海博视评》。4名主力记者担纲推出“艾看福建”“心中有数”“申临其境”“何你同行”（都是取记者名字中的一个字）四大系列，紧扣“跑口”领域，个性特色鲜明。他们有的突出讲述重大新闻现场背后的故事；有的专攻经济报道，深入企业一线、建设工地；还有的主打“萌萌哒”亲和力。《海博视评》内容聚焦福建经济社会发展“大咖”“大腕”，成为主题报道新媒体表达和新闻“主力军挺进主战场”的创新实践。

这种鼓励人才冒尖的举措，通过孵化个人IP，让优秀人才从幕后走到台前，创新了融媒产品及其传播价值。

同时，福建省广播影视集团还加大专业技术人才培养，打造高层次创新

型人才。在学习期间，我们了解到福建广播影视集团打造的自主网络智能化云平台——“福云”，就是集体技术团队与福州大学科研团队共同研发的。“福云”平台充分运用云计算、大数据分析等技术，让数据更有价值。2022年底，海博TV6.0版正式上线，就是应用了其中的智能推荐算法和“AI分析”技术。这一技术以用户行为数据为基础构建用户画像、捕捉用户兴趣，兼顾了热度、时效、广度等维度，实现了“千人千面”的精准推送。

以守为攻的“开拓力”

融媒体资讯中心在一系列重大主题报道中不断创新技术应用，通过融通“新闻+政务+服务+商务”，让正能量能够产生大流量。

融媒体资讯中心的“海博TV”是目前福建最大新闻音视频客户端，截至2023年3月，海博TV下载量突破1650万人次，矩阵粉丝数突破4000万。集团负责建设运营的省政府新闻办官方新媒体账号矩阵“福建发布”，集纳全省超100个政务新媒体账号和20多个便民服务功能，成为福建政务“一号平台”。强大的平台渠道是媒体融合的“扩音器”，能够充分发挥“台、网、端、微、屏、号”全媒体传播优势，打造出多渠道、立体化、全维度的传播格局。

前沿技术是媒体融合的“加速器”。福建省广播影视集团还特别注重用大数据、人工智能、VR(虚拟现实)、AR(增强现实)等移动互联网技术赋能，让新技术给观众带来新的视觉感受。更具科技感和现代感的传播,也让他们打造出了一个又一个新的“爆款”。

“草木蔓发,春山可望。”我们已经进入信息化社会和全媒体时代,正在经历着一场前所未有的信息革命浪潮。科技进步永不停歇,变化是时刻发生着的,或许未来还会更快。作为媒体人,我们需要敢闯、敢拼、敢创新,心无旁骛、踔厉奋发,奋力向前奔跑。

发展论坛

权威声音 亲切表达

——从自治区党委主要领导活动报道看时政新闻的转变

杨 洋

自治区党委主要领导活动报道，是受众了解区内政治、经济、文化等各领域工作动向的风向标，也一直是《宁夏新闻联播》时政报道的重头戏。2022年8月，笔者因工作需要借调至自治区党委办公厅新闻工作处，从事自治区党委主要领导活动报道相关工作。通过一年的学习和观察，梳理总结了一些自治区党委主要领导活动报道中的亮点和变化，以期能为今后的时政报道提供参考。

统筹协作，提升“时、度、效”

一篇优秀的时政报道，必须要抢占“第一时间”“第一落点”，还要瞄准“靶位”、分寸得宜。只有这样，才能精准策应自治区党委重要部署和议题，确保传播效果的最优化。党办新闻工作处与媒体统筹协作的生产机制，就为进一步提升报道的“时、度、效”提供了

有力支撑。

在自治区党委主要领导活动报道中，经验丰富的时政记者能够充分发挥自身特长，从新闻角度取舍素材、谋篇布局；而新闻工作处的同志由于具备过硬的政治素养，则可以为报道的方向性、原则性精准把关。这样生产出的时政报道，既尊重了新闻规律、体现了新闻价值，又能立意深远、彰显千钧之力。同时，这一生产机制也体现了党管媒体、守好舆论阵地的根本遵循。

统筹协作的生产机制在会议类活动报道中的作用尤为突出。2022 年 8 月 13 日，全区重大项目建设观摩推进会召开。重大项目开工活动是每年都会举办的常规动作，相关新闻报道也不容易出新。此次推进会召开前，新闻工作处的同志和媒体记者一起做足了功课。大家认为，会议所采用的线上汇报、云端观摩、随机抽点的形式，既能让各地重大项目在同一平台上公开亮相、公平竞技，也能突出自治区党委会风和作风的双重转变。于是，活动组织和新闻报道就选择从这一角度切入，突破了以往“以会说会”的程式化报道风格，提升了报道的可看性，也取得了较好的传播效果。

除去会议本身的亮点可以为报道带来创作灵感外，统筹协作的生产机制也能帮助记者找准报道重点，确保尺度得当。2023 年“6·21”富洋事故发生后，自治区党委常委会紧急召开会议研究事故处置工作。对于记者来说，突发性报道时间紧、任务重，如何在陈述客观事实的前提下有效引导舆论，就成为一个考验。当晚，新闻工作处统筹安排，媒体记者挑灯夜战，先是在新媒体端发布短消息，说明事故原因、破坏程度及当下救治情况。五小时后，又发文详细陈述了事故处置工作会上提出的善后处理方案，并及时说明了搜救结果。在 22 日晚播出的《宁夏新闻联播》中，又对事故造成的伤亡情况和具体原因做出通报。几则报道言

简意赅、分寸得宜，既没有陷入失语失衡的尴尬，也跳出了避重就轻、宣传色彩过重的窠臼。

文风转向，锚定“细”与“实”

当下，媒体格局和舆论生态都发生了深刻变化，创新时政报道方法，提升传播效果显得尤为迫切。想让时政报道从官腔八股中走出来，从高高在上的位置走下来，就要锚定“细”与“实”，让“硬”新闻“软”着陆。

所谓“细”，指的就是“细节”描写。新闻报道中的细节有利于支撑报道主题，使人物形象更鲜活、事件更生动，让报道更具真实性和感染力。时政报道想要吸引受众，关键在于对新闻事件中情节、细节的重现。在自治区党委主要领导活动报道的生产流程中，对细节的把握一直是较为重视的环节。2022年8月23日，梁言顺书记带队前往平罗县暗访检查生态环保问题，记者用镜头捕捉到了暗访过程的大量细节。途中，梁言顺书记不打招呼走进平罗县展晟工贸公司进行检查。为查清该企业是否存在私挖隐蔽沟渠，向围墙外偷排废水的问题，他来到墙边的一垛砖块旁，踩着砖块爬上围墙进行查看。随行记者迅速架好摄像机，拍下了这真实的一幕。新闻播出后，镜头中呈现的这种不走形式、不留死角，对生态环保问题坚决整改、绝不手软的态度受到了群众一致好评。

这类捕捉细节、运用故事化表达手法的例子并不在少数。2022年五四青年节前夕，梁言顺书记前往宁夏医科大学调研，这次报道对调研过程中的细节做了充足的呈现。画面中，梁言顺书记走到学生中间，一起观看“3D干细胞

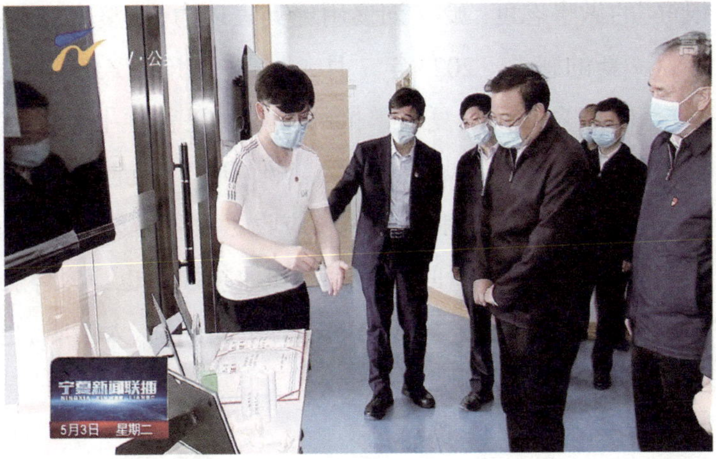

凝胶”创新项目展示，与研发团队主创同学交流。解说词提到“当得知该研发团队先后荣获自治区以上奖项20多项、专利10项，他说，你们在本科阶段就取得这么多创新成果，真不简单。”短短几十秒，不仅增强了报道的现场感，也回应了中国青年“锤炼品德、勇于创新、实学实干”的时代主题。在另一段画面中，梁言顺书记走进深度医疗展示区、博士创新工作站、药学院成果转化区了解获奖专利情况。解说词说到“被浓厚的创新创业氛围和同学们的青春活力所感染，梁言顺触景生情，与同学们分享自己大学时期的青春岁月。他说，今天一走进校园就回想起自己的大学生活，感觉又回到了青年时代，看到了你们就看到了活力、看到了希望。”这一片段展示出了领导爱护青年的长者形象，也拉近了与群众的心理距离。

在时政报道中，文风朴实是新闻语态的转换趋势。只有让权威声音接地气，才能确保受众正确理解新闻内容，增强新闻的亲切感。在自治区党委主要领导的有关报道上，记者们会注意使用平实质朴的语言，让新闻报道少“顶天”，多“立地”，更加吸引阅读。这一特征从报道标题就能窥见一斑。2022年9月22日，梁言顺书记在银川市居民社区、农贸市场、交通卡口暗访督导疫情防控工作。新闻标题为《梁言顺在银川市暗访督导疫情防控工作 以“一根筋”的较真劲落实疫情防控要求 坚决守住卡口 管住场所 看住隔离区》。“一根筋”虽是用来比喻死板、固执的人，但在疫情防控中恰恰需要这种“一根筋”的做事态度。贬义词褒用更具表现力，让整个标题都鲜活了起来，给人耳目一新的感觉。2023年7月，梁言顺书记深入彭阳县、红寺堡区调研粮食安全和“三夏”工作，夏收繁忙的景象和梁言顺书记对“三夏”工作的重视令人印象深刻。新闻标题名为《梁言顺调研“三夏”工作时强调 与时间赛跑 同天气“抢”粮 确保夏粮应收快收应收尽收颗粒归仓》。动词的使用和拟人化的描写手法增添了新闻的画面感和趣味性，也让人体会到了夏收工作的紧张氛围和决胜信心。这样的标题有了新闻性、人情味，也有了可读性和感染力，短实鲜活，让人眼亮心热。

调整形式，突出“简”与“精”

一直以来，时政报道容易给人造成文山会海、篇幅冗长、套话累牍等印象。为了更好地发挥舆论宣传的功能，增强新闻传播效果，时政报道就要根据电视媒体的特点扬长避短，在“简”与“精”上下功夫。

化繁为简，体现在报道数量和时长上。《宁夏新闻联播》中涉及领导人政务活动的报道主要分为会议类、调研类、会见类、活动类等。在日常采编中，自治区党委主要领导政务活动报道，要把工作需要、新闻价值、社会效果作为是否报道和时段安排的主要依据。笔者抽取了 2023 年 9 月 1 日至 30 日的节目做了统计，30 天里共播出自治区党委书记相关报道 34 条。其中，会议报道数量 20 条，根据会议内容、级别的不同，报道时长也有所区别，大部分会议时长控制在 4 分钟左右；调研类报道 3 条，平均时长 3 分钟；因中阿博览会的召开，本月会见类报道较多，有 5 条，平均时长控制在 2 分钟；其他活动类报道 6 条，根据活动性质不同，报道时长从 1 分钟到 5 分钟不等。从节目整体编排来看，这类报道占所有报道总数的 12%。自治区党委主要领导活动报道“缩水”，可以留出更多时段给其他新闻报道，让新闻更多地聚焦百姓身边事。这既是对中央八项规定的进一步落实，也是提升新闻效果的有力举措。

时政报道不仅要“简”，还要做得“精巧”“精炼”。在一些会议类报道的剪辑上，记者会根据会议性质、内容，采用口播加字板的形式进行报道，有时也会在后期制作过程中插入大量与会议内容相关的工业、农业、经济等画面。如 2023 年 9

月 18 日召开的常委会,研究部署经济工作,新闻报道中就插入了企业生产等空镜,打破了会议画面的呆板与程式。在调研类报道中,也一直强调把更多镜头、时段留给基层和群众，要有人情风物的展现。如 2022 年 11 月 13 日，梁言顺书记在闽宁镇调研并宣讲党的二十大精神，记者将镜头对准群众,记录下了梁言顺书记与群众围坐在一起,分享交流学习心得的场面。这样的新闻画面既可以引发百姓的共鸣,也为新闻传播奠定了良好基础。

《宁夏新闻联播》中自治区党委主要领导活动报道的亮点和经验,让我们看到了时政新闻优化创新的部分路径。当然,坚持正确的政治方向,切实增强时政报道的新闻性、可读性,并非一朝一夕之功。这需要新闻工作者勤于思、敏于行,需要宣传部门统一操作规范,需要把关人允许创新、鼓励创新。这样才能让时政报道更好地发挥党和政府与人民群众之间的桥梁作用。

立足融媒改革 拓展互联网阵地
——宁夏广播电视台建立 MCN 机构路径研究

朱 江

2022 年，随着黄河云视 App 正式上线，宁夏广播电视台增加了直达用户手机的互联网终端发布渠道。但是短期内，以“新闻+政务+服务”的方式，目前来看还无法产生强大的变现能力。那么，怎样的业态，怎样的模式，才能为传统媒体在媒体深度融合进程中找到新的突破方向呢？布局 MCN 机构，成为了传统广电媒体深度融合改革的成长性探索方向之一。传统广电媒体与新媒体联手打造 MCN 机构，不仅顺应政策，而且符合按内容传播特点建设创新型成长平台的需求。

一、关于 MCN 机构

1.定义

MCN（Multi-Channel Network）是一种多频道网络的产品形态，兴起于国外视频网站 You Tube。它将 PGC（专业生产内容）联合起来，在资本的有力支持下，保障内容的持续输出，从而最终实现商

业的稳定变现。该模式引入国内后，初期也主要被用于视频领域。MCN 广义上是指：有能力服务和管理一定规模账号的内容创作机构，内容形式不限于视频，也包括直播、线下活动等多种形式。目前，也有人直观地把 MCN 机构作为网红经济公司来理解。

MCN 机构作为一种行业称呼，所谓的官方 MCN 机构其实是平台认证的结果。MCN 机构大多依托于文化及传媒公司，或传统媒体通过市场化发展探索而来，具体职能可通过业务拓展逐步丰富，并取得相应证照，扩大经营范围。不可否认的是，当内容创作机构成为 MCN 后，可以获得平台更多的专属资源和政策倾斜。通过持续运营，不断提升其旗下账号矩阵规模和活跃度，扩大品牌影响力，不断深耕市场，提升其商业价值。按照目前新媒体市场营收数据，七到八成的成功 IP 账号由 MCN 机构打造。个人在内容持续输出、能力素养提升、商务运营变现等方面，“单打独斗”相对“机构运营”，始终处于劣势。

2.MCN 机构的优势和特点

MCN 机构的优势在于对市场资源的整合聚集、分配管理、孵化运营以及强大的商业变现能力。MCN 的模式与广电体系有着天然的高适配性，如广电体系拥有大量的主持人和经验丰富的内容策划及制作人员，这与 MCN 拥有自身的 KOL(关键意见领袖：拥有更多、更准确的产品信息，且为相关群体所接受或信任，并对该群体的购买行为有较大影响力的人)和内容制作方向一致。

3.国内各省区广电 MCN 机构的布局情况

从 2018 年下半年起，湖南娱乐频道、中广天择、成都广电开始在 MCN 领域布局。随后，浙江广电、山东广电、黑龙江广电等省级广电媒体纷纷建立 MCN 机构。在 2020 年发布的全国十佳广电 MCN 榜单里：湖南娱乐 Drama

TV、山东卫视 lighting TV、成都云上新视听、济南鹊华 MCN、浙江布噜文化等榜上有名。根据《传媒蓝皮书:中国传媒产业发展报告(2021)》的统计,当年全国 28 家广电媒体一共成立了 36 家 MCN 机构。广电体系 MCN 凭借自身的优厚基础和独具特色的发展战略,成为媒体融合轻量化转型的重要路径。

二、探索布局 MCN 机构,符合宁夏广播电视台媒体深度融合发展改革的需要

1.布局 MCN,可以成为宁夏广播电视台主力军全面挺进主战场的成长型探索

结合当下宁夏广播电视台融媒改革推进的现状分析,依靠黄河云视 App、红枸杞 App、IPTV 和台官网,仍无法实现对互联网及本地商业市场的有效覆盖。目前来看,宁夏广播电视台自有 App 平台仍以新闻服务为主。对于拥有广大市场潜力的商业活动变现需求来说,宁夏广播电视台在具体执行层面的操控能力,与经过市场化磨砺多年的各 MCN 机构仍有差距。通过建立自主 MCN 机构,可以逐步增强市场经营与拓展能力。

2.布局 MCN,可以成为宁夏广播电视台加强顶层设计、适应市场的举措

宁夏本地市场规模小,尤其是具有消费实力的人群,依然以公职人员为主。当前,要真正让省级主流媒体的宣传矩阵到达百姓身边,除了节目创新外,人才储备、项目创作、执行推广等,全流程都需要更为科学合理的机制设置与充足的资金支持。宁夏 MCN 市场上,头部企业并不多,传统媒体依然有着巨大的增量空间。加强市场到达和提高变现能力,是宁夏广播电视台在媒体深度融合发展的实践中必须努力的方向。

以宁夏广播电视台现有市场资源及人员组建 MCN,需要用实践把脉市场需求,靠作品找准用户心理。通过全流程各工种的培养、实践、学习,孵化自有网红 IP、打造具有影响力的广电 MCN 产品,不仅是宁夏广播电视台自身苦练内力、做强影响的需要,更是扩大影响、夺回市场份额的需要。

3.布局 MCN,可以成为培养人才、消除风险的抓手

MCN 机构在分工、职能职责、工作流程等多方面都与传统媒体有所区

别。在市场需求的长期锻造下,传统媒体员工与头部MCN机构员工在各工种专业素养和专业化程度上,自然各有短长。通过自有MCN平台的建设,人才定向培养才能有具体方向。

2022年1月底,中央宣传部办公厅、国家广播电视总局办公厅印发了《关于进一步规范播音员主持人职业行为和社会活动管理的意见》(以下简称《意见》)。《意见》从9个方面,对各级宣传部门、广播电视行政部门、播出机构规范播音员主持人管理提出了明确要求。面对宁夏广播电视台多位主持人、名记者与社会各MCN机构合作,进行IP账号市场化运营的实际,将台内主持人、名记者的社会影响作为台内资源加强管理,也是消除经营风险的现实需要。

三、宁夏广播电视台探索建立广电MCN机构的优势

1.省级主流媒体不可替代的权威性和公信力

新闻是宁夏广播电视台最具优势的领域,也是许多广电MCN运营的重点,可以积极孵化新闻类短视频IP,借助MCN不同平台吸引大量用户。广电MCN机构充分发挥和运用媒体自身优势,以适合网络传播的优质内容建设为核心,将主流媒体的权威性和公信力向网络延伸。浓重的社会责任感和将社会效益放在首位的使命感,是政府部门、企业、社会机构等与宁夏广播电视台在互联网领域及本地市场取得合作的重要背书。

2.人员的专业化

广电MCN长于挖掘自身资源,以主持人团队为依托培养网红达人。广电媒体拥有大量专业能力强、自带流量的主持人,赋予了广电发展MCN的

流量基础,这是众多商业 MCN 短时间内无法超越的。湖南娱乐频道等多家 MCN 依托主持人团队打造达人 IP,并建立起“引入达人—产出内容—平台运营—广告/电商推广”的商业变现链条,构建起融合媒体营销生态系统;江苏广电荔星传媒积极探索与政府部门的合作,建起多个荔星直播基地;浙江广电“黄金眼 MCN”获得淘宝直播 PGC 机构资质,入驻百度集团采购体系;成都广电“云上新视听”积极对接政府资源和直播电商平台,建设了成都广电全媒体电商直播基地,打造“买全球卖全球”的直播消费场景。这些合作打通了行业内外的资源,相互赋能,起到了共赢的效果。

3.用户更迭的现实红利

根据前期调研,结合宁夏头部 MCN 机构对于当下经营及盈利周期的判断,今后两年仍为广电 MCN 机构发展的机遇期。按目前 MCN 机构用户的增量趋势,本地政府、企事业单位用户增量依旧存在红利。与此同时,宁夏市场还没有一家广电系 MCN 机构。按目前市场上 MCN 机构的年宣推收入分析,各机构占据的市场宣推经费比例已高达六到七成。两年之后,由于元宇宙等理念、技术的更新,用户将更加年轻化,用户黏性变弱,市场竞争将更加专业化、白热化。按照业内人士推测,两年后非官方 MCN 机构将经历转型及瓶颈期。但对于传统媒体而言,布局 MCN 后,各 IP 账号的成长必将带来用户的持续关注。未来主要用户增量趋势稳定。

4.强大的变现能力

宁夏广播电视台通过和政府、企业等对接,从新闻报道到社会百态,从主题宣传到公益活动,可以全方位覆盖、多角度呈现全区各个层面的发展成就,聚焦各行业劳动者的幸福生活。通过 MCN 机构的各垂类 IP 账号,有助于在各个层面达成合作,并提供量身打造的定制化服务。垂直类内容更能够满足用户的个性化需求,获取到更高精准度的用户,具备更强的溢价和变现能力。宁夏广播电视台目前主要广告收入仍来自于传统渠道的“存量”市场,需要拓展新的增长点。从全国省级广电媒体运营 MCN 的实例看,广电 MCN 具有在用户端、商家,以及抖音、快手等互联网端实现“超级链接”的功能,此时谋划探索建立宁夏广电 MCN，可谓正当其时。

四、宁夏广播电视台建立广电 MCN 机构面临的挑战

从入局的时间来讲，随着先发的广电 MCN 头部机构不断发展壮大，腰部与底部机构的生存空间被严重挤压。后入局者如何进一步加速布局，尤其是在内容运营和商业变现等方面能否实现良性循环，是发展过程中始终要密切关注的课题。

从内容运营模式来看，广电布局 MCN 最重要的一个观念是由原来的交付逻辑变成目前的用户逻辑。抖音、快手等不同商业视频平台，视频产品内容、账号调性、用户群像等，与传统渠道区别很大。广电 MCN 之前在内容运营上存在三大硬伤：简单拆条，时效性不足，现有节目账号和主持人不够接地气。这也是各 IP 账号用户满意度偏低的重要原因。

从资金投入来看，如何持续保障资金投入，不仅考验着上级主管部门及自身对 MCN 的重视程度，也是广电 MCN 能否形成规模化运作的关键因素。

从盈利模式来看，结合已经布局的广电 MCN 案例分析，部分广电 MCN 实现稳定营收，在于完善了市场运营的链条，并在这一过程中拥有与之匹配的多工种人才梯队。强大的整合资源、运营能力，支撑起盈利的空间。

五、宁夏广电布局 MCN 的探索方向

1.深化体制机制改革，尝试市场化合作

媒体深度融合改革，为传统媒体与成熟的社会 MCN 公司合作、发挥体制内与体制外的双重优势提供了先决条件。宁夏广播电视台可以选择优质社会公司合作，但 IP 资源必须由台内掌握，防止账号经营和流失风险。借鉴外台经验，比如“布噜文化”由浙江广电与民营广告公司思美传媒携手合作成立，广电发挥内容创作、独家资源等优势，思美传媒负责广告客户资源、商业化运营等，二者形成优势互补。鹊华 MCN 与贝壳视频展开合作，发挥头部短视频人才储备、运营模式和商业化的成熟经验，充分利用商业化机构新思维、新方法弥补自身短板。宁夏广电 MCN 机构也可借鉴这类做法，巧向互联网企业“借力”，以公共频道为试点，尽快实现 MCN 领域主力军挺进主战场

的战略突围。

MCN 机构的优势在于对市场资源的整合聚集、分配管理、优化运营以及商业变现能力。当前一部分广电系 MCN 难以向成熟的商业 MCN 过渡，主要在于体制机制的适配度低，各方面能力薄弱，在人事管理、组织结构等方面仍要运用互联网思维推进全面深化改革。打破传统媒体组织结构，采用互联网扁平化组织模式，以项目制为主导，以优质 IP 为核心培育多个项目团队。重点关注其市场价值，保障各个项目团队的流量基础和资金链供应。在人事管理方面设立相应的人才激励措施，吸引优质人才，调动员工的积极性，都是顶层设计时需要关注的重点内容。

传统媒体入局 MCN 需要全面调动员工的积极性，形成有利于项目快速推进、以市场导向为主的新模式、新架构。制定符合新媒体运营特点的机制，激励市场营销团队、内容创作团队、主播团队、后期团队等。通过实践形成完整的商业运营链条，实现商业闭环。遵循市场化准则，与市场评估体系接轨。在人事方面通过业绩来定待遇，看重优质人才的能力。

2.建设自主可控平台

通过建立自主可控的短视频内容平台,整合聚集用户数据,加强大数据分析,吸引社会资源,提升宁夏广电 MCN 的平台品牌知名度。一个优秀的广电 MCN 机构的建立,需要制订合理的阶段性目标。从与市场头部 MCN 机构合作,打造单个 IP,培育孵化账号,到真正实现自有 MCN 公司运营,这其中注定需要大量的工作。可以预见的是,通过平台建设,增强主流媒体在互联网空间的话语权,巩固和加强主流文化在网络空间的地位,履行引导舆论的媒体职责,是推进广电 MCN 机构转型发展,促进形成完整商业运营机制的必经之路。假以时日,广电 MCN 将推动从内容生产到运营、商业变现等一系列完整生态体系的良性循环发展。

3.把握个性化发展道路

广电入局 MCN 应牢牢把握差异化发展道路,在实践中探索广电特色化 MCN 之路。从宁夏本土市场分析,抓住各厅局、事业单位、各市县区、重点企业的宣传项目,仍是未来抢抓市场的主要领域。做出有调性、有个性的 IP 账号,是开展业务洽谈、承接宣传项目、转化利润、扩大影响的根本。而这一目标的实现,至少需要半年到一年的市场培育期。另外,打响广电 MCN 平台,更重要的是要做好内容生产,发挥平台优势。从"我"要做 IP,到吸引用户一起做 IP,当宁夏广电 MCN 真正成为孵化网红 IP 的平台,散落在民间的各路"高手"将集聚于此。特色文化与地域差异可以成为重要的思考方向,无论是本地民俗风情、文化底蕴,还是旅游娱乐、日常餐饮等,塑造个人 IP,打造精致形象,都有发力的广阔空间。通过各垂类、各领域 IP 的持续跟进,这些关键意见领袖们(KOL)也将用自身的市场运作,为平台创造更多的价值,助力打造宁夏广电 MCN 网红矩阵。无论是单条作品的流量扶持变现,还是背后商家的资金转化,单条价值的表现也许无法令人惊艳,但 IP 矩阵整体发挥的效能,有望成为可持续利润新的增长极。

4.建立人才梯队

在新的环境和形势下，广电媒体在转型升级过程中对人才队伍的需求极为迫切。广电 MCN 发展的全过程都要在人才培养和储备方面继续加大力度。以浙江黄金眼 MCN 为例,该机构在一年时间连续举办近 10 期“全能主播实训营”,培训主题包括短视频制作与运营、主播职业技能培养与实操等。对于更多的广电 MCN 机构来说,依托市场定向培养专业人才,把扩大传播力和影响力放在更重要的位置去考虑,是坚持社会效益和经济效益并重、社会效益优先的必经之路,也是成立自主品牌、增强经营实力的根本。

5.加强研究创新,找准破圈之路

传统媒体人容易按照过去播发新闻的理念来看待 MCN 实践，转战 MCN 市场,必须学会“破圈”。转变思维方式需要一个相当长的过程。抖音、快手、小红书等各大平台的算法及推送,使得“信息茧房”的屏蔽作用更为突出。尤其是在网红 IP 对标账号的选择上,容易陷入个人关注的“局限”。未来要向互联网公司学习,在各大平台搜索不同领域的网红 IP 账号,主动消解“关注盲区”。以团队力量,从多角度、多垂类做好数据分析,及时掌握市场动向,追踪实时热点,调整创作思路,打造更多符合用户需求、符合平台账号垂类调性的视频作品。

建立属于宁夏广播电视台自有的 MCN 机构,在扎实做好前期市场调研的同时,需有条不紊地开展各项准备工作。尤其在人员配备方面,应大力发挥年轻人善用互联网思维、模仿转化高效的优势。通过机构设立,以实践促业务,培养一支懂得用户、善用网络、敢于开拓的专业队伍。抓住 MCN 发展的机遇期,为宁夏广播电视台未来的融媒改革实践注入坚实的创新力量!

纪录片创作团队的分工与协作

申　冰

纪录片的创作并不存在标准的、统一的模式。世界各地制作和播映的各种优秀纪录片，既有大团队、大投资、大制作的鸿篇巨制，也有小团队、小投资、小制作的精美小片，甚至有仅凭导演一人单独完成的"个人纪录片"。因此，纪录片创作团队规模的"弹性"很强，从一两个人到数百人，都有可能。

相对而言，一两个人的摄制组更适合于制作人类学片，而数百人的摄制组创作题材往往较为宏大，需要强大的机构和资金支撑，比如 BBC 制作的《地球脉动》《冰冻星球》《人类星球》《非洲》等自然史诗级大片。

不论是大制作还是小制作，纪录片创作都需要不同职能人员的分工协作。本文作者根据几十年的纪录片摄制经验，探讨纪录片"常规团队"成员配备，各自职能及不同职能成员间如何相互配合等问题。

一、纪录片是以导演为核心的、团队创作的结晶

国内的纪录片创作大多以导演为核心，这是由纪录片创作的本质特点决定的。与影视剧相比，纪录片没有剧本，摄制过程是探索的过程，从创作方向、取材内容、拍摄手法到后期剪辑，都没有现成的文本可以遵循，需要根据事情的发展进程和导演的理解认知逐渐形成创作思路和摄制计划，并不断

进行调整和修改,直至作品完成。这一切,必须由而且只能由导演来主导,制片人是不可能也不应该越俎代庖的。

作者曾遇到过制片方试图干预纪录片创作方向和内容的情况，但无一例外,都需要采取与导演“友好协商”的方式,主动权始终掌握在导演手中。如果“友好协商”无法达成一致,可能不是更换导演这么简单,而是整个纪录片的夭折。因为,创作的核心不是现成的剧本,而是导演头脑中的思想、认知、理解、规划,所谓的“拍摄大纲”只是导演用来梳理思路、安排团队工作的计划纲要,即便交给其他导演,也没什么用处。新更换的导演不得不从头开始,之前的投资全部打了水漂,这是制片方最不希望看到的。

虽然纪录片的创作以导演为核心，但这并不意味着导演一个人就可以完成纪录片的全部创作。越是题材宏大、内容丰富、地域广阔、拍摄对象众多、画面质量要求高的纪录片,需要的专业人员也越多。对一个“常规纪录片”来说,从调研策划、前期拍摄、后期制作,直至发行播映,都需要相应专业人士的参与,这就构成了一个专业的纪录片团队。

二、策划团队与制片团队

策划团队为纪录片制定方向和基调,是纪录片的“领头羊”。在正式开拍前,纪录片需要花费相当长的时间用于对题材的学习、调研、实地考察、走访专家和当事人及召开主题座谈会,导演是这一阶段的核心人员,或者说主导人员。虽然导演对主题的认知和理解不一定是最充分的，相比专家或当事

人，有时候甚至是所知最少的，但他依然是纪录片的灵魂，因为他的观察角度既不是专家也不是当事人，而是“客观视角”，这种视角是纪录片创作中非常重要的元素。从某个层面来说，“客观视角”也就是“观众视角”，导演全面调动起自己的五官、大脑、肢体，替观众去探索他们感兴趣的话题，替他们观察、思考、感受……进而形成自己的观点和方案，这样的纪录片更容易被观众接受。

策划团队中，除了导演，还包括“知情方”，即相关领域的专家和相关事件的主要当事人；“制片方”，即投资人或潜在投资人的代表、重要合作伙伴或支持者、赞助者。通过深入沟通，和他们尽早就纪录片的创作方向、主要内容和表现手法达成一致，对于减少后续摄制过程中的分歧大有裨益。如果有条件，还可以带上摄影指导（或主机位摄影师）、后期撰稿人员，他们能够在场景选择、拍摄手法、讲述风格等方面提出自己的建议，丰富导演的策划方案。

在纪录片，尤其是小团队纪录片的创作过程中，制片的角色有时候会被忽视，或者由导演本人兼任。这样看起来似乎对拍摄进程没什么影响，然而潜在的问题会在拍摄时间延长、参与人员增多、摄制成本增加时显现出来。纪录片团队的制片，既要随时跟进摄制的进度，又要及时监控预算的消耗情况，还要协助导演协调好各种内部、外部的关系，是整个摄制组的“大总管”，重要性不言而喻。而导演经常沉浸在影片创作之中，缺少足够的时间和耐心应对各种制片方面的问题。当然，是否聘请专业制片人员还是要取决于预算和导演的管理风格，但这项职能是不可或缺的。

三、专家团队为纪录片提供了至关重要的知识支撑，也能成为创作者长期的合作伙伴

专家团队在纪录片的创作中起着至关重要的作用。中国的纪录片人有很大一部分来自电视台、电台、报社等传统媒体，曾经从事新闻记者、电视编导、摄像、后期剪辑、编辑等工作，在传媒方面拥有较高的专业水平。由于纪录片拍摄的题材涵盖甚广，自然、地理等内容无所不包，要求创作团队上知天文、下知地理，显然是不现实的。

BBC 的自然历史部要求从业人员必须拥有一门以上、除影视制作之外学科的博士学位。比如在《冰冻星球》中拍摄北极熊的摄影师，正是研究北极熊生态行为的科学家，这部经典纪录片的摄制团队，本身就是一个具有高度专业性的专家团队。即便如此，他们也聘请了若干专家顾问，以全世界最前沿的科学研究成果为基础拍摄纪录片，其拍摄过程也是一次学术研究的科学探索。科学与纪录片不分彼此，完美融合。这就是 BBC 自然题材纪录片高水平、高质量背后的深刻原因。高素质的专业团队，使纪录片不但画面素材特别“有料”，科学内涵也特别“有料”。换言之，正是因为依托高水平的专家团队，才能拍摄到那么多精彩的画面，呈现出那么多新奇有趣且极具智慧含量的故事。

大多数时候，专家团队是根据纪录片的题材临时组建的，拍摄新的题材时，就需要组建新的专家团队，但一些长期深度合作的专家，很可能成为导演长期的顾问及合作伙伴，甚至说是终生的良师益友。在我的纪录片团队里，有拍摄《大山的精灵》时的生物学家、环保工作者，拍摄《一城一味》和《食在好源头》时的名厨、美食家，拍摄《决战贫困》时的扶贫干部；拍摄《蜂语者》时的蜂学教授，拍摄《幸福的葡萄》时的乡村实践开拓者，等等。他们对我的帮助不仅局限于专业领域，还包括事业和生活。在与专家团队学习交流、合作磨合的过程中，除了完成既定的纪录片，还有可能产生新的灵感，诞生新的纪录片创意。这样的合作连绵不绝，双方的理解和认同也会逐渐加深。

专家团队可以隐藏在幕后，也可以出现在台前。在纪录片里，专家可以作为采访对象表述自己对题材的认知，还可以成为故事的一部分。这种情况下，知识和观点融入生动有趣的故事，往往更容易被观众理解和接受。比如，《大山的精灵》就是以科学家的考察研究为主要线索的，科考队跋山涉水、风餐露宿的野外科考生活，成为这部纪录片的精彩看点；《蜂语者》以蜂学教授向当地少数民族蜂农传授养蜂技术为线索，将三个徒弟的故事有机串联起来，在科学观点之外，还提供了重要的故事结构支撑；但是在《决战贫困》中，专家团队就是隐身在画面之外的，为摄制组提供了大量故事线索，完成了许多联系协调工作，更为成片提供了关键的政策和理论指导，他们的名字只会在片尾快速的滚屏字幕中一闪而过，但这无损于他们对此片发挥的巨大作用。

四、摄影团队的专业水平与导演之间，以及相互之间的默契程度，决定了获取素材质量

在常规纪录片的拍摄团队中，一般需要主、副两个机位的摄影师，他们的单兵作战能力和相互配合的默契程度，对于纪录片的素材获取和画面质量都十分重要。纪录片摄影和电影电视剧摄影的差异很大，后者有具体细致的脚本，摄影师设置好机位后，演员会根据摄影机的位置进行表演“走位”；而前者没有脚本，拍摄对象也不会表演，面对摄像机能够泰然自若就已经很不错了。

拍摄前导演会与摄影师沟通大致的拍摄内容、故事情节、情绪气氛，摄影师需要揣摩导演意图，理解拍摄对象，再根据现场的实际情况寻找适宜的机位，拍摄时随时注意周围动态，随时调整机位、角度、景别，更换镜头等设备。一位经验丰富、洞察力强、动作敏捷的摄影师，能够帮助导演获取大量高质量、有表现力的有效素材，甚至能从摄影师的视角发现新的有趣线索，丰富导演的计划。这就是摄影师的“单兵作战能力”。比如，笔者在拍摄《决战贫困》时，一位母亲在读儿子写给她的信时，一度激动得哽咽起来，此时摄影师没有停止拍摄，而是把镜头推到了母亲的脸上，由原本的中景变为特写，直到这位母亲平复了心绪。整个过程中，导演和摄影师不用说话，甚至连眼神交流都不需要，摄影师就能准确地捕捉这段精彩镜头。在这样的情况下，拍摄者任何多余的语言、动作、表情，都可能打断当事人的情感表达，让她从自

己的回忆或感动之中清醒过来，重新意识到自己是在被拍摄，那种自然而然流露出的真情实感也就随之消失了。拍摄者在电光石火之间的下意识决策，决定了一段素材拍摄的成败，这就是摄影师与导演之间的默契。

为了获得更丰富的素材，使纪录片的镜头切换更加游刃有余，作者在纪录片拍摄时尽量采用两个以上的机位。受拍摄场地和摄制预算的限制，纪录片摄影的机位并不是多多益善，机位过多不但会带来人力和财力的浪费，更会因调度不开而相互影响，造成大量“穿帮镜头”。除非出于某种特殊需要，“穿帮镜头”是不被接受的。作者最常采用的是一个主机位与一个副机位相互配合的拍摄方式，主机位负责拍摄全景，尽量把所有信息记录下来，包括所有重要人物、事件、声音和背景；副机位负责拍摄特写，抓重点人物和事物的生动细节，可能需要在现场不断移动、穿插，但要十分注意尽量减少对主机位的影响；在某些特殊情况下，两个机位也可以调换角色，当两个机位摄影师配合默契时，一个眼神就能了解对方要求，做到无缝切换。

所谓“主机位”和“副机位”只是拍摄中的职责分工，并不是对摄影师专业水平和重要程度的评级，两位摄影师都需要具备高度的专业性，尽量获取优质素材。在后期制作时，不一定哪个机位的素材使用得多、哪个机位使用得少，所以拍摄时也无所谓哪个机位重要、哪个机位次要，他们的重要性是不分伯仲的。

在电影和电视剧创作中，灯光和录音都是非常重要的职能部门，都有专职的专业团队负责。而在纪录片创作中，有时候并不具备设置专门的灯光和录音团队的条件，有的是因为缺少资金，有的是因为拍摄地点的条件不允

许。比如在野外，器材设备的运输困难或电力支持不足；在室内，空间狭小，放不下大型器材；等等。虽然知道专业的灯光和录音对拍摄素材的画面美感和声音效果有多重要，但包括作者在内的纪录片创作者们，只能因地制宜、因陋就简，充分发挥创造力，尽量弥补不足。比如作者在拍摄《食在好源头》时，凌晨三点半拍摄一个做豆腐干的小作坊，狭窄的豆腐坊里根本摆不下灯光设备，摄影团队灵机一动，变身为电工，修改屋子里电灯的走线，把原有的两个日光灯泡改换了位置，这样重新布光之后，居然拍摄出和专业灯光差不多的画面效果。

当然，在条件允许的情况下，作者还是希望能够邀请专业灯光师和录音师参与到拍摄团队中来，尽量提升作品的审美效果。然而，较大的拍摄团队也可能会对拍摄对象产生负面影响，比如拍摄《大山的精灵》时，即使能把所有器材设备和团队成员都成功搬到山上的科考站，电池充电的问题也能得到解决，庞大的摄制组本身也会成为拍摄黔金丝猴的绊脚石，因为人越多，噪音就越大，黔金丝猴也越敏感和警惕，也就越难拍到猴群。拍摄野生动物势必要化整为零，让最精练的小团队悄悄“潜入”动物可能出现的区域，伺机而动，才有可能成功。而拍摄对象是人时，庞大的摄制组也有可能令被拍摄者紧张。即使拍摄对象克服了紧张情绪，能够像专业演员一样坦然面对摄制组，但其行为举止却早已和原来的不同了，拍摄出来的状态也大相径庭，这便与纪录片的创作初衷背道而驰了。

服装、化妆、道具等拍摄影视剧的必备职能部门，也存在这样的问题，虽然能够使拍出来的画面更好看，但却极有可能影响拍摄的真实性，而真实是纪录片的生命。

五、后期制作是纪录片的二次创作，剪出让导演和观众都满意的作品，是对剪辑师的挑战

纪录片的后期制作是一个二次创作的过程。经过持续的拍摄，导演对主题的认识已经发生很大的变化，最初的策划方案基本失去了效用。面对从拍摄现场带回来的海量素材，导演会邀请策划团队和剪辑师一起召开编前会，深入而细致地探讨：片子的主题和思路是什么？包括哪些内容？讲述的逻辑和风格是怎样的？作者习惯邀请整个团队参加编前会，使每一个参与创作的成员，都有机会发表自己的看法，不论是故事内容、主题解读、镜头选择，还是讲述手法，都可以畅所欲言。事实上，团队成员所代表的并不只是他的个人观点，他们也能从某个角度代表一部分观众的意见，能够帮助导演集思广益，制订贴近观众需求的剪辑方案。

然后剪辑师，有时候也包括导演本人，会进入艰苦的剪辑阶段——不断尝试、不断颠覆，编了改、改了编，直到至少能让自己满意时为止。有的剪辑师喜欢一边剪辑，一边撰写解说词；有的则喜欢先写出一个大致的剪辑文案，再根据文案剪辑，然后边剪边改；而有的后期团队配备了撰稿人或统稿人，或有能够提供文字支持的专家顾问，他们和剪辑师相互配合，完成后期工作。不同的剪辑师有各自不同的手法和偏好，不同的摄制组也有各自的实际情况，不必强求一致，重要的是结果。最终出炉的纪录片能否体现导演意图，能否被观众接受、关注、喜爱，是衡量剪辑师工作成果的关键标准。

当然，如何让导演和观众都满意，有时候的确是个挑战。虽然导演的最终目标也是要引起观众的关注、观看、喜爱和认同，但当他对某个题材执着钻研、倾力拍摄太久之后，再加上理想主义的影响，难免会形成一些惯性思维，甚至是偏执的观点，主观表达的意愿超过了客观陈述。这时候，就需要剪辑师帮助他“跳出来”，把自己当作一个普通观众，重新以崭新的视角审视“粗剪”片段。所以，剪辑师不是跟着导演亦步亦趋的助手，完全按导演要求剪片子的只能叫“操机员”，而是给予导演新视角、新思路。创造性地帮助导演实现创作目标的合作伙伴。

此外，配音、配乐、特效、包装等职能，在纪录片的后期制作中也起着重要的作用，它们影响着纪录片的品质、说服力和感染力。比如央视著名配音演员谢猛的配音，为《大山的精灵》第一季大大增色。又如《故宫》《美丽中国》《舌尖上的中国》等优秀纪录片的配乐，已经成为纪录片音乐的经典，广为传播。

六、商品经济时代，宣发团队致力于纪录片的传播和盈利，为纪录片创作提供持久的发展动力

纪录片的生产者通过发行获得收益，媒体平台通过播映获得广告费或会员费，这种看起来很正常的盈利模式，对于中国的纪录片人来说，实行起来并不顺畅。漫长的拍摄周期、创作的不确定性，以及相对小众的目标受众群体，使得纪录片在争取投资方面困难重重；被收视率、点击率所左右的媒体，也缺乏宣传推广纪录片的动力，精心创作的纪录片，轻易就会淹没在铺天盖地的娱乐节目里，很难到达目标受众，也就很难获得较好的收视率和点击率。

纪录片应该如何盈利？可以借鉴电影、电视剧、综艺节目等商业性强的视频产品的宣发模式，结合纪录片本身的特点和其受众的收看偏好，可以取得很好的效果。如果自己的创作团队不擅长商业运作和产品宣发，也很难找到适合的人才加盟，可以考虑与相关机构或公司合作，以出让部分版权或发行收益为代价，获得使用对方宣发人才和渠道的权利。

在条件允许的情况下，宣发团队可以协助纪录片获得非商业的、公益性的赞助和支持，以及适度的商业赞助与合作。“适度”的概念很重要，不论是商业的还是公益的，都不能干预纪录片创作的“独立性”，还是那句话：“真实是纪录片的生命”。如果把纪录片拍成了“广告片”或“宣传片”，也就失去了存在的价值。对于赞助者、支持者的“适度”参与，创作者要以平常心审慎对待，把赞助者、支持者当作是所拍题材的“当事人”之一，通过与创作团队讨论，找到适宜的应对之道，使各方都能实现自己的目标。当然，各方能够沟通磨合、达成一致的前提是价值观相同。

央视主旋律纪录片的创作与管理

——以科教频道节目部特别项目组为例

王有军

本文以央视科教频道节目部特别项目组为研究对象，以其主旋律纪录片的创作和管理为研究内容，结合《东方主战场》《长征》等主旋律纪录片的创作实践，总结出央视主旋律纪录片创作团队的创作与管理系列经验——“创作+管理”的工作模式；模块化管理与立体式工作的方法；既尊重创作规律，又讲究方法的创作原则；既抓好团队，又用好个人的队伍管理实践。这些宝贵经验对宁夏广播电视台做好纪录片创作与管理工作具有很好的示范借鉴作用。

一、央视主旋律纪录片的创作概况

中央电视台在不同历史时期都会推出紧扣时代主题的主旋律纪录片。从20世纪90年代至今，央视先后创作了人物文献纪录片《李大钊》《百年小平》《杨尚昆》，纪念《共产党宣言》发表150周年的文献纪录片《共产党宣言》，纪念改革开放20年和30年的文献纪录片《改革开放二十年》与《伟大的历程》，迎接党的十六大与十八大的献礼片《走进新时代》和《科学发展铸辉煌》；纪念建党90周年的文献纪录片《旗帜》，纪念中国人民抗日战争暨世界反法西斯战争胜利70周年的《东方主战场》，纪念红军长征胜利80周年的《长征》，等等。这一系列具有"国家影像"作用的主旋律纪录片以遵循历史脉络、浓缩时代精神为特色，通过典型生动的事例、翔实丰富的史料、国际视野的表达，再现了中国革命、建设和改革发展的伟大历程，向外界讲述了中国故事、传播了中国声音。

上述一系列"国字号"的主旋律纪录片均出自央视科教频道节目部特别项目组闫东与其团队的创作。央视科教频道的前身是央视社教中心，央视在频道细分之前其主要业务由新闻、社教和文艺三大板块组成，社教中心是中央电视台承制重大题材纪录片的主要创作部门。闫东当时就在社教中心从事主旋律纪录片的创作，是知名的主旋律纪录片导演。2001年7月，央视在社教中心的基础上成立了现在的科教频道，并在频道节目部设立了由闫东为负责人的特别项目组，专门承担央视重大题材主旋律纪录片的创作任务。在闫东30年的从业经历中，有20年在从事央视重大题材主旋律纪录片的创作，从某种程度上讲，其作品就是央视主旋律纪录片的代表。

二、央视主旋律纪录片的创作与管理经验

2016年，笔者作为中组部第13批"西部之光"访问学者到央视科教频道节目部特别项目组访学，学习闫东导演及其团队的创作与管理经验。

1."创作+管理"的工作模式

大型纪录片向来是集体创作、团队作战，如何让每个团队成员都能各尽其责、高效运转，总导演的创作思路和团队管理至关重要。

央视科教频道节目部特别项目组负责人闫东在多年的主旋律纪录片创作实践中，摸索出总导演和总制片人两个职务一肩挑、创作和管理两种工作一起抓的经验，形成了"创作+管理"的工作模式，最大限度地优化了各种创作资源。在"创作+管理"的工作模式中，以总导演的身份按照上级的创作要

求主抓创作是核心。总导演作为一部纪录片创作中的灵魂人物，其核心作用贯穿于整个纪录片创作的前、中、后期，总导演全程把握整个创作方向的同时，在每个环节和关键点上，都要保证将上级宣传主管部门的创作要求和总导演的创作思路准确地传达到创作团队，并确保执行到位。

在“创作+管理”的工作模式中，由总导演兼总制片人对人员、团队和项目进度进行全面协调和管理，是高效完成创作的重要保证。通过科学的管理，可以让项目推进的节奏、用人用时的安排等更加精准合理，从而让创作团队更加科学、高效地运转，最后为项目赢得更多的创作时间，也可以为作品品质的提升挤出更大的空间，有利于纪录片精品的产生。

2.模块化管理与立体式工作的方法

在央视科教频道节目部特别项目组承接的重大题材主旋律纪录片创作中，无论《旗帜》《科学发展铸辉煌》，还是《东方主战场》《长征》等，都存在创作任务重、创作时间紧的问题。如何在时间紧、任务重的情况下率领团队出色地完成创作任务，工作方法就显得极为重要。闫东率领团队在多年的创作实践中摸索出了“模块化管理与立体式工作”的方法。

所谓模块化管理，就是将创作项目细化，将不同的创作任务按职能分配到各个创作子团队，实行分级管理，各负其责，共同推进。以纪念中国人民抗日战争暨世界反法西斯战争胜利 70 周年的《东方主战场》和纪念红军长征胜利 80 周年的《长征》为例，这两部作品的创作团队都有近 500 人组成，他们分别属于总导演领导下的 10 个子团队。这些子团队包括：导演组、顾问撰稿组、资料组、外拍采访组、制片组、技术保障组、音乐编辑组、节目包装组、宣传组和营销组。总导演闫东在管理中将具体的创作任务细化，按块划分，将撰稿、资料、外拍等各项创作任务落实到相应的创作子团队，由各个子团队的负责人带领各自的团队成员，按总导演的创作要求和项目计划进度进行创作。

在模块化管理中，从总导演到下面各个子团队，整个创作团队的组织构架呈金字塔样式。这种在总导演统一调度下的模块化管理，可以使总导演管理的条理更清晰，让各个子团队的创作职责更明确。总导演统一管理和协调各个子团队的工作，各个子团队按照总导演的要求，同时段、多工种、立体化推进工作，做到了精准、高效。以《长征》创作为例，2016 年 5 月，在总导演的统一指挥下，导演组和顾问撰稿组完成了学术台本和影像台本的融合送审工作；资料组将影像资料统一下载至主编辑系统，为后期编辑做好了准备；外拍采访组则赴全国各地开始拍摄采访；其他各子团队也按总导演的要求完成了各自的创作工作，为后期创作提供了保障。这种工作方法最大的好处是：可以在同一时间内立体化推进多项创作工作，从而最大限度地充分利用时间，为后期创作赢得创作时间和品质提升的空间。

3.既尊重创作规律，又讲究方法的创作原则

每一部大型纪录片的创作都是一个复杂的系统工程，在不同的创作阶段都会有各种各样的问题出现。如何在纷繁复杂的问题中理出明确的创作思路，为团队提供明确的创作方向，这是总导演经常面对的问题。

从央视科教频道节目部特别项目组多年的创作经验来看，既尊重创作规律，又讲究方法的原则极其重要。尊重创作规律，就是要抓住关键环节中的关键点；讲究方法，就是既要用好已有的创作经验和模式，又要根据实际工作创新创作方法。对央视科教频道节目部特别项目组负责人闫东而言，在每部重大题材的纪录片创作中，他都会在尊重创作规律的原则下，在纷繁复杂的问题中抓住关键环节中的关键点，在不同的创作阶段有不同的努力方向。

仍以《长征》为例，在创作前

期，总导演闫东要协同各创作部门听取中宣部、总局及央视领导的创作要求和精神，并将其准确贯彻落实到片子的创作之中；在创作中期，在每个重要节点上，总导演都要听取各个子团队的汇报，掌控进度、解决问题……临近播出，在接受中宣部“大审”前，总导演会组织各集导演，仔细推敲打磨，让作品从画面、声音、同期字幕到动画、包装等各个环节都精益求精，确保万无一失。总之，在不同的创作阶段和不同的关键环节，创作团队会根据总导演的意图，随时调整创作和努力的方向。长期的主旋律纪录片创作可以积累丰富的创作经验，形成一系列行之有效的创作方法和模式，但这些创作的方法和模式也不是一成不变的，在面对不同的选题时，总导演和整个创作团队都会按照“既尊重创作规律，又讲究方法”的原则，既用好已有的创作经验和模式，又根据每部片子的实际情况，做出针对性的调整和尝试，创新创作方法。仍以纪录片《长征》为例，如何在缺乏长征历史影像的情况下结构如此宏大的一部片子？总导演闫东及其团队在做《李大钊》《百年小平》《杨尚昆》等纪录片时，积累了成熟的口述历史创作经验和操作模式，在创作《长征》时就再次运用口述历史的创作模式，抢救性采访了全国49位健在百岁老红军。这些老红军的口述历史，既缓解了缺乏影像的难题，也突出了《长征》百岁老红军的亮点。在口述历史这一成熟创作模式的基础上，《长征》创作团队又大胆尝试，创新创作方法，将画家沈尧伊的长征系列油画引入片中，帮助结构影片。此外，遥感地图和动画等新兴辅助创作手段的使用，也使纪念红军长征胜利80周年的纪录片《长征》与以往类似节目有所不同。这些新的创作和表现手法，也为缺乏历史影像类纪录片的创作做了有益的探索。

4.既抓好团队，又用好个人的队伍管理实践

央视科教频道节目部特别项目组在多年的创作中，培养了一支成熟的纪录片创作团队，并在团队管理中总结出“既抓好团队，又用好个人”的队伍管理经验。

在闫东的纪录片创作团队中，从总导演到各个创作子团队都有明确的组织架构。以导演组为例，在总导演的领导下，又下设三名执行总导演，每名

执行总导演又分别管理若干名分集导演，分集导演又联系着对应的外联导演。在日常创作过程中，外联导演、分集导演、执行总导演、总导演依次向上级负责，并在上级的领导下有序开展工作。

在创作过程中，总导演要有组织、有原则、有思想地抓好团队，领导把控整个创作团队的人员安排、创作方向、创作进度等。在具体工作中，总导演向整个创作团队提供创作思想和要求，并向各个创作子团队的负责人下达创作指令，由子团队的负责人具体负责推进落实。在团队人才的培养上，总导演闫东秉承“既给发展机会，又严格要求”的原则，在创作实践中历练人才。在诸多重大历史题材的纪录片创作中，既给团队成员施展才华的创作平台，又对其创作严格要求，凡是创作问题绝不含糊。这种“既给发展机会，又严格要求”的用人实践，也是其创作团队保持活力、创作精品的一个保障。

三、结语

主旋律纪录片具有文化引领和价值观传递的重要作用，承担着提升国家文化软实力、传达国家文化价值的重要任务，其创作有着较高的政治、文化及审美要求。与此同时，主旋律纪录片要起到弘扬主旋律、反映主流文化的作用，还必须与市场和观众结合，充分考虑对观众的传播效果。

当前收视环境中央视主旋律纪录片既赢得上级宣传主管部门的认可又赢得市场观众的青睐，其实是有一定难度的。在此背景下，成熟的创作团队和丰富的创作与管理经验就显得尤为重要，它们都是主旋律纪录片创作的重要基础和保障。央视科教频道节目部特别项目部作为中央电视台承制重大题材主旋律纪录片的专业创作平台，在近二十年的重大题材主旋律纪录片创作的过程中，凝聚了以闫东为总导演的一批主旋律纪录片创作人才，积累了丰富的创作和管理经验。前文总结出的“创作+管理”的工作模式；模块化管理与立体式工作的方法；既尊重创作规律，又讲究方法的原则；既抓好团队，又用好个人的队伍管理实践等经验，对做好主旋律纪录片的创作无疑有很好的示范借鉴作用。

新时代讲好“红色故事”的五个维度

——兼论革命历史题材纪录片“旧题新作”的系统化要素构成

高 武 王有军

革命历史题材纪录片,是讲述“红色故事”、传承红色基因不可替代的重要媒介。新时代,如何从“红色故事”本质内涵出发,通过“旧题新作”,发挥纪录片“真实就是力量”的特殊功能,对于实现中国共产党革命文化的创新性发展,具有重要的现实与历史意义。

一、政治维度:坚定立场、明确方向,传承红色基因

历史题材的纪录片蕴含着创作者的政治意识及政治立场。拍好革命历史题材纪录片,首先要求创作者政治立场坚定、政治方向正确、政治观点鲜明。

政治立场坚定——拍好革命历史题材纪录片的基本前提。创作者必须拥有与片中主体共同的革命理想与信仰,通过对具体、真实、生动的“红色素材”收集、编排、运用,诠释党的根本政治立场和价值取向。

政治方向正确——拍

好革命历史题材纪录片的基本路径。通过影视文献画面，理顺“红色历史”的来龙去脉及蕴育其中的逻辑走向、发展规律。在以事明理的过程中，清晰地呈现中国发展的历史方向。

政治观点鲜明——拍好革命历史题材纪录片的基本要求。要旗帜鲜明地亮出创作者的政治观点，将我们党对重大历史问题的看法和主张有机地融入到纪录片的创作之中，使得作品体现出鲜明的政治导向，切实发挥传承红色基因的功能。

二、历史维度：客观真实、内容翔实，再现红色历程

革命历史题材纪录片“旧题新作”的系统化要素具有多维度，其中的历史维度基本要求是求真、求实、求是。

求真——力求做到历史时空的客观再现。拍好革命历史题材纪录片，最基本要求是通过纪录片特有的方式及表现形式，力求做到历史时空的客观再现。

求实——力求做到历史事件的原本“回放”。拍好革命历史题材纪录片，要通过文献实证、多方印证、悉心求证、逻辑论证等科学方法，将还原了的历史事实翔实地“回放”给受众。

求是——力求做到对历史规律的深刻把握，从发展的“原生态”过程中探索与发现革命运动与发展规律。

三、时代维度：观照现实、契合当代，赓续红色传统

讲好“红色故事”，拍好革命历史题材。“旧题新作”的意义就在于观照现实、契合当代，赓续红色传统，开创辉煌未来。这一“时代维度”，主要体现在受众视角的时代观照、科技视角的时代观照、发展视角的时代观照等方面。

受众视角的时代观照——“旧题新作”的必要性所在。首先须从受众的视角进行思考。革命历史题材纪录片的创作，需做到既不违背历史事实，又要符合新时代受众的观影心理，从而实现“守正”与“创新”的最佳结合。

科技视角的时代观照——“旧题新作”的可行性。除了创作理念要契合新时代的特点外，还需有技术上的支撑与赋能。运用现代科技对“原始”的历史文献进行“数字化”存储、修复，在此基础上实现声、光、电、影、音、画协同的构建，有效提升革命历史题材纪录片的表现力、吸引力、感染力与传播力，增强作品的“代入感”“现场感”“体验感”。

发展视角的时代观照——“旧题新作”的必然性。通过新的时代语境、新的社会实践、新的思想见解、新的受众群体，为“红色故事”注入新的活力，实现“旧题新作”，进而使革命历史题材纪录片更好地融入当代、服务今人并赓续后代。

四、情感维度：注重细节、沁润心灵，弘扬红色情怀

作为主旋律之一的革命历史题材纪录片，在“四个讴歌”的创作过程中，如果不是出于发自内心的真挚情感，便不可能形成令人感动、感慨、感叹、感悟的艺术作品。从这个意义上讲，能否构建好情感维度，是事关革命历史题材纪录片“旧题新作”成败的关键一环。

以情感人——“旧题新作”必须具备的核心要素。数十年来，我们站在“大历史观”的高度，对革命历史中的宏大事件予以全景化记录，并以“政论”方式系统阐释革命历史题材，拍出了数十部纪录片精品力作。随着时代变迁、受众代际更替，上述“大历史”“全景型”“政论化”“重复性”的历史记录，会由人们脑海的“关注中心”逐渐转为“模糊地带”。面对“时间淡化规律”，革命历史题材纪录片须另辟蹊径，开创新的创作模式。从革命历史事件的线索及相关历史人物的命运出发，以“蒙太奇”式的记录与描摹，凸显出一幅幅充满着“红色情感”的精神图谱，并以此为纽带，将红色情怀世代相传。

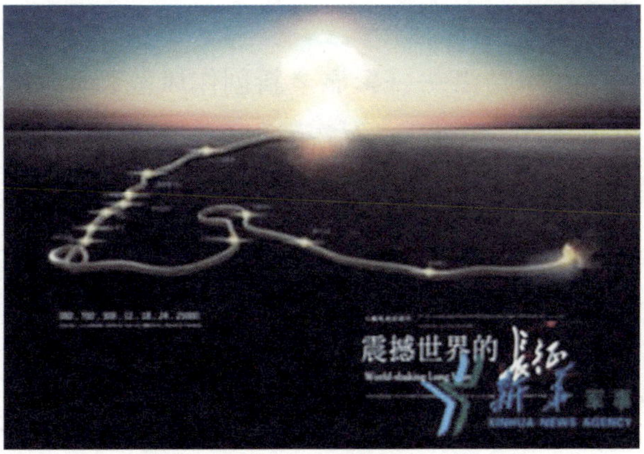

以文化人——“旧题新作”不可或缺的人文情怀。以往的革命历史题材纪录片多为“以自我为中心”的传播方式，很难与当代观众发生共

鸣。在新的历史时代,需从人的命运出发,开创与当代受众情感相契合的传播路径——以文化人,即以“人性共有”的道理来感化世人。通过领袖、英雄等众多人物牺牲“小我”以成就“大我”的感情经历予以记述、诠释,使当代人感同身受,进而理性地接受人文思想、人文主张、人文理念、人文追求中最先进的文明成果,“旧题新作”大有可为。

以德育人——“旧题新作” 不容忽视的价值体现。习近平总书记指出:“核心价值观其实就是一种德,既是个人的德,也是一种大德,就是国家的德、社会的德。国无德不兴,人无德不立。”在革命历史题材纪录片“旧题新作”的创作中, “以德育人”理应成为贯穿于革命历史题材纪录片“旧题新作”全过程的主旨目标。

五、艺术维度:精益求精、不断创新,发展红色文化

革命历史题材纪录片“旧题新作”的成功标志,是“精神品质与艺术品质的双佳”。因此,要充分发挥艺术维度应有的作用,就需努力做到“三精”。

思想精深——提炼传世精神内涵。“凡作传世之文者,必先有可以传世之心。”在革命历史题材纪录片“旧题新作”的创作中,创作者首先要具备精深的理论素养、深邃的理性思维。在此基础上,以“创新性发展”为担当,对前人反复运用过的“红色文献”要有新的解读方式、新的讲述路径、新的分析内容,使常用常见的“旧史料”表达出新的意义。思想精深,是对创作者理论素养及分析能力的要求,是创作者统观全局、兼容整合、辩证取舍、逻辑归纳水平的综合体现。

艺术精湛——彰显全新创作风范。革命历史题材纪录片如何防止重复,谋求创新。首先,要有新的视角。历史纪录片《永远的长征》以今日视角看长征,突出“不忘初心,继续前进,走好我们这一代人的长征路”的主题立意,取得了创新视角的成功;大型文献纪录片《震撼世界的长征》,以国际化视角并采取国际主流叙事理念来拍摄“长征”,同样在艺术创新道路上达到了史无前例的目标。其次,要不断挖掘新的文献资料。《震撼世界的长征》之所以成为“旧题新作”的典范,重要因素之一便是挖掘到多项珍贵史料并使之首次公开。再次,要精心选择新的切入点。新华社创作的微电影《红色气质》,由95岁的老人瞿独伊用俄语唱《国际歌》切入故事叙述,以父亲瞿秋白和母亲杨之华的黑白照片为叙事背景,以瞿独伊的生命历程作为主线,讲述了共产党人坚毅而不失柔情的动人故事。新颖的切入方式,极大地强化了革命历史题材纪录片的"代入感",加之其"微电影"艺术形式,恰好契合了网络时代年轻人的阅片习惯,实现了思想性与艺术性的有机统一。

制作精良——用科技助推艺术发展。革命历史题材纪录片的"旧题新作"要不断取得成功,必须在制作方面广泛运用现代科技成果,如反映抗美援朝战争历史的6集大型纪录片《英雄儿女》,大量采用了三维特效镜头等现代科技叙事方法,尤其是将地图特效用卫星遥感的风格来叙述历史、介绍战场,利用不同高度的镜头调度,引导观众直接了解战争态势,展现出了最佳视觉感觉,强化了故事化的表达功能,收到了上佳艺术效果。

综观近些年来在"旧题新作"方面取得成功的纪录片,均为政治维度、历史维度、时代维度、情感维度、艺术维度要素俱全且有机融合之作。可见,上述五个维度缺一不可,互为支撑,有机统一,共同形成了革命历史题材纪录片"旧题新作"的系统化要素构架。在"旧题新作"的过程中,我们应自觉注重"五维一体"体系的完整性构建及要素间的合理化搭配,这既是新时代的创作要求,也是衡量"旧题新作"成功与否的标准。

这些国际传播中心是怎样出圈的?

张 染

2023年,中国的国际传播领域一番新气象。党的二十大报告指出,“增强中华文明传播力影响力”“坚守中华文化立场”“加强国际传播能力建设,全面提升国际传播效能”。为广播电视网络视听深入推进新时代国际传播能力建设指明了方向,提供了根本遵循。

腊尽春回。2月27日,宁夏广播电视台一行四人,五天时间马不停蹄地走访了重庆、四川、海南、广西四地的国际传播中心。每到一处,收获满满,感触颇深。

一、从输血到造血,重庆国际传播中心走出了一条融媒雄起之路

重庆国际传播中心是很多同行羡慕的对象,主要因为市里高度重视,项目经费重点支持。从2018年成立之初,重庆国际传播中心就得到来自重庆市委宣传部和文旅委的项目支持。短短四年的时间,重庆国际传播中心就通过拓展建设海外网络矩阵、开展国际合作传播、城市形象海外账号代运维、服务国家大型国际活动、国际会议(论坛)组织策划等多个板块延伸产业链,公司化运作获得的市场盈利与市委、市政府给的项目扶持资金可以比肩。

总结重庆的经验,首先是坚持“三外”原则提升内容质量,即外向选题、

外文原创、外专审核。在重庆国际传播中心，即使是两位中国员工也是用英文对话，这是中心的工作要求：保持英文通用化工作环境。这样的要求不光是对语言能力的提高，也是对国际化思维的锻炼，这才有了重庆国际传播中心1300万海外总用户量的海外网络传播矩阵，Facebook粉丝548万，Twitter粉丝19万，海外网络曝光量超过26亿，互动量突破3.69亿的数据成绩。许多外籍主持人原创的栏目也起到了非常有效的国际传播效力，比如《Let'talk about China》直播栏目连线海外大V讨论当下热点时政话题，通过"借嘴说话"的方式，更客观地阐述了中国政见。

其次是开放包容的理念，让重庆拥有了更大的国际传播朋友圈。重庆国际传播中心与China Daily建立了日常供稿机制，与央视重庆总站、CGTN西南站合作重点外宣视频制作，与新华社海外分社、中国外文局都建立了常态的合作；与日本经济新闻社合作举办ASIA300全球商业论坛重庆峰会，与美国CNBC、韩国中央日报合作举办亚洲企业大会；与各大使领馆、高校、区县建立互通互关的友好互动关系；等等。

当然，市委、市政府的重视和重庆外向型的文旅资源也都助推重庆国际传播中心更快速地崛起。接下来，重庆国际传播中心将不再满足于依托其他平台实现国际传播，而是建立自己的海外终端平台BRIDGING NEWS。一个"国际传播中心"正在跃跃欲试。

二、四川国际传播中心，不只用好了"大熊猫"一张牌

四川国际传播中心成立不久，仅一年的时间，凭借历史文化垂类账号和优质的视觉呈现，便迅速出了圈。Center、B&R Reports、VISIONSICHUA、Sichuan Culture 等机构账号，三星堆文化、探秘佛像石窟、熊猫每日秀、行走的 TV 等特色垂类账号，Sichuan Andrew 等网红个人账号形成了四川国际传播“机构+垂类+个人”三圈层账号体系，覆盖 60 多个海外社交媒体账号、85 个社群、175 万海外用户和 1100 万海外垂类社群用户。

但是四川国际传播中心不满足于只做“加法”，他们“乘法”做得更好。SICC×大熊猫，“Call Your Panda”全球联动活动，打造国际 IP，推出四季联动活动，先后联动美国亚特兰大、西班牙马德里、法国博瓦尔、德国柏林等十余家海外动物园、10 名全球大熊猫文化推广大使，超 30 家央省旗舰级外宣媒体和上百个生态环保垂类大 V、海外城市文旅官号，吸引百万海外网友参与，全网传播破 8000 万。SICC×CGTN 央视春晚，在成都设立央视春晚分会场，逢海外观众看不懂的语言类节目的时候，四川国际传播中心的双语主持就边吃火锅边聊美食、非遗等无国界话题，节目通过 68 种语言对外同步直播，联动全球 170 多个国家和地区，全球阅读量超过 4.09 亿。SICC×三星堆，四川国际传播中心联合四川省文物考古研究院、四川广汉三星堆博物馆在 2022 年 5 月 30 日举办“幻彩三星堆”中华文化全球推广活动。包含亚美尼亚、伊朗等国的 10 余位艺术家参与活动。用三星堆文物搭建起了有效的国际传播桥梁。SICC×川菜，演化出川菜遇见米其林、川菜遇见中国节、川菜遇见留学生等系列，Yummy 频道视频播放量 290 万最高单条 68 万，收获 150 个国家和地区的点赞和评论。

三、广西国际传播中心，老牌国际传播译制中心顶大梁

如果说重庆和四川两家全新建立的国际传播中心都是依托网络平台和账号运营的，那么广西国际传播中心的主营业务就是影视剧和纪录片的译制。中国——东盟译制中心拥有国际标准全景声译配录音棚，在老挝、缅甸搭建了译制工作站，在东盟许多国家电视台开设有《中国剧场》《中国动漫》等栏目。他们向东盟国家的观众输出过《琅琊榜》《山海情》《红楼梦》等热播电视剧和《假如国宝会说话》《你所不知道的中国》等纪录片超过 1000 集，在业界屡获大奖。同时，中外合拍纪录片也是广西国际传播中心的优势。另外，广西台还有日常对外播出广播频率北部湾之声（BBR）、电视频道广西国际频道每日对外播出多语种节目，在 Facebook、YouTube、TikTok 等平台上的传播工作也颇有亮点。

四、海南国际传播中心和三沙卫视，全面实现国家外宣任务的同时，正在探索报、台联合的国际传播新路径

海南国际传播中心 30 多人的队伍中，一半来自电视，一半来自报纸，每个人都是多面手，有海归经历，有至少两门外语的工作能力。同时，海南台还有两位专职外籍主持人劳拉和芭莲娜，但人手仍然短缺。所以，主要承担对外传播任务、拥有 200 多人的三沙卫视也与海南国际传播中心实现共同生产。这样，就让海南国际传播工作有了扎实的人才保障。在他们生产的大量节目中，我们印象最深刻的是以双语主持人 IP 打造的几档节目。中心副主任荣佳自己主持一档名为《自贸佳》的高端访谈节目，是海南自贸港建设开局时同步设立的栏目，主要邀请行业大咖、业界精英、企业领袖、创新创业者进行走读式访谈。这档节目大屏播出始终“双第一”，多期节目网络阅读量破百万。《劳拉来了》，《芭莲娜走读海南》，《皓闻天下》（主持人孔皓），《诗瑶话节气》（主持人张瑶），都成为了海南国际传播的名片。总体而言，海南国际传播中心是通过自主省级外宣媒体、市县机构媒体、海南主场外交活动三大平台，用好央媒、外媒、商媒三大“借嘴发声”渠道，建好外宣铁军、国际供稿平台、反馈与效果评估机制，从而系统推进海南自由贸易港国际传播体系建设。

借他山之石攻玉,也要自己如切如磋地琢磨。四个不同的国际传播中心给出我们不同的借鉴路径，但我们更多思考的是如何从共性中找到借鉴的思路:

一是做好顶层设计,从树立宁夏的国际形象,服务地方对外经贸,打造国际活动影响力等角度,研究国际传播中心的建立和建设。

二是建立一支政治素养与职业素养融合、中国视角与国际格局融合、内容为王与技术赋能融合、数据思维与共情能力融合的国际传播全媒型人才队伍。

三是从传播力、引导力、影响力、公信力等四个关键传播维度梳理出可行的属于宁夏的国际传播效果评估方法。

四是与驻华使领馆、国际组织驻华机构、科研机构合作建立国际传播专家委员会,建立覆盖全区各市县的国际传播稿库。

现在,宁夏卫视中心已经与海南台就外籍专家访谈开展两地联合采访。今后,还将与国际传播中心这个圈层的同仁们,共同开拓创新,讲好宁夏故事,讲好中国故事。

践行“四力”：记者应多采写实录性新闻

石竹林

“必须要有大的蔬菜基地，没有基地，我们整个冷库收入就成了空的。”“没有付出社员不会信服你的，有时候晚上都睡不踏实，起来要看天气呢。”“压力也是动力啊，必须要朝前走不能退，退就是死！”……这些富有个性和激情的话语是2019年度宁夏新闻奖一等奖作品、宁夏广播电视台创作的广播系列报道《“空壳村”变形记》中的采访录音。该报道通过丰富的村民采访录音，真实反映了曾经的“空壳村”是如何通过发展产业，壮大村集体经济成功脱“壳”的。这些采访录音为整个报道增色不少。我们把这种直接引用采访对象原话来反映事实的新闻报道叫作实录性新闻。

一、实录性新闻的由来以及采写实录性新闻的必要性

美国人特克尔写的一本名为《大分裂》的书，作者花了几年时间，深入社会各阶层，采访各行各业的人，用录音机记录下他

们的谈话，然后整理成书。该书揭示了美国社会穷人与富人之间的鸿沟，过去与现在的鸿沟，梦想与现实的鸿沟。书中的文字没有过多修饰，大多引用的是被采访者的原话，作者的话只起穿针引线的作用。其中有些章节文理还不是很通顺，但是文字很口语化，一看就懂，显得真实、生动、亲切。老一辈新闻工作者，已故新华社著名记者穆青先生认为“这位美国作者的写作方法和采访方法有许多可取之处，值得我们借鉴”。受此影响，1989 年，穆青先生最早提出了实录性新闻的概念。

虽然已经过去了 30 多年，但是在当前的时代背景下，采写实录性新闻并不过时。媒体记者通过践行脚力、眼力、脑力、笔力“四力”，传播党的方针政策，反映百姓的急难愁盼，挖掘群众身边的故事，创作出使受众产生共鸣、接地气的新闻作品，就要多采写实录性新闻。特别是广播媒体，由于媒体性质决定了新闻报道要体现口语化，多用现场音响说话，因此实录性新闻在广播新闻报道中不可或缺。作为广播媒体的记者更应该贴近实际、贴近生活、贴近群众，记录城乡变迁，讴歌伟大时代。

二、采写实录性新闻需要注意的问题

多年来，我们在新闻写作过程中养成了一些不好的习惯，报道中抽象的概念和枯燥的数字过多过滥；客观报道形式运用得不纯熟，记者动辄就自己站出来讲话。除此之外，还有一些记者喜欢把花哨的形容词和故弄玄虚的新名词写在新闻报道中。而要采写出引人入胜的实录性新闻，这些就不适应了。老百姓嘴里没有那么多一套一套的概念和一堆一堆的数目。他们对生活的感觉是具体的，他们有自己的语言。下面笔者结合采编实践，谈谈采写实录性新闻的一些体会和需要注意的问题。

1.实录性新闻必须要深入基层，直接与被访群众面对面交流

在我们采访过程中，有些记者所谓的深入基层，去的仅仅是基层“衙门”，调查的对象也主要是各级干部，研究的主要是他们提供的材料。这样听到的情况往往是千篇一律，没有和普通群众见面，就无法真正了解到老百姓的意见和看法，也就无法反映他们的要求和愿望。因此，在采写实录性新闻时要与普通群众亲密接触。

如2021年7月，国家出台教育“双减”政策，同年10月，自治区出台相关实施方案，全面落实中央“双减”工作部署，这引发了公众的广泛关注。宁夏广播电视台广播记者针对这一热点问题，在一个多月的时间里，深入基层采访了诸多学生家长，还有培训机构以及教育界等相关业内人士，倾听他们对“双减”政策的认识看法和意见建议，完成了广播评论《“双减”政策来了，期待教育回归“初心”》。这篇报道引用了大量的采访录音，内容翔实，说理透彻，文字朴实，语言通俗，可听性强。报道获得了第三十二届中国新闻奖二等奖，是一篇记者认真践行“四力”，充分运用实录性新闻采写方式完成的新闻佳作。

又如，在报道固原市原州区第一批生态移民搬迁的时候，宁夏广播电视台新闻中心的广播记者和村民们一起整理家当，生火点炕，拉家常，用手中的录音机全程记录了村民搬迁前后的内心活动。特困户马喜荣50多岁才娶了盲人媳妇，他家里除了一只狗和一棵苹果树外，就是一间昏暗简陋的土坯房。艰险陡峭的山路阻隔了他们一家走出大山的梦想。老马的妻子告诉记者，她这辈子走得最多的路就是家门前的这条小土路，哪儿有弯道、哪儿有坑洼，她都记得清清楚楚。在她的想象中，路就是这个样子。当记者问及马喜荣搬到山下移民点后最想做的事是啥时？他高兴地说：“最想牵着婆姨的手，走走新家那平坦宽阔的柏油路……”

整个报道没有多余的修饰辞藻，只是用大量现场音响再现了记者与马喜荣的对话，客观反映了宁夏南部山区农民的疾苦，以及搬迁后他们对新生活的憧憬，真实感人。

2.隐匿记者身份是采写实录性新闻的重要手段

采访中与普通老百姓见面亮出记者的身份，效果不见得就好。想得到真实情况，有时在地头场边一坐，与采访对象从眼前身边的事情聊起，像拉家常一样，就能了解到不少情况，或许还有意外的收获。

穆青先生曾在一篇文章中这样写道："前些时候，我翻看自己的旧作，回忆起（1948 年）围困长春期间采写的几篇消息。那时候，写作上好像没那么多清规戒律，写起来很随便，很轻松，但写进消息里的都是生动活泼的事实。当时我们在长春郊外，城里有老百姓逃出来了，就上去跟人家闲聊，几句话一聊，就近乎多了。然后再问人家：'城里怎么样啦？'这个提供几个事实，那个提供几个事实，这么一凑，城里的情况就了解得差不多了，一篇消息就出来了。人家也不知道我是记者。"

记得一次是春节前的主题报道，主要是反映冬季宁夏城镇居民餐桌丰富的主题。为了获得更真实、生动的效果，记者没有说明自己的身份，在农贸市场与市民、商贩攀谈交流，他们没有任何做作、拘谨的表现，话语亲切、自然。市民说自家餐桌的变化，商贩谈农副产品品种的繁多，等等，让记者轻松自然地捕捉到了生动、鲜活的第一手素材。在采访农业部门有关负责人全面介绍了宁夏农副产品发展情况后，录音新闻《喜看居民餐桌新变化》便成稿了。播出后老百姓那些真实、生动的讲述使听众产生真切的共鸣，受到好评，这篇报道也获得了宁夏广播电视政府奖二等奖。

3.实录性新闻题材广泛，采写不拘一格

实录性新闻的题材应当十分广阔。选择采访的对象可以是各行各业的普通群众，也可以是某一方面的知名人物，但应着眼于人民群众普遍关心的问题和社会现象，请他们谈自己的看法、意见、建议等，或者请他们谈自己的某一段经历及感受最深的一件事情。

如在报道宁夏交通基础设施几十年来的巨大发展时，如果仅靠一些现有的材料也能够堆砌出一组报道，但很明显这样的稿子缺乏说服力、感染力，听众听着也枯燥、乏味。于是记者便深入到全区各市、县（区），采访基层

群众，让他们讲述交通基础设施的改善给他们生产生活带来的变化。特别是在彭阳县采访时，一位出嫁到银川的农家妇女告诉记者，以前公路没有修通，从娘家回银川要半夜起来，翻山赶到彭阳县城坐通往银川的长途班车。现在宽阔平坦的公路修到娘家门口，回家再也不用那么周折，真是方便到“家”了。一个个鲜活的例子，通过普通百姓朴素生动的讲述，充分反映了宁夏交通事业发展所取得的成就，播出效果很好。

再如，隆德县吴山村的张富升老汉十年如一日，绿化荒山，谱写了一曲动人的绿色之歌。采访中，记者与张老汉进行了大量的对话，特别是问及为什么要这样辛苦种树时，张老汉连连说“不能亏欠这片土地”。朴素的见解让人感动，也反映出这位淳朴农民一颗善良的心。在写稿时通过引用记者与张富升的一段段精彩对话，使这位默默植树、不图回报的农家老汉的形象栩栩如生跃然于听众面前。

好的新闻报道，要靠好的作风文风来完成，靠好的脚力、眼力、脑力、笔力得来。媒体记者认真践行“四力”是加强和改进新闻宣传报道的重要突破口，而实录性新闻是增强新闻报道针对性和实效性、吸引力和感染力的有效途径和手段之一。俯下身，贴近泥土的芬芳。对新闻工作者来讲，无论时代和技术如何发展进步，最传统、最古老的生产方式或许是最基础、最实用的——深入基层一线，与群众贴得近一些再近一些，认真倾听他们的要求、愿望、呼声，多采写实录性新闻，用百姓话说百姓事，从而使我们的新闻报道更吸引人、感染人。

策划，还是主流媒体占据网络舆论场的攻防利器！

刘　鑫

宁夏广播电视台 2023 年金点子大赛已落下帷幕。竞赛期间选手踊跃为媒体创新发展出谋划策，奇思妙想层出不穷，让人有茅塞顿开、开卷有益之感！这确实是个颇有见识的革新举措。老祖宗有句至理名言：凡事预则立，不预则废。虽说我们身处网络信息大爆炸的时代，但地方主流媒体只要做到运筹帷幄、让策划这个主流媒体的攻防利器不断得到优化和强化，就一定能如习近平总书记和党中央要求的那样：下好互联网环境下的“先手棋”，打好新闻舆论宣传的主动仗。

网络被称作当下社会生活的“第五空间”，网络媒体也被定名为“新媒体”。但在我看来，这个披着高科技外衣的“新媒体”，本身并不是科技。它只是运用了网络新技术赋予了它信息传播的功能，只是它更加看重高新科技研发成果的应用及转化而已。但鱼龙混杂的网络语境在“乱了社会，乱了人心”这方面，还是很值得警惕的。因此，党高度重视互联网这个意识形态斗争的主阵地、主战场、最前沿，并提出高度重视传播手段建设和创新，提高新闻舆论传播力、引导力、影响力、公信力。然而，我们作为省区级地方主流媒体，由于在传统媒体运营管理模式、传统出版及无线电音视频传播技术上运行

维系多年，形成了根深蒂固的固定业态、传统套路、固定思维和陈旧观念，尽管主观上也希望尽快在网络宣传主战场争取主动，发挥作用，但实际运作效果却往往不如预期。

其实，作为地方主流媒体，如何在网络空间发挥主导作用，习近平总书记早在 2016 年 2 月 19 日党的新闻舆论工作座谈会上就曾强调：新闻舆论工作要增强政治家办报意识，在围绕中心、服务大局中找准坐标定位，牢记社会责任。所谓"政治家办报"，就是根据形势与任务要求，策划和制定宏观统揽方案，以指导采编播制作各环节，科学精准地安排宣传，更好地在舆论阵地上谋划布局。兵法有云"上兵伐谋"，其意为用兵打仗的最高境界是使用高超的谋略。意识形态领域的舆论权、话语权之争，其实也是一场看不见硝烟的战争，谋略策划同样重要。当前，导致主流媒体不能够进入网络宣传舆论主战场的缘由之一，应该说是媒体依然缺乏统领全局、总体部署宣传舆论战略战术的能力。在旧的业态框架下分散游击，难以形成阶段性、区域性的绝对舆论引导和主导优势。如何生成适合网络时代下的媒体竞争业态优势？

就要抓好顶层设计，主导者要具备审时度势的能力：在全局眼光下，盘活自身资源，把自身业务精英骨干、平台渠道、一切能够聚集的力量集聚整合到一个阵地，一条战线上。变过去分散游击、零敲碎打、各自为战状态为规模化、集团化力量，以适应网络条件下新的战役战术要求。根据互联网“人人都是自媒体，人人都有麦克风”的时代特点，在主流媒体内外动员，鼓励所有有能力的媒体干部、职工开账户，做自媒体；鼓励有潜质的员工找准适合媒体人的赛道当网红、做网络达人，围绕主流媒体的旗帜，打造出成百上千个直接连接客户“终端”的新媒体账号，发挥集团优势，打造内容可控的网络舆论通道，建立自有评论热点内容渠道，在网络舆论场攻城略地，弘扬主旋律，释放正能量。

在总体策划层面，宁夏广播电视台可以围绕自治区党委、政府中心工作，按照自治区党委宣传部要求，定期开展充分调研，形成选题，在大的选题框架要求下，细化成为若干个既适应广播电视媒体，又适合网络新媒体的新闻舆论宣传项目，然后交由各个操作团队和个人，形成音频、视频、图片文字以及其他形态的全媒体报道作品，统一发力，在网上形成区域性、阶段性的新闻宣传报道热度，生成引导舆论的热点焦点，以期逐步实现主流媒体占领网络舆论主战场的目标。当然，总体策划绝不是召集有关部门中层干部开一个行政会议，而是召集一批真正有新旧媒体实战经验和实操业绩，又有着网络宣传独特眼光的专门人才和智囊团体。

其实，做好占领舆论场的工作，其效益是多重的。在眼球经济时代，做好策划，形成舆论宣传引导优势，随之也会带动广告业绩增长。经济效益好了，吸引力、感召力自然随之增强。相信在互联网语境下，广播电视终会有新的名词，为我们今日的努力正名！

技术赋能构筑全媒体传播内容新生态

祁　丽

近年来，各级广电媒体的精品力作在明确定位、找准选题、优化布局的基础上，尝试运用新视角、新技术和全新的视听表现手法，形成有梯度、有层次、有力度的宣传声势，提高作品的艺术表现力和感染力。

技术赋能节目创新，做强做优全媒体新闻宣传新形态

当前，智能采编技术、数字虚拟化日益成熟并深度融入新闻业务，“虚拟主播+虚拟场景”为观众带来更多新体验、推动全媒体新闻宣传不断创新。尤其是针对全国两会这样的主题式、会议类报道，如何在技术驱动的助力之下，将创意、文化元素、流行表达方式融进新闻报道中，是媒体融合着力思考的关键点。

2022年北京冬奥会期间，中央广播电视总台首次实现奥运会赛事全程4K制播，打造全球首个高铁列车5G超高清移动直播演播室，自主研发全球领先的超高速4K轨道摄像机系统“猎豹”、鱼竿摄像机、锥桶摄像机等特种设备，实现了“科技冬奥·8K看奥运”目标。这不仅是一次融媒体内容创作与渠道传播上的落地实践，更重要的意义在于技术上的赋能尝试。其中，AR、大数据、视频连线等硬核技术的巧用，为整个节目赋予了更为鲜明的创新底色。

除此之外，各级媒体纷纷推出新一代 AI 主播，比如中央广播电视总台在 2022 年全国两会报道中亮相的“小 C”和“AI 王冠”，北京广播电视台的“时间小妮”，上海广播电视台的新闻主播“申苁雅”，湖南卫视的“小漾”……这些 AI 主播凭借鲜活的语态和生动逼真的形象，获得广泛关注。

与此同时，新技术、新表达助力提升节目活力，让新闻产品的形式更丰富和多样化。比如河南广播电视台打造 XR 沉浸式 4K 扩展现实演播厅，融入更多创意场景，实现虚拟空间与现实世界无缝对接，增强了新闻宣传的视觉震撼和趣味性；河北广播电视台广泛应用“云采访、云直播、云传输、云计算”，综合运用 5G、4K、AI、H5、大数据等智媒体手段，全力打造“冀时大直播”活动品牌；湖北广播电视台创新推出“1 条重大时政动态+N 个大屏延伸报道+N 个新媒体产品”的全媒体报道模式，《春风习习民心依依》《答好必答题湖北全力以赴！》等“显政”主题新媒体产品燃爆网络。

短视频、微评论、趣应用成为新闻宣传新形式

在新闻融媒矩阵以大版面、融媒态，以及头条工程、新闻大片的形式，多渠道多角度开展重大主题宣传报道的同时，各级广电媒体创新全媒体新闻表现形式和话语方式，考虑到用户获取新闻信息“短平快”的需求，积极打造

一系列短视频、微评论、趣应用,以其内容丰富、篇幅短小、传播速度快的天然优势,不断增强新闻宣传吸引力、体验性和感召力。

河南广播电视台推出系列短视频《“玥”读党代会》、“沉浸式”Vlog 体验节目《苗苗“会”学习》等微视频制作步入常态化,让政务报道有声有色接网气、生动活泼接地气;江西广播电视台原创《China china》系列融媒体短视频,以年轻一代的视角和语境表达,全新展示景德镇的人、事、物,展示千年瓷都陶瓷文化保护传承、陶瓷产业创新发展,彰显千年瓷都的精神与魂魄;除此之外还有陕西广播电视台制作短视频《来咧!陕西》《多彩!榆林!》《聚,西安!》,西藏广播电视台短视频《习近平总书记:扎西德勒!》,云南广播电视台推出系列短视频《建党百年口述云南》和 110 集 Flash 短视频《民族之声话党史》等一批节目。

移动优先、创作系列化、IP 化和衍生创作打造各形态全媒体产品

在节目形式上,充分发挥视觉化优势,综合运用视听图文等多种形式和多种技术手段策划推出音视频、图文、慢直播、Vlog 等多种视听形态交互的融媒体产品,不断丰富报道领域,实现主流价值的个性化推送和精准化触达。

比如,近年来中央广播电视总台重磅推出的“央 young”系列大 IP,如《央 young 之夏》《开工喜央 young》《冬日暖央 young》《young 在春晚》深受年轻用户喜爱。尤其是融媒体直播节目《young 在春晚》,以大小屏联动的形式,带领观众看节目、玩互动,让老牌春晚焕发新光彩。从创作理念、生产机制、传播方式等多层面入手,通过形态微创新、元素多叠加,构建年轻化、青春态精品新媒体内容。

年轻态表达,互动性、综艺性、戏剧性不断增强

媒体融合不断向纵深发展,为“短视频+”提供了强劲动力,利用短视频做好青年传播,既是时代赋予的新课题,也是主流媒体寻找“流量密码”的必答题。将交互式技术融入融媒体产品,可以让用户更加沉浸式地体验,融入游戏式的答题,实现“历史考古+游戏”、“沉浸式体验+交互式”、剧情演绎式等众多方式传播。比如《一路“象”北》系列融媒体产品通过手绘定格动画,以拟人化的表达，将“云南亚洲象群北迁”的热点新闻事件转化为极具网感的、年轻人特别喜欢的讲述方式，解答“象群因何北上、如何回家、要去哪儿、为什么不能直接麻醉劝返”等公众关心的问题；人文城市类纪录片《奇妙之城》则采用“纪实+综艺”模式，通过星素结合的方式输出人文内容，并借助明星的号召力打通年轻受众与文化的沟通壁垒。

对传媒机构来说，抓好节目创作是立身之本，而落实“内容为王”理念，关键在增强节目生产能力这个核心。党的二十大报告提出“加强全媒体传播体系建设，塑造主流舆论新格局”，如何更好地运用新技术创新节目形式，让作品形态更加多元、内容生态日益丰富，打造具有时代特色的全新融媒体产品，还需要更多的探索和实践。

全媒体人才培养，不妨多轮岗！

——入职新人轮岗学习后的认知与思考

冯 棋

广播电视台的工作具有多样性和复杂性，这也决定着对职工的要求是全面的、高水平、高标准的。在媒体融合的时代背景下，我们面临的工作环境和任务要求不断变化，想要打造新型主流媒体，加强全媒体人才培养非常重要。

2022 年 11 月，我进入宁夏广播电视台工作。作为发展研究中心的一名职工，我有义务做好开展调查研究、促进业务交流、宣传工作亮点等工作。但由于之前没有实际工作经验，对全台整体情况和具体业务又缺乏了解，我在工作中做出的思考或如瞎子摸象，失之片面；或如纸上谈兵，不切实际。为了解决这一问题，部门领导安排我依次在宁夏黄河云融媒体中心、融媒体新闻中心、公共节目中心三个部门的不同岗位进行了学习，每个部门学习时长为三至四周。根据这三段轮岗学习经历，我不仅对宁夏广播电视台有了较为全面深入的了解，也对如何培养全媒体人才有了一些体会。

了解:从片面到全面

初进台里，带我的老师给了我一份含有台里所有部门简介的名单。看完之后,我产生了很多疑惑——为什么既有融媒体新闻中心，还有宁夏黄河云融媒体中心、融媒体项目创作中心?既然都和融媒体相关,它们又有什么区别?为什么会是单独的不同部门?不同频道频率负责的具体栏目节目的制作流程又有什么区别?……带着这些疑问,我开始了“广电回响”公众号内容的制作与推送。由于我对这些部门不够了解,在制作推送的过程中很难理解涉及部门的具体工作内容以及意义所在。以我刚入职时制作推送的《这直播您看了吗? ——2022“两晒一促·我是家乡带货王”火热的背后》为例,由于对卫视中心的直播流程和“两晒一促”活动非常陌生,因此在制作过程中只能进行简单的复制粘贴工作,无法做进一步加工与包装。

带着头脑中的许多疑惑,我开始了自己的轮岗学习之旅。通过三段学习经历,我对不同部门的职能和不同岗位从事的具体工作有了清楚的认识。例如,融媒体新闻中心的新媒体部门负责的就是微信公众号、视频号、抖音、快手等新媒体平台的运营和内容制作;公共节目中心的《直播60分》栏目组就全权负责这档栏目,制片人、记者、摄像、导播等通过各司其职、分工合作,共同完成整个编播流程。

在轮岗学习的过程中，我发现很多和我一同入职的新同事也有同样的问题。他们大多只了解自己所在部门的日常工作以及职责,对于其他部门和台里整体情况同样了解得非常片面。“不识庐山真面目,只缘身在此山中。”很多人常年待在同一个岗位,日复一日干着相同的工作,也影响了自己的业务视野。例如,很多摄像老师一直都在同一栏目做摄像工作,他们从不接触其他类型的工作,甚至对同一部门其他科室的工作内容也都不甚了解。

人才在某一岗位上的专精固然重要，但如果一味强调耕好自己的一亩三分地,不跳出舒适区进行全面的思考观察,并不利于全媒体人才的培养和传统媒体的转型发展。我觉得,解决这一问题的措施之一,就是让职工进行多岗位的学习。尤其是对于入职新人的培养,轮岗可以帮助他们的认识从片面变得全面。其实,只有先领略“庐山真面目”,也才能更好地把握专业岗位的“个中真味”。

认识:从模糊到清晰

人和人组成了部门,部门和部门构成了宁夏广播电视台这个大整体。不同岗位有不同的工作方式和要求,编辑岗位要求妙笔生花、文采斐然,记者岗位要求能言善道、敏捷灵活,摄像岗位要求能够熟练使用摄像设备,新媒体岗位要求能够熟练掌握各种新媒体平台的使用方式和具体功能……了解这些岗位之间的区别有利于更清晰地为自己定位。

在不同部门学习期间,我体验了包括新媒体编辑、编导、记者、后期制作在内的很多岗位,掌握了很多新的知识和技能,对不同的岗位的认识也从模糊变得清晰。这些岗位中,有我感兴趣、喜爱的岗位,也有我不感兴趣、觉得无趣的岗位。之所以能够有这些结论,是因为我进行了实操,从事了具体的工作。与被动地接受岗位分配相比,我觉得,岗位选择如果能和自己的意愿和特长结合起来才会更好。选择了适合自己的岗位,既有利于今后的个人成长,也意味着能够为台里多做贡献。在轮岗学习之前,我对推送文稿里所写的“某部门圆满完成某活动,其中,编导岗位负责了什么工作,摄像岗位负责了什么工作,技术岗位负责了什么工作”的认知非常模糊。但学习结束后,我再编辑同类型的推送文稿时,就能够更加清晰地理解所写的内容,从而更好地把握其中蕴含的意义和目的。这也是多岗位学习带给我的好处之一。

轮岗学习除了能对自己有更深入的认识，对台里的整体情况有更全面的认知外,还能够让用人部门对个人特长有更清晰的把握。新人入职后,会直接分配到某部门的具体科室。但很多部门其实并不知道新入职人员所擅长的工作,难以做到“人尽其才”。因此,在不同的岗位进行学习,还能够帮助部门进一步发掘新人的优势和长处，从而统筹安排岗位，更好推动工作开展。对事物的认识应该是一个相互作用的过程，多岗位学习的认知互动不仅有利于个人成长，还有利于单位的整体发展。

学习：从理论到实践

此前，我对广播电视工作的认识都来源于课本上的理论知识，因此我对于新闻生产流程的认识是停留于表层的。“纸上得来终觉浅，绝知此事要躬行。”实践是检验认识真理的唯一标准，只停留于理论上的“纸上谈兵”，是不利于工作开展和个人今后发展的。通过在三个部门不同岗位的学习以及亲身实践，我对于广播电视不同方面的工作都有了更深入的认识了解。

轮岗学习让我看到了节目生产的全过程，包括选题、采访、编辑、审核和发布等环节。以在公共节目中心的实习为例，此前我对于电视直播流程的了解，全部来源于书本上的文字概述。但是在《直播 60 分》实习后，我了解到记者是如何进行选题的，现场遇到的突发问题是如何解决的，以及采访完毕后的片子的剪辑思路是如何形成的……这些实践经历都更好地帮助我认识理论，更好地理解节目生产流程，提高新闻素养和能力。

理论是实践的指导，可以为我们提供方向和方法。实践则是理论的验证和实现，能够检验理论的正确性和有效性。在实际工作中，我们更要注重将理论和实践相结合，这样不仅有利于全媒体人才的培养，还能够帮助个人更加了解媒体行业的运作方式和发展趋势，从而促进各项业务的整体进步。

轮岗：全媒体人才培养的重要途径

随着媒体技术的迅速发展，广播电视台已经不再是一个单一的媒体形态，而是逐渐转为一个多元的全媒体平台。在这个过程中,全媒体人才培养成为广播电视台持续发展的关键因素,其中轮岗学习是培养全媒体人才的有效途径之一。通过在不同岗位的学习和实践,我不仅提高了自己的专业素养和技能水平,还对全媒体人才的培养途径有了一些心得。

第一,提倡一专多能,培养职工掌握多方面知识。随着媒体行业的快速发展,新技术、新理念不断涌现,对媒体从业人员提出了很多新要求。其中一点就是要具有全媒体知识和能力,包括文字、图片、音频、视频等的采集、制作、编辑、发布等能力,以及媒体运营、管理、市场推广等方面的知识。因此,宁夏广播电视台不仅要根据全媒体发展的趋势和需求做好宏观层面人才布局,也要通过组织实践活动、轮岗学习、业务培训等方式,让员工深入了解媒体运营、制作、传播等方面的实践经验和技能。

第二,打破部门壁垒,加强交流合作。宁夏广播电视台各部门拥有不同的专业知识和资源,很多工作需要相互协作,共同完成。在实习过程中,我发现不同部门之间的合作比较少。彼此间重复开展工作,浪费了不少人力、物力,也非常不利于信息共享和资源整合。以微信公众号为例,不同部门运营各自部门或节目栏目的公众号,发布的很多内容重复冗余,不仅不利于广电品牌的打造,也不利于宁夏广播电视台整体形象的树立。因此,我认为,有必要进一步打破部门之间的壁垒,提高职工跨媒体沟通能力,在加强部门协作的基础上促进人员流动,更好实现人岗相适。

第三,提高职工创新意识和创新思维。在互联网飞速发展的今天,各种新型技术手段层出不穷,对以广播电视台为代表的传统媒体带来冲击的同时,也带来了发展机遇。轮岗学习这一方式有助于促进全媒体人才的培养。通过在不同岗位的学习和实践,职工可以接触到不同的报道方式和编辑技巧,获得更加广阔的视野和经验。这也可以促使职工在原有经验基础上进行角度更加独特的思考,从而顺应全媒体发展要求,培养出创新意识和创新思维。

“得人者兴,失人者崩。”广播电视台的全媒体人才培养是一项长期而艰巨的任务。全媒体人才需要具备扎实的理论基础、丰富的实践经验和多种专

业技能，这只有通过多种途径的学习锻炼才能实现。未来，我们必须以机制创新推动人才业务融通，努力培养出更多全媒型、专家型人才，为宁夏广播电视台的持续发展提供更为可靠的人才保障。

初心印记

只因执着热爱

——宁夏广播电视台首届“十佳记者”“金牌主播”“技术标兵”感想录

马秀尧　牛大力　祁鹏　等

为发挥典型引领作用，2022 年 1 月，宁夏广播电视台评选出首届“十佳记者”“金牌主播”“技术标兵”。作为台各业务岗位的优秀代表，这 19 名获奖者身上体现了忠诚担当、爱岗敬业、追求卓越、甘于奉献等优秀品质。以下是他们当时写下的获奖感想。

马秀尧：有初心，就有诗和远方！

记者是记录历史、和时代联系最紧密的人，记者见证着社会前行的每一次跨越，记录着时代变迁的每一个节点。作为宁夏台融媒体新闻中心的一名记者，我为此感到自豪。自 2005 年来到宁夏广播电视台以来，我有幸见证和记录了宁夏翻天覆地的变迁。宁夏 50 大庆、60 大庆，党的十八大、十九大，历年全国两会、自治区两会、中阿博览会、疫情防控一线，等等，我在一个个镜头、一篇篇报道中逐步得到成长、提升。2022 年伊始，我被评为台首届“十佳记者”，这是极大的荣誉，更是沉甸甸的责任。

“未出土时先有节，便凌云去也无心。”荣誉所代表的只是新的开始，有初心，就有诗和远方。80 多年前，范长江、夏衍等有志之士，冒着硝烟烽火、生死考验，相聚上海，成立“中国青年新闻记者协会”。我将始终坚守新闻人的初心，继续做到与时代同频共振，让笔触与发展同步、话筒与人民同声、镜头与时代同行，用“带着露珠、沾着泥土、冒着热气”的新闻作品诠释记者这份职业。

志不求易者成，事不避难者进。每个人都有两条路，一条用心走，叫作梦想；一条用脚走，叫作现实。如果心走得太慢，现实就会苍白；如果脚走得太慢，梦想就不会高飞。人生的精彩，莫过于心走得很美，且与脚步合一。不忘初心，脚踏实地，就可以创造独有的精彩。

牛大力：这一切都值！

很荣幸能够获得台首届“十佳记者”称号。站在领奖台上，我再次品尝到了如同2020年11月我在北京人民大会堂接过中国新闻奖一等奖奖杯的荣誉时刻。没有宁夏广播电视台这个“以业务立台”的优秀集体，我不可能一次又一次迈进荣誉的殿堂。

我从事新闻工作已经有20个年头。对于新闻的认识，从懵懂到清晰，从敢打硬仗、独当一面到形成自己的报道风格，是宁夏广播电视台领导给我历练的机会让我证明自己，是台里的老师言传身教让我进步。看着荣誉证书，一幅幅人生画卷像一部部电影在我眼前迅速划过。记得我第一次扛起摄像机拍摄的抖动画面，我的师傅盯着监视器一遍又一遍纠正；记得我第一次采访强拆现场与黑恶势力斗智斗勇；记得我第一次走进两会现场完成只许成功不能失败的任务；记得我第一次走进地震灾区单机位向全国直播藏族同胞成功获救；记得在抗击SARS、新冠疫情中我进入病房，寻像器被每一次呼吸模糊的情景。你问我苦吗？苦！但是选择了这个神圣的职业，就得干好！你问我累吗？累！为了赶制一条主题报道，一个通宵后我虚脱了，满嘴冒清水。坐在黎明的台阶上，我对自己说：“不能倒下，我还有没完成的心愿！”你问我快乐吗？快乐！每当完成一条头条报道，领导认可、观众认可，每当自己的作品获奖时，我对自己说：这一切都值！

祁鹏：新闻发生 我在现场

“妆罢低声问夫婿，画眉深浅入时无？”作为一名新闻记者，我时时刻刻都像唐代的考生朱庆馀一般，始终保持着虔诚而又忐忑的情怀。

进入电视这个行当，已经有 22 个年头了。遥想当年，我还是一个青葱的职业“小白”，但就在那时，“新闻发生，我在现场”已经在内心深处扎下了根。从那时起，我就一直在鞭策着自己不断向台里前辈、友台同行、央视大咖等标杆看齐。慢慢地，我从“职场小白”逐渐成长为一名能够熟练掌握并轻松驾驭重大时政活动、重点主题报道，新闻、专题、纪录片等多种电视类型的“职业达人”。

时政记者，是党的政策主张的传播者、时代风云的记录者、社会进步的推动者、公平正义的守望者。我对承担时政新闻报道的重要性、严肃性、及时性、准确性，有着刻骨铭心的理解。有一次，为了制作一条时长 8 分钟的时政新闻，我拍摄的素材量就超过了 80 分钟。在后期编辑当中，还要一分一秒地过，一帧一帧地选，只是为了达到更好的宣传效果。

新闻发生，我在现场。22 年来，从党的十八大、十九大，宁夏的 50 大庆、60 大庆，到每年的全国两会、自治区两会和自治区重要活动，等等，我有幸用镜头去记录时代发展，见证了宁夏成长的重要时刻，也用 7000 多条作品为时代留痕，成了记录宁夏发展繁荣的“眼睛”。

我有幸获得了宁夏台里首届“十佳记者”的光荣称号。这不仅仅是对我个人成绩的认可，更是对我所在部门融媒体新闻中心这个优秀团队的肯定。“十佳”不仅仅是一种评价过去的荣誉，更是一种面向未来的鞭策。

赵瑾:努力当个好记者

获得宁夏广播电视台首届“十佳记者”的殊荣,我心情备感激动。此时此刻,我也想说些感谢的话:感谢组织的肯定,感谢我的摄制团队,感谢支持我工作的朋友……虽然有些落入俗套,但说出的却是我的心里话。

16 年的记者生涯,仿佛体验了一场难忘的旅程,沿途经历万千风景,感悟人间冷暖,见证高光时刻,铭记动人瞬间。这些年,我一直在思考一个问题,究竟什么是好记者?是时刻记着初心使命、记着责任担当,是热爱、更是一种奉献……

脚下踩有多少泥土,心中才能沉淀多少真情。秉承着新闻人的理想与信念,我不断增强“四力”,新闻触角伸到了社会的每一个领域,镜头指向了每一个值得关注的题材。为了创作一件好作品,我记不清有多少次风雨兼程,有多少回绞尽脑汁,又有多少个不眠之夜。回首采访的众多新闻人物和新闻事件,每一个节目都留有我一串串人生的足迹,它记录着我的点滴成长,为我积累了丰厚的人生财富,也让我对这份职业从挚爱变为了坚守。

征途漫漫,惟有奋斗。“十佳记者”是荣誉也是鞭策,站在新的起点,我将坚守新闻理想,披荆斩棘前行,继续践行和锤炼“四力”,创作出更多“沾泥土、带露珠、冒热气”的优秀作品。

吴锋:在实践中学习成长

电视新闻创作是实践性非常强的专业,而现场直播又是其中难度更大、操作更为复杂的创作过程,它几乎涉及了电视前后期业务及技术环节的各个方面。十多年的电视新闻拍摄经历,让我对电视业务各个方面有了较深入的了解,也正是在一次次业务实践中的积累,让我有了坐在电视导播台前的底气。

虽然不记得自己完成的第一场电视直播是什么时候,但是,每一次坐在导播台前对自己都是一次挑战。2008 年与东方卫视联合完成上海世博会“宁夏日”现场直播的任务,让我第一次体会到跨地域、跨电视台大型直播节目环节的繁杂和操作的难度。把陌生的环境变成熟悉的现场,把陌生的团队变成熟悉的合作伙伴,付出的是超乎寻常的艰辛。而正是这份努力所带来的收获,为此后的中阿经贸论坛开幕会等跨省多场景大型现场直播积累了经验。在与中央电视台合作进行“今日中国”“还看今朝”等大型电视直播节目宁夏篇的直播任务中,我学会了如何用现场精彩地展现主题,如何精准地控制现场。而在固原山花节的直播中突发的停电故障,则让我学会了处变不惊的淡定。

在实践中学习,在实践中成长,实践就是最好的老师。数十场的直播实践让我体会到,导播是电视直播节目的灵魂,处变不惊、从容镇定是导播应有的素质,但这不取决于天分。而是在一场场直播中,经历一次次心跳过速,一次次精神紧张,不断犯错,不断纠错,艰苦历练的结果。

多年来,自身的每一点进步,都得益于台里给予的指导和实践机会,此次能获评“十佳记者”,是组织对我多年努力的肯定和褒奖,也是更大的鞭策。全媒体时代,电视现场直播也面临着不断创新的任务,提高电视直播节目质量,需要继续艰苦的实践探索。征途漫漫,惟有不断奋斗。

何超:心存感恩 励志前行

2006 年,我从县级台跨入到宁夏广播电视台,从那一刻起,我就立志一定要做一名好编辑、好记者。16 年来,为了这一信念我不忘初心,笃定前行。美术专业的出身让我具有了独特的审美视角和熟练的制作手法，也让我在后期剪辑包装方面得心应手，具有明显优势。近20年的电视编辑生涯，我视每一件作品都为视频艺术的二度创作，因为我坚信，只有对自己高标准、严要求，才能出好的作品。

2014年，我从一名后期编辑转入《医生到你身边》栏目负责人，这无疑对我是又一次挑战。策划选题、联系采访、拍摄、剪辑包装，我克服栏目人手少的现状，每期节目每个环节全程参与，真正做到采编播一体，这一干就是300多期。近8年的时间，我跑遍了银川和周边地市的所有医疗机构，采访了300多名医务工作者，编辑机房深夜灯光里总能看见我的身影。工作16年，我没有休过一次公休假。孜孜不倦、默默坚守，只是为了实现心中的新闻理想。

作为一名栏目制片人，一名共产党员，我将“十佳记者”的荣誉作为以后工作的新起点，做好传帮带，用实际行动在台媒体深度融合改革发展中励志前行！

谢红：求知若渴 虚心若愚

32年前，我大学毕业分配到《宁夏广播电视报》，刚上班几天就犯了错：全区歌手大赛参赛352人，最终20人进入决赛。这条新闻要上头版，我是编辑。印刷前，组委会打电话过来修改原稿中的参赛人数，我想也没想，就将标题上的20人改成了352人。报纸就这么印刷出来了，那时候这份报纸的期发行量是20多万份。第二天，整个办公室里回荡着社长的吼声：你没脑子啊?!

直到今天我还记得352这个数字，从那天起我再没犯同样的错误。后来，我把这件事讲给一位老前辈。他对我说，说你没脑子，不只是说你不认真，你得对每件事都有好奇心，得明白新闻的来龙去脉。这样，即使别人写错了，你也能看出来。这才叫有头脑。

这句话我也同样记着。

后来转行做电视，让我明白，葆有一颗“好奇心”刨根问底，依然是做出好片子的前提。做《感动宁夏》人物系列，除了那些推荐部门写来的事迹外，还得了解人物为什么这么做，这样才可能避免人物的表面化；做支宁人的故事，要把每个人的故事与历史背景结合在一起，这才是对历史的尊重；在做《解码“一带一路”》时，除了要解读“一带一路”倡议相关政策，更要展示在这个大背景之下，作为企业本身甚至是个人是如何站在国际舞台上去长袖善舞……

求知若渴，虚心若愚。如果说做了 30 多年新闻工作还有什么体会的话，那就是它了。

王洲：用编导思维武装摄像头脑

和所有同行一样，选择新闻工作的初衷是因为这份工作充满“活力”。新闻工作是紧张的，新闻工作者的神经永远紧绷着，而作为新闻记者的我，必须每时每刻都保持着高度的警觉。因为我没有预知未来的能力，能做的只是准备好手中的“长枪短炮”随时待命，等待“出发的警铃”。

电视采访，多数时候会派出一名文字记者和一名摄像记者，而在这两名记者当中，有着一条不成文的规矩：文字记者往往扮演“主角”，摄像记者则成为“配角”，听从文字记者“指挥”。而如何更准确全面地展示新闻事件的发生，这就要求摄像记者在新闻拍摄过程中，不仅要熟悉本次拍摄的文案和导向，全面把握拍摄的目的，还要将电视画面故事化，用编导思维把新闻现场串接起来。从抗震一线、年度经济人物评选到中阿博览会，从万人升国旗到抗击疫情，我始终用编导思维要求自己。通过不断的学习和总结，我成了大家眼中的“快手”，将一个个精彩瞬间转变为永恒……

我是记者，是时代的观察者与记录者，是发展的参与者也是改造者。十七载春秋岁月，十七载寒暑交替。我用镜头发现美好，记录温暖，鞭挞丑恶和书写真相。昨天我激情澎湃，今天我信心满怀。不忘初心、牢记使命，为广电、为新闻，拼搏不休，奋斗不止。

袁梦刚：机器很轻，有时候也很重

我是幸运的，因为我干着喜欢的工作；我是幸运的，在工作中遇到了很多良师益友；我是幸运的，他们每一次的提示，让我在工作中少走了太多的弯路，他们善意的训斥、提醒，让我知道了对与错、美与丑。

在学习实践中，我知道了调焦可以虚与实，变焦可以使景别产生变化；知道了如何控制光圈，如何调白平衡；知道了如何运用逆光拍摄等，学会运用光影，学会了如何构图。拍摄可以很简单，也可以很难。难的是如何将拍摄对象最真实的一面展示出来。

机器很轻，有时也很重，重的是一份沉甸甸的责任。有时候我不禁在想，我抱机器的时间比我抱自己孩子的时间还要多，生活与工作也许就是这样。

这些年，很多事淡忘了，但同时许多人和事却无法忘记，记住了他们的泪水和欢笑，记住了他们的悲伤与幸福，记住了许多点点滴滴。

当手中拿到“十佳”荣誉证书的时候，我感受到了它的分量，这不仅是对我工作的认可，更是对我工作的一种鞭策。我会不断前行，因为我始终相信最美好的会在下一站。

房燕燕：朝着“最强王者”进军

一粒种子只有深深地根植沃土，才能生机无限；一名记者，只有燃烧激情，才能蓬勃向上！

13年前，我还是一名刚走出校园的大学生，记得那时候正赶上所在栏目《新时空》出书。作为年轻的一员，当时我写了一篇名为《其实我还是个"菜鸟"》的文章，被收录在《三年:〈新时空〉的见证》这本书里。文中写道:"其实，我们每一个人都是明星，每一个人都是自己的明星。有时候我突然觉得，原来自己也可以！"今天，作为一个已经工作13年的"老记者"，再次翻开当年这篇拙作，十分欣慰这些年一直秉持着这份初心，努力工作，终于获得了宁夏广播电视台首届"十佳记者"的荣誉称号。

从"菜鸟"到"十佳"，一路走来，成了我人生中最宝贵的财富。从科班出身的小记者，到游刃有余地在新闻现场直播采访的新闻主播；从只会剪辑"下集预告"的小编辑，到随时随地拍摄、制作、发布作品的全媒体记者，这一切都得益于台里给予我不断锻炼、学习、成长的平台和机遇。我感谢各位领导和师友对我的厚爱和帮助。未来，我会继续努力，继续突破，继续创造新的价值！我会继续朝着"最强王者"的目标不懈奋斗。

马丽:在基层，更美绽放!

观众屏幕上见到我，常以演播间为背景，其实这只是我的形象之一。我始终信奉一个道理:基层，才是我们播音员和主持人梦想起飞的地方。

我是播音员马丽、主持人马丽，也是记者马丽——

5·12抗震救灾时，我曾在都江堰"板房"演播室、灾区一线、泥石流次生灾害现场，第一时间向外界报道灾区救援重建情况。那次经历，让我体会到什么是"责任"。

为做好"感恩母亲河"系列报道，我曾在青海省三江源头驻扎十天。5000公里的日夜兼程，翻越多个海拔5000多米的雪山。那次经历，让我体会到什么是"勇气"。

为了跟踪报道西海固生态移民搬迁情况，我和摄像记者曾冒着大雨徒步10多里泥泞山路，到达未通公路的留守村。那次经历，让我体会到什么是“真情”。

有些特殊时刻，演播间也是“基层”。

抗疫期间，为保证新闻节目安全及时播出，我搬到单位住宿近一个月，那段日子，我们播音员主持人成为唯一不能戴口罩上班的“防疫战士”。那次经历，让我真切体会到——责任在哪里，“基层”就在哪里！

由此，我懂得：作为播音员和主持人，如果不经常到基层中历练，往往担当就不够主动，思考就不够深入，表达就不够到位，情感就不够投入。基层历练，是我们成长的必修课。

自治区六十大庆大型成就展中，我接到任务，向中央代表团汇报讲解宁夏60年辉煌成就。近两个月的准备期，我背诵讲解词近40万字，伴着展馆装修的噪音和气味一遍遍实地演练，行走路线共计30多万米，顺利完成讲解任务。后来，我总结经验——正是多年的基层历练，让我有了完成这件任务的底气和勇气。

常到基层历练，成为一名有思想、有温度的新闻主播，更好地传播宁夏声音、讲好宁夏故事、展示宁夏形象。这，是我的初心与追求。

刘宏宇：不要忘记梦开始的地方

尽管距离2004年10月26日过去了将近18年，但这个日子，在我的记忆中依然清晰。那一天，我独自一人带着一只行李箱来到银川。对我来说，这是一座完全陌生的城市。那一年我21岁，刚刚走出校门。

还记得，台里的司机大叔来接我，举着一个写着我名字的牌子。当

我过去打招呼时，司机大叔热情地说："你是刘宏宇？我以为是个男娃娃呢。"

还记得，时任新闻中心主任、现在的台总编辑田宝贵和爱人卢佳老师说："这小孩儿大老远从东北跑来，总得有个落脚的地方。"于是，我暂住进了当年台里的职工宿舍。尽管小屋只有4平方米，尽管小屋里只有一张小木床和一张小木桌，但是却足以让我小小的梦想在这里生根。

18年，梦想发芽、开花。18年，我在成百上千场的演出中成长，在大大小小的舞台上锤炼，付出着艰辛的汗水，也收获着荣誉和掌声。如果说，18年如一日坚守在播音主持岗位上，有什么心得体会的话，那就是："踏踏实实做人、勤勤恳恳做事。"

18年，弹指一挥间。当年的"小东北"，如今已是地地道道的"宁夏娃"；当年的一个人，如今已是热热闹闹的一家人。然而直到今天，每当我路过那间曾给予我无限温暖的"宿舍小屋"，我都会驻足凝望。我告诉自己：无论走到哪里、无论走多远，都不要忘记梦开始的地方，都不要忘记来时的路……

周红：为听众点亮心灯

年前喜获台首届"金牌主播"。这是对我近30年广播一线工作的又一次肯定。

时光如白驹过隙，一弹指间。回首来时路，感慨无限……

1993年，因荣获首届全国建设杯广播朗诵大赛宁夏赛区业余组第一名，刚大学毕业的我顺利进入原宁夏人民广播电台，成为一名播音员。从那时起，我陆续播音主持过《全区新闻联播》《891早新闻》《周末一小时》《2075666热线点播》《空中你我他》《午夜心语》《的士空间》《环球音乐之旅》《安琪夜话》，也曾主持过宁夏卫视《倾听》、宁夏影视频道《名人访谈》等节目。

1994年,我开始借助节目的力量不断帮贫助困,并成立了“宁夏安琪爱心基金会”。目前,已有10万多名寒门学子、数百名老人和残疾人得到了帮助。

因工作需要,我在宁夏广电的五套广播频率均主持过节目。曾有差不多15年的时间,宁夏台各频率晚间10点后只有我一个直播节目主持人。孤单、寂寞以及个人生活的酸甜苦辣,时不时会影响我的心情。但是一坐到话筒前,我心里便只有听众的喜怒哀乐,也就有了近20年夜话节目的坚持。特别感动于2006年初夏一位听众的热线,那句“只要上空的电波里有你的声音,你到哪儿我们就跟你到哪儿”,让我的这份坚持更加笃定。

29年广播主持人、28年媒体公益人。一直未改“真诚付出,为听众点亮心灯;爱心奉献,为他人带来希望”的初心。而这期间获得的上百个荣誉证书,更是一次又一次的激励。

感恩一路上给予我帮助的领导、同事、家人和朋友;感恩给了我莫大支持的听众朋友。今后,我将继续怀梦想、致远方,为我挚爱的广播事业再添光彩!

桂涛:未来有你,未来可期!

不怕您笑话,我都忘了这是第几次对着“金牌主播”的聘书发呆——到目前为止还恍惚,这是真的?从业19载,内心依然少年,我对播音主持还如初恋一般。

与阳光《一路同行》,看清“红绿灯”握好“方向盘”。也曾开张了快乐小店,当着《嘻哈二掌柜》乐乐呵呵地与听众们《津津乐道》……一路走来,不敢做政治红线的“傻白甜”,不愿做纪律规矩的“负心汉”,不想做主持岗位的“躺平人”。

总会翻翻各种现场的照片——直播间的风趣活泼,晚会的喜庆热烈,比赛的紧张严谨,公益现场的爱心涌动。一边感慨着自己竟然已经主持过这么多节目、晚会和活动，一边庆幸把爱好干成了事业，真好！

同事问，怎么那么乐呵呢？简单！因为这个职业每天都有新的东西可学。字词归音，轻重粘连——传统媒体的功夫要接着打磨不敢放松；视频画面、配乐剪辑——新兴媒体的技巧得学会学精才有未来。一句话：忙工作有苦有甜，与同事有商有量，尊前辈不敢少学，带新人知无不教。从来学习不敢松懈，如今收获更显宝贵。

感谢 FM98.4，这里是我梦想起飞的平台，感谢方楠、格外，还有奕冉三位我可爱的搭档，也感谢每一位给我肯定、支持和鼓励的同事。

不敢在荣誉上睡觉，只盼于节目中绽放。

宁夏交通广播，未来有你，未来可期！

王石川：用一生去干好一件事

从事广播电视事业 37 年来，我从值机员成长为一名正高职高级工程师，离不开各级领导的教导和同事们的热心帮助，是他们培养了我，给予我机会和空间让我不断成长。

许多难忘的瞬间，成为我值得回忆的财富。在 200kW 与 10kW 双频共塔工程中，长达三个多月的通宵达旦调试调配网络，身体极度困乏，最后在天调室里站着就睡着了；中波台搬迁工程中，在办公宿舍楼还未施工的情况下，在门窗未安的机房内，睡在发射机旁，连续奋战几个月没回家休息；2008 年安装远程自动化控制工程，正赶上大雪降温，吃着结了冰碴的饭菜，布馈线、安设备……虽然经历过很多困难，但当广播节目安全播出的那一刻，我觉得一切付出都是值得的。这份事业带给我成就与自豪！

与其他同仁相比，在广播电视战线奋斗大半辈子的我已经是个老大哥了。但“老骥伏枥，志在千里；烈士暮年，壮心不已”，我要继续做好传帮带工作，把多年积累的技术经验和业务知识传授给新入职的年轻同志，让他们尽快成长为广电事业的中坚力量。

一生只干一件事不难，难的是用一生去干好一件事。我选择了广播电视事业，我热爱这份事业，因为这份事业有责任、有奉献、有担当。

许泽：一份重托

我只是默默付出的广大技术工作者的一名代表，个人完成的每一次任务、取得的每一个成绩，都离不开各级领导、各位前辈以及各位同事的默默支持与付出。在此要感谢长期以来领导对我的培养与重视，感谢各位同事们的大力支持和认可，感谢台里为大家搭建了一个争先创优的平台。

自 2013 年进入宁夏广播电视台至今已八年有余。回首这段时间，我从一名应届毕业生成长为技术标兵、技术骨干，离不开各级领导的信任与鼓励。他们对我委以重任，让我在一次次重大活动，一场场直播、扩声、录制中磨炼意志、提升业务能力、锻炼业务素养。也离不开前辈的提携与指导，在前辈的引领下完成了“车载移动广播”等项目的设计与实施，以及日常设备检修与维护。更离不开团队的支持与配合，无论直播还是检修，节目制作或是方案设计，都是在周围同事们的支持和配合下完成的。同事们互相支持、学习、互动，是实现个人成长最肥沃的土壤。

“技术标兵”的称号，对我来说不仅是一个荣誉，更是大家对我的重托。在今后的工作中，我会继续保持严谨认真的态度，坚守广电技术人员的使命与担当，严格要求自己，不断追求业务精进，充分发挥先锋模范作用，用匠心与初心，展示一个“标兵”应有的风采。

田晨光:获奖是一个新起点

“技术标兵”这个荣誉是对我个人工作的肯定和鞭策,也属于和我并肩同行的所有技术人员。由于技术岗位责任重大,我不敢有丝毫懈怠,时刻以高标准严格要求自己,对每一项技术方案都反复论证,对每一次技术保障任务都全力以赴。在困难中,我会冲锋在前,用多年如一日的坚守和忠诚敬业的初心,为电视节目的安全播出保驾护航。工作虽然辛苦,却在无形中锻炼了我的意志,提升了技术能力和工作经验。

作为台技术人员,为节目部门提供强有力的技术支持,高质量保障电视节目安全播出是我的初衷;刻苦学习专业技术知识,不断探索广电新技术发展是我前行的方向。我将继续勤奋学习,刻苦钻研 4K 超高清视音频技术,探索超高清制播系统的应用方案,为宁夏广播电视台超高清视音频技术迭代发挥自己的光和热。

对我来说,获奖是一个新的起点,前方的路任重而道远。我将秉承“字字千钧、秒秒政治、天天考试”的工作要求,高质量、高标准的工作理念,为全台媒体融合发展贡献自己的一份力量。

胡亮:这份荣誉,属于团队

当选“技术标兵”,对我而言是荣誉,更是责任与鞭策。感谢台党委对我近几年工作的认可和鼓励,感谢技术中心和宁夏黄河云融媒体中心对我的培养,感谢各位同事对我的帮助与支持。我想,这份荣誉,属于团队,我仅是代表。

审视这些年的工作,我一直觉得自己很幸运。2014 年大学毕业后,我成为了宁夏广播电视台技术中心的一员,同时也开

启了这段充满了创造性的工作之旅。在技术中心的6年间，我对节目全流程生产过程的知识储备日渐丰富，也经历了多次像全国两会这样重大宣传报道的技术保障，慢慢成长为一名技术骨干。2020年8月，我被借调到黄河云融媒体中心，全过程参与了自治区级重大项目融媒体平台的建设工作。从传统媒体到新媒体，从电视到移动端，从技术运维到产品研发，攻坚克难的日子并不轻松。但幸运的是，我参与了一个新平台的建立，并得以与之一起努力成长，这对我来说弥足珍贵。

当选为“技术标兵”，仅仅是对过去的肯定，这将是今后不断激励我前进的动力。道阻且长，行则将至。在今后的工作中，我一定继续努力，做好自己的本职工作，担当起责任与使命，在全媒体领域坚守初心、砥砺前行，发挥好示范带动作用，用实际行动为宁夏广播电视台的发展尽自己的绵薄之力。

任鸿岩：精神的力量

此次荣获全台首届“技术标兵”称号，我有些意外和惶恐。我深知身边还有许多非常优秀的人，他们甘于奉献，精于业务，勇于担当，始终是我不断前行的榜样。我从未觉得自己像大家所说的“坚守六盘三十年”，只是把这座台站、这份事业当作自己的家庭一样，认真经营了这些年而已。今天，我想跟大家分享一种精神的力量。

我所在的六盘山台，始建于1971年，坐落在红色老区六盘山一带。50年来，一代代六盘山台人筚路蓝缕，艰苦奋斗，在人迹罕至的高山之巅持续发光发热，在这个过程中逐步形成了“扎根六盘、无私奉献、以台为家、以播为荣”的十六字六盘山精神。在我看来，六盘山精神的内涵绝不仅限于此。战高原，战风雪，战之必胜，这，是六盘山精神；默默无闻，无私奉献，全心全意为人民服务，这，是六盘山精神；尽职尽责，勇挑重担，使命高于一切，这，是六盘山精神；发扬红色传统，锐意开拓进取，“不到长城非好汉”，这，也是六盘山精神……

正是靠着这样的精神力量，才铸就了这个集体的凝聚力和战斗力，才积淀出这座台站半个世纪屹立不倒的最大底气。我想，只要这股子精神气没有丢，不论再有多少代人，再过多少年月，六盘山头的光辉绝不会有丝毫黯淡。

汇聚广电力量
宁夏广播电视台疫情防控一线的“最美面孔”

牛雅红

2022年10月，宁夏新冠疫情卷土重来。疫情面前，宁夏广播电视台有60多名志愿者参与结对共建社区和区直机关工委统一抽调下沉社区的疫情防控工作，还有部分志愿者自发下沉所在社区，协助做好多轮核酸检测等工作。疫情防控的紧要关头，正值党的二十大重要安播期，全台各部门、单位为保障安全播出，以台为家，各部门领导带头，食宿在单位，一待就是二十余天。党旗所指，心之所向。宁夏广播电视台职工充分发挥战斗堡垒作用和先锋模范作用，确保新闻宣传不掉链，确保人民群众生命安全和身体健康。

广电志愿服务队：那一抹艳丽的“志愿红”

随着社区防疫压力的增大，区直机关工委发出党员干部下沉社区进行疫情防控志愿服务的号召，宁夏广播电视台各基层支部党员纷纷报名，火速抽调集结20名下沉干部组成了志愿者服务队，在银川市凤凰花园西区、宝湖天下、长城花园小区开展志愿服务。此时正值十一长假，志愿队员们放弃长假休息，舍小家为大家，开始了紧张而忙碌的服务。

李嘉和赵智杰是宁夏广播电视台融媒体新闻中心的新闻主播，看到招募志愿者的通知后，第一时间报名参加。李嘉进驻社区的第三天，他服务的区域一居民家中突然停电。由于没有绑定网上购电服务，他匆忙赶到一公里外的购电网点买电，却因网点关门无法办理业务，不得不继续跑到3.5公里以外的购电网点买电。往返9公里，跑得满头大汗。居民家灯亮了，李嘉的心也安了！赵智杰刚到小区时，遇到居民购买的物资分发困难。第一时间，他制定了先生鲜后粮油、先热食后冷餐的配送策略，让物资以最快的速度送到居民家中。一次，赵智杰接到配送电脑和液晶显示屏的任务，他小心翼翼第一时间将电脑送到了居民门前。几天志愿服务，两辆手推车推坏了一辆，手套也磨坏了好几双……

在志愿服务队中，逆行者的脚步更让人动容。李声和作为一名老党员，他不顾颈椎病的疼痛，报名下沉社区做志愿服务。10月16日早上，李声和拿着志愿者证明出小区时遇到保安阻拦，称出了小区就不能再回来。他二话不说，收拾好铺盖，住进了宝湖天下的执勤帐篷里！

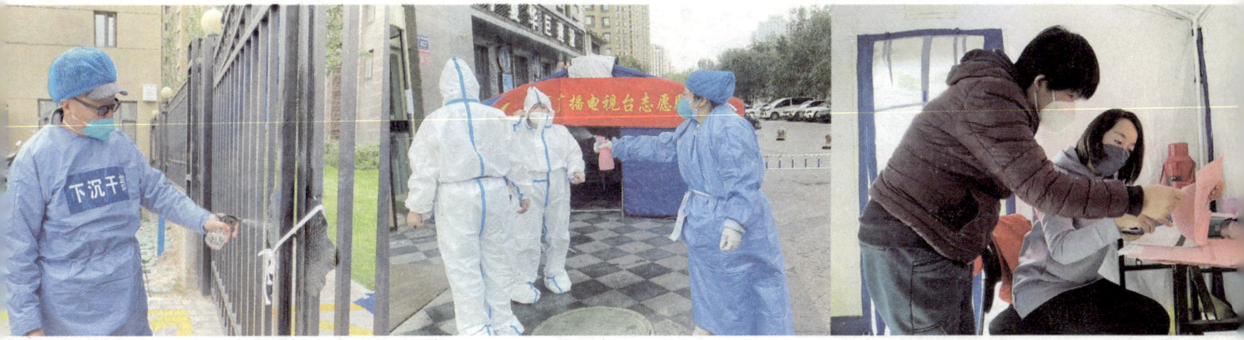

王经胜是台技术中心的技术专理，他用行动书写着奉献在先的情怀。平时配送物资时，他能多拿就多拿，尽量减轻其他同志的负担。随着疫情管理范围加大，一些志愿队员值班安排也出现空缺，王经胜主动为其他组员顶班。

传输发射中心的王峰话不多却很踏实。在夜班值守期间，一位年轻人连续三天都在半夜十二点多点外卖。王峰都会在外卖送到后一路小跑取回并送到居民手中。连续三天的贴心服务，让深夜点餐的年轻人不好意思了，微信里几次说“给您添麻烦了……”，之后再没在深夜点外卖了。

杨宏霞和梁华是志愿服务队两个小组的组长，做好小组日常调配的同时，还要做好日常志愿服务工作。杨宏霞家里有八十多岁的老母亲，把老人安顿好后，骑着共享单车下沉社区。深秋时节，昼夜温差大，杨宏霞染上风寒，她不顾感冒不适坚守岗位。梁华作为组长以身作则，当社区单元楼内垃圾无人清理时，她带头穿上防护服率先进入楼内消杀清理。

在蔺宁波10月13日的朋友圈里，他写下了名为《抗疫随感》的文字：舍弃小我顾大家，齐心抗疫决心坚，终把新冠赶出川。这是与疫情抗争的决心，是与病毒决战的号角，也是他作为广电志愿者的期待。这是蔺宁波第二次参与到抗疫志愿服务行列中。总编室的吴涛也是第二次参与志愿任务，带着第一次志愿服务积累的经验，他们全身心投入到志愿服务中。考虑到女队员值夜班不方便，蔺宁波、吴涛以及台里的男同胞，第一时间站出来，主动承担起了夜班的值守任务。帐篷里，俗称“小太阳”的电暖气是夜间唯一的取暖来

源，晚上睡觉时，靠近小太阳的那一侧身体被炙烤得有点烫，靠近帐篷的另一侧则冰凉刺骨，队员们都笑着说“这真是冰火两重天呀”。就是在这样的环境里，蔺宁波、吴涛、王经胜、孟卫、哈广联等“广电爷儿们”，始终坚持值夜班，用暗夜微光守护这一方安宁。

还有一批活跃在志愿一线的年轻人，他们用坚守和努力，责任和担当，塑造了新一代广电青年人的形象，书写了这一代人的青春力量。

传输发射中心的汤琳和办公室的杜娟都是两个孩子的妈妈。随着小区风险等级提升，小区不再允许“大白”随意出入，汤琳当起了传递员，“十双手套、一件防护服、两个头套……”无论需要哪些物资，她都一路小跑。在她看来，虽然增加了工作量和接触风险，但能够让“大白”们安全，一切都值得。杜娟在志愿服务期间，冒着眼睛刚做完手术、夜间视物不清的风险，开车走了三条街，吃了十余次闭门羹，才给居民买上急需药品。接近 20 天的时间，她们没有回过家，没能抱抱可爱的孩子。

党群工作部的陈红把军人风格带到工作中。在她值守的一个 20 层 40 多户人家的单元里，每天都要花大量时间分发像小山一样多的物资。一位网名“小月亮”的居民是次密接人员，下楼拿物资怕给邻居带来风险，可不拿又影响正常生活。陈红与社区联系，制定了每天楼道消杀前走安全楼梯拿取生活物资的方案。

宁夏广电的红马甲们，在志愿服务的三个小区，成为温暖的存在，也成为宁夏广电人展示精神内核的直观表达。

大爱无疆，善德永存：助力疫情防控是一份责任

在宁夏广播电视台，还有一群职工，本着服务社会、传递爱心、传播文明的初心，主动下沉到居住社区，用实际行动诠释着奉献、友爱、互助、进步的志愿服务精神。

“居民朋友们，下楼做核酸了……”得知小区需要志愿者，计划财务处的魏小春主动找到社区报名。每天清晨，他的第一件工作就是唤醒邻里做核酸。他所在的小区有1000多住户，3000多居民，为了减少居民聚集感染风险，他将财务工作的严谨和认真带过来，主动和社区沟通，制定了按楼挨个做核酸的方式，减少了人群聚集。

党群工作部王军旗主动到社区报到，住在了单元楼的帐篷里。进行大规模核酸时，他协助完成了3800多人的核酸采集。那一天，回到执勤的帐篷时，已经是晚上十点半了。

纪勇是台总编室职工，56岁。国庆长假前，当得知共建社区湖畔嘉苑需要一名志愿者，他主动放弃国庆节休息，穿上防护服收集生活垃圾、运送物资。“别看我年纪大一些，但我是男同志，干这点儿活儿不在话下。”

宁夏广播电视台下属台站的职工也是奋勇争先，用热情和真诚，感染身边人，激励身边人。

李亚成是罗山电视调频转播台的一名党员发展对象，他所在的吴忠市利通区阳光瑞祥小区单次采样量有1200余人。集体采样容易发生感染风

险，于是他提出从顶楼往下逐层、逐户采集的方式。一次入户核酸采样时，身着防护服的李亚成忽然呼吸困难、头晕目眩，同组的医务人员见他面色苍白，让他赶紧坐电梯下楼，脱下防护服去休息。李亚成却摆摆手说："没事儿，我稍微缓一下，咱们接着采。"在楼梯台阶上坐了几分钟，又继续投入工作。同是罗山电视调频转播台的老党员马勇，值完班轮换后顾不上休息，第一时间参与到同心县利民社区疫情防控工作中。他主动承担了值夜班的任务，吃住在执勤点，每天睡眠不足五个小时。高强度工作，让55岁且有糖尿病和胃病的他有些吃不消，可他一如既往地忙碌在社区疫情防控执勤点上。

白小龙是传输发射中心同心转播台站的负责人，他主动请战下沉社区。出发前，他在车里装好了被褥和厚衣服，做好打持久仗的准备。小区里没有公用洗手间，为了减少上公厕的次数，值班时他不敢多喝水。

爱心是一片照射在冬日的阳光，是一瓢纷洒在春天的小雨，是一块含在嘴里的奶糖……它有无穷的力量，催生我们乐观、顽强。这里，记录的只是部分职工在疫情防疫过程中的故事，但他们用奉献和爱心将广电精神传扬。

坚守和付出：彰显广电人的使命与荣光

此轮疫情暴发时，正值党的二十大重要安全播出保障期，新闻宣传丝毫不能耽误。为使工作正常运转，台里早早做出部署和安排，要求各部门、单位人员领导带头值守。于是，广电大楼夜晚的灯光成为那段时间北京路最耀眼的星河，那里是默默奉献，是始终如一的坚守。

台办公室负责联系酒店和物资保障。特殊时期，周围酒店空前紧张，又要方便又要便宜还要能够容纳台里职工，他们挨家挨户联系酒店，一遍遍与经理沟通，最终拿到了满意的价格。还有为留守职工配备物资、跑市场买物资、组织干部职工按时参加核酸检测……

融媒体新闻中心从10月3日起，中心主任、副主任及各部门的骨干力量陆续开始驻守台里，开展为期二十多天的坚守。二十大前方报道组仅有的三名同志不仅要在重大程序报道上坚持"稳、准"，还要帮助后方报道组完成对话党代表、五市书记谈报告等栏目采制工作。大会召开时，正值银川疫情

防控最为严峻的时候，中心近三分之一的采编制作人员无法上班。有的记者身怀六甲主动要求并始终坚守工作岗位。新媒体编辑从早上七点多第一条疫情通报发出，到十一二点钟最后一条视频推出，全天在线；有的同志为了不耽误工作，晚上十一二点骑着电动车往台里赶；中心和新闻广播的主持人、制作部同志多天连续在台里值班，零失误零差错完成二十大期间的工作。

黄河云融媒体中心早在兴庆区疫情到来之初，就开始布置工作人员单位留守，由于一名职工所住酒店发现密接人员，中心要求所有职工必须住在单位，主任方静家就在单位对面，可她连续多天留守在单位。副主任周冬冬说："我们现在一个也不能少，只要再少一个人，正常工作无法进行了。"

此轮疫情开始后，台里要求各频道频率主力记者吃住在办公室。公共节目中心蒲成鹏的妻子下沉社区抗击疫情，两个孩子无暇照顾，他便把大儿子带到了单位。每天早晨，蒲成鹏一手拎着直播设备，一手拉着儿子奔赴"战场"。每次采访，小小蒲都会戴好口罩，跟在爸爸身后，或者留在车里"自娱自乐"。采访结束，蒲成鹏还要负责儿子的吃喝和功课辅导。即使这样，他丝毫没有耽误工作，先后创作完成了 50 多条有温度、有力度、有厚度的作品。

"保障新闻宣传是宁夏广播电视台每个部门、每个职工应尽的责任"。正是有着这样的共识，宁夏广播电视台各部门、单位这些可敬可爱的新闻人，舍小家为大家，在疫情防控的紧要关头，保证新闻宣传的顺利进行，尤其二十大的新闻报道，得到自治区领导的充分肯定。

疫情无情人有情，爱心行动暖人心。在宁夏广播电视台志愿服务队刚刚抵达社区时，台党委副书记张泉慧就带着防护、生活物资前来鼓励大家："关键时刻，我台发挥党员引领作用，一大批优秀新闻工作者积极投身这次疫情防控工作中，大家众志成城，一定能够战胜疫情。"

10 月 24 日，台办公室、人力资源部、计划财务部、广播节目中心、经营中心党支部携手爱心企业，为兴庆区红十字会捐赠蔬菜、方便食品等价值 10 万元，60 吨的生活物资。这些暖心物资全部送到各街道社区及疫情防控一线工作人员手中。

在台党群工作部微信公众号《我做志愿者的日子》系列文章中，留下了这样的文字：

让银川这个"大家"尽快好起来，我们每个人的"小家"才会好。——王经胜

党员干部是块砖，哪里需要哪里搬。——杜娟

守万家灯火，盼山河平安。——赵智杰

这就是宁夏广电人，没有豪言壮语，却汇聚起了疫情防控的广电力量。

疫情肆虐时“天选”我在岗

佘菁华　卢宝晓　张　蕾　牛雅红

融媒体新闻中心：因为坚守，每个人身上都散发着光亮

红色，是新闻人的永恒底色，我们记录历史也与时代并肩同行。我们承载着光荣与梦想，也在一场场奔赴中诠释着忠诚与担当，闪现着团结与奋斗的光亮。

2022 年 12 月，在疫情考验再次袭来的严峻时期，融媒体新闻中心这支队伍依旧是宁夏广电的“冲锋号”，也是新闻主阵地的“护旗手”。在人员相继感染，最多减员超过 70%的艰难时刻，完成自治区党委十三届三次全会暨自治区党委经济工作会议、农村工作会议、银兰高铁通车、疫情防控优化措施落地等多项重点报道任务。一个个凡人微光、尽心尽责从业坚守的瞬间让人心潮涌动。

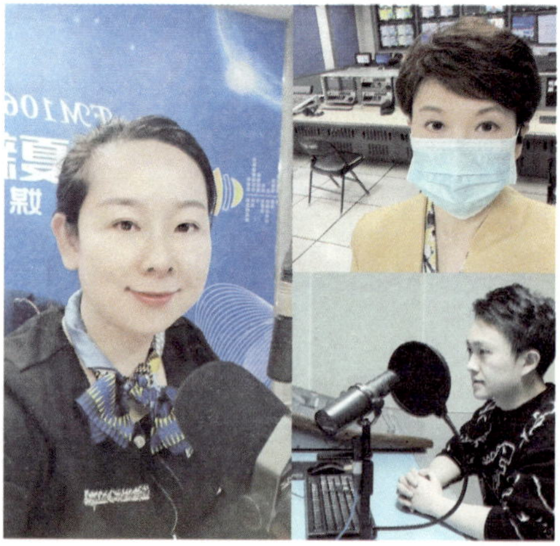

疫情感染高峰，各项报道任务繁重。中心主任、副主任尽职尽责，

主动谋划，马佳、叶茜文等铿锵玫瑰，身处经济文化部、民生应急部一线，在疫情减员的时候吃住在办公室，加班加点，白天做好防护在一线采访报道，傍晚与团队成员通过视频交流选题策划，确定文稿细节，在新闻一线绽放风采。马宜雨、金渤、陈夏、王虹有的始终坚守，有的尚未完全康复就投入工作中。融媒体新闻中心推出《优化落实疫情防控措施》专栏，派出多路记者，走访社区、医院、机场、火车站等公共场所，采访民众对防控措施优化调整后的感受，真实反映了宁夏各地贯彻疫情防控"新十条"的落实情况，共播发各类有关疫情防控报道210多条。叶莉等同志发挥电视评论观点鲜明、客观深入的特点，围绕疫情防控发布了近20期《联播快评》和《朔方平》，为全区科学、规范、快捷、有效开展防疫工作，凝聚起基层一线的强大合力，构筑起群防群控的坚实防线鼓劲加油。

每天的新闻成片，观众感受到的是节目中的流畅和平静，背后却是这些新闻逆行者的可敬可爱。为确保时政报道不断线，宋克亮连续多天离家自我隔离，只为了完成好自己担负的重要时政新闻报道。电视主播张焱在孩子、丈夫相继感染无人照顾的情况下，依旧忍痛坚守在台里闭环上岗；主播杨新竺坚持顶岗直到自己被感染的那一刻；广播主播姚丹在只剩一人的情况下，连续10天坚守在主播台，独自承担起两档广播新闻节目的制作播出任务，无法照顾独自居家的女儿。综合部袁风萍身为两个孩子的母亲，在部门减员只剩一人的情况下，用纤瘦忙碌的身影撑起中心办公行政的各项日常工作，并顺利完成了中心副高级职称近40人的职称竞聘有关工作，包括资料收发审核、分组民主测评、投票打分的统计上报等；刘仲雄周到细致完成闭环各项后勤保障服务等工作……

联播节目部最艰难的时候，3至4人值班，精剪编辑仅剩李倩一人，导播只有张君丽一人，公共节目中心及中心制作部的同事迅速调岗支援，保证了节目安全播出。

新媒体部门面对疫情变化，及时调整工作安排，分组错峰上岗，互帮互助，共同分担。随着感染减员的情况出现，未感染的同事主动顶了上来，剪视频、做图文、出策划、维护客户端……银兰高铁开通当天许多同事顶着高烧支援一线,经济频道部派出外采力量,和融媒体新闻中心记者共同完成了长达4小时的《畅行2023》融媒体直播活动。

各频道代班主播积极配合做好代培上岗工作。电视新闻出镜主播们身体力行安排好家里的事情,尽量做到为工作自我闭环出行。

总编室化妆师为了避免主播交叉感染,每天坚持穿密不透气的防护服给主播们化妆……

祁鹏等同志在中心疫情防护资源紧缺的艰难时刻,多方打听联络为大家外购弥足珍贵的抗原检测试剂和退热布洛芬片,解了大伙儿的燃眉之急;综合部同事把暖心药剂再次分装,贴在中央厨房办公室供急需同志自取,爱心在中心传递……

我们的团队不会因困难被打倒,反而变得相互理解,更加团结。随后,大家逐步阳康返岗,一起克服身体上的不适,全力保障自治区两会报道工作。现在的我们正拧成一股绳、铆足一股劲,尽职尽责做好每一项工作。

什么是青春?什么是成长?什么是责任与情怀?因为有坚守,每个人的身上都散发着光亮;因为有担当,才有紧张却温暖有序的日常;因为有互助,才有动人却不煽情的温暖;因为有凝聚,才有平静却可敬的现场。一场疫情的考量,让我们看到一代又一代广电新闻人胸膛里燃烧着的炽热火焰,这是职业的神圣使命,也是团结聚力的精神品质和坚定不移的新闻理想。也正因为如此,才让这支队伍在时代的洪流中,始终步伐坚定,用镜头用话筒讲好反映时代、打动人心的宁夏故事,勇往直前交好新答卷,续写新篇章!

交通广播中心:疫情当下,我们“顶得上、挺得住”!

直至2022年12月26日,宁夏广播电视台交通广播中心仅剩副主任卢宝晓、3名主持人和2名导播未被感染。根据中心疫情应急预案,宁夏交通广播启动了节目大版块运行模式。此前,随着员工相继感染而不断出现病休减员情况,中心其他员工义无反顾争相顶岗、替班,导播感染主持人顶上,A岗感染B岗上,B岗感染能上的人上,老同事呵护年轻同事,小同事心疼老同事……这期间，所体现出来的干部职工之间温暖、闪光的情谊是交通广播最美的底色。上下齐心、团结协作的优良作风是十几档自办节目正常运转、全天 24 小时安全播出的最大保证。

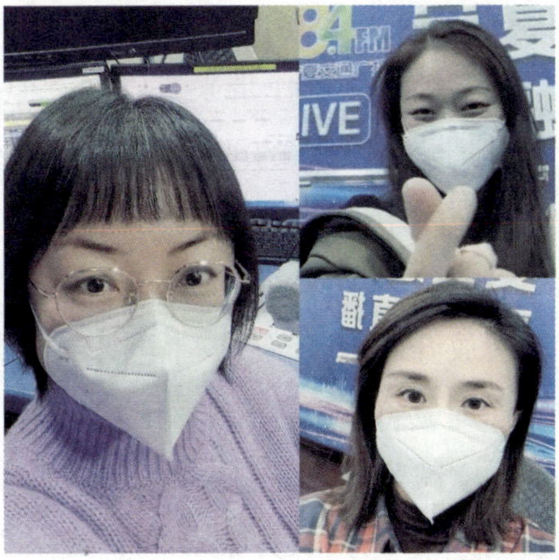

主持人是最关键的岗位。随着疫情形势发展，宁夏交通广播主持人上节目从最初的一天一档变成了两档再到后来的一整天。聆笛、佳宁和莫成发挥老主持人吃苦耐劳、勇于担当的精神，顶岗、代节目一直坚持到自己出现发烧症状，且有人员复岗后才居家病休。桂涛、欣然和海莉发烧症状一消失，嗓子疼、沙哑、咳嗽等症状还非常严重的情况下就申请返岗，“只要不说话，什么岗位都可以安排”。

导播工作负荷相对较重，特别是值夜班要从当天 16:30 到次日 9:00，且不能离人。导播成为了中心调整最为频繁的岗位。肖凯文是导播岗位唯一常驻人员，他经历了由白班调到夜班，夜班由 4 人轮换变成 3 人，再到 2 人。中心担心他长时间坚守身体吃不消，他斩钉截铁地说：“没关系，能坚持！”导播祁俊峰一岗多责，“宁夏交通广播 UP 商城” 每天新的宣传片花必须编排且时间不确定，他常常是下完夜班后随时做好准备返回单位编排节目入库，这也就意味着祁俊峰的睡眠时间都是“碎片化”的。他在挺过了中心人员最为紧张的时刻后，带着“我真的想进决赛”的遗憾感染离岗。窦薇、朱雨、张华等几位同事，在承担好本职工作的同时，主动轮值白班导播工作。记者刘晓晨在家人感染需要照顾的情况下，主动请缨轮值夜班，中心每天人员都有变动，他就像是“一块砖”，哪里需要哪里搬。

在疫情袭来时，交通广播中心全体干部职工团结一心、上下齐心，在减员严重、岗位调配频繁的情况下，做到了安播零差错。在这期间涌现出的“自己掏钱给单位购买消毒液，彼此间互相关心问候，互送、调配 N95 口罩、抗原检测试剂、退烧药”等等这样的温暖瞬间时常让人湿润眼眶。疫情虽然给宁夏交通广播的正常工作带来了影响，但是也检验了交通广播中心团队关键时刻“顶得上、挺得住”的硬实力。

技术中心：疫情时刻，安播无忧

2022年岁末，因为疫情，所有人的脚步都被放慢了。12月8日疫情防控全面放开以来，宁夏广播电视台技术中心各科室都制订了值班保障方案、闭环管理应急预案等。然而随着感染人数越来越多，中心一度减员达60%，个别科室减员甚至高达80%。应对疫情的工作方案也在不断调整：从方案A过渡到方案B，又从方案B调整成了方案C……保障方案、排班方案甚至每天要更新多次。

到了元旦前，能够值班的技术人员已所剩无几。面对严峻形势，在中心领导的带领下，同事们自告奋勇坚守岗位，主动驻台闭环管理。在这些“天选”值班人员中，有的是工作了30多年的老同志，有的有慢性基础病，有的颈椎、腰椎不好……住在单位虽然有点苦、有些累，但大家没有任何怨言，因为安全播出只有开始没有结束，更没有退路！

田晨光自2021年“9·20”疫情以来，主动闭环驻台，成为住在播出机房最久的“钉子户”。播出一线，他是同事们的主心骨；日常工作，他是大家的总

调度;疫情防控,他是大家的守护者。每每看到他忙碌的身影,同事们感动于他的付出,他却泰然处之:“岗位需要我,我就来了。”

同样坚守岗位的还有广播播出部的韩致纲。病毒感染最严重的时候,整个科室只剩他一个人。因为科室之间专业性区别很大,无人可替,他只能坚守在岗位上。在父母、妻子和两个孩子均被感染的情况下,他也无法顾及家人,只能毅然坚守在播出一线。沟通协调、处理各类突发状况,替补空缺岗位……直到同事们“阳康”陆续归来,他才紧急赶往医院,照顾因感染新冠病毒住进 ICU 的父亲。

自治区两会期间,电视播出部科长张瑞感染新冠病毒后仅仅在家休息了三天就重返岗位。在做好严密的防护后,他和科室技术人员共同调试设备、部署安装、运行测试,圆满完成了自治区两会新闻报道的技术保障工作。关键时刻顶得住,让很多同事不由地想起他平时常说的话:“吃苦在前,享受在后;喊破嗓子,不如做出样子。”

为降低疫情给《宁夏新闻联播》带来的不确定因素,确保重要时政节目的直播安全,录制部科长张鑫带领科室仅剩的 6 名技术人员驻台实行封闭管理,克服人员紧张、时间冲突等困难,既要保障一号、二号演播室直播和其他演播室日常节目的录制,又要加班加点完成多场大型节目录制工作。10 讯道高清转播车、摇臂、轨道、42 倍长焦镜头等大型节目录制的特种技术装备全部上场,安装繁琐、调试工作量大,涉及的技术系统和节目相关部门的协调工作多,他们任劳任怨克服人员不足和新冠疫情的影响,确保节目录制和转播工作顺利完成。由于《首届宁夏残疾人春晚》和《宁夏春节联欢晚会》两场晚会是连续两天录制,1 月 8 日《首届宁夏残疾人春晚》录制刚刚结束,1 月 9 日《宁夏春节联欢晚会》又要开始录制,没有给设备转场预留时间。张鑫和科室人员在《首届宁夏残疾人春晚》录制一结束也顾不上休整,连夜将技术设备拆除、装箱、打包拉回台里,再卸车、拆箱、搭设、调试,终于在次日凌晨一点完成录制设备架设工作,没有耽误当天早晨《宁夏春节联欢晚会》的录制工作。

还有，音频制作部的许泽，因节目录制需要，在身体尚未恢复的情况下，每天晚上等到同事们下班了，他默默来到台里，进行春晚节目前期音乐的录制和制作，一遍又一遍，只为给观众呈现出最好的效果。大家劝他悠着点，但他仍坚持：“节目制作需要，我义不容辞！”

这样的例子还有很多。进入“决赛圈”的鲁挺，在广播网络部其他人员均被感染的情况下临危受命，独自一人出色完成了广播网络部 7×24 小时的值班巡检和元旦期间的重要保障工作；“新兵”丁晓霞、姜欢在疫情最为艰难的时刻，靠着超强的学习能力，快速完成了从“新兵”到“岗位能手”的角色转变，坚守在电视播出第一线，为安全播出保障工作贡献力量。

作为技术中心大家庭的一分子，其实每个人都在为守护全台制作安全、网络安全、播出安全而不懈努力着。在与新冠疫情的抗争中，我们用技术人的速度、毅力、创新，助力节目部门出色完成技术保障工作；在日常工作中，我们聚焦安全播出、谋划布局，排查每一个系统，梳理每一项制度，为圆满完成每一天、每一秒的安全播出保障保驾护航。

高明：疫情坚守中的“不倒翁”

从 2021 年“9·20”疫情开始，高明就在台里坚持值班值守。“新十条”实施后，他才改成“两点一线”，“只有行程轨迹越简单才能最大程度降低感染的风险”。

从事广播新闻忙两头：头天晚上整理归集稿件、提前录制剪辑音频素材，几乎每天都要忙到凌晨 1 点。早上练声开嗓、更新天气和资讯，天不亮就要出发，赶在早高峰之前，以饱满的热情开启直播。疫情袭来时，原本 ABC 三组轮岗当值的主播和编辑挨个“倒下”，所有节奏都被打乱了。

此时，熟悉所有工作流程和岗位的高明站了出来。他自嘲说：

"作为一个万金油式的主持人,今天终于派上用场了。"编辑"阳了"他顶上,服务类节目主播"阳了"他顶上,甚至值机导播"阳了",他也能顶上。他负责的《新闻早高峰》节目没有启用应急备播带,没有漏掉一次重大宣传报道消息,没有因疫情改变节目播出形态,甚至在减员"断粮"的情况下还开设了《今日关注》《疫情防控小贴士》等指导性强、服务听众的新栏目。

新闻广播人手最紧的时候只有5位同志能坚持在岗。在代班成为常态后,拼的就是战斗力持久力。每个当班主持人几乎都要值守7到8个小时的直播,节目衔接处理不及时超过10秒就会造成安播事故。连续值班难免疲倦,为了克服困倦确保播出安全,当值主播就在直播间播放音乐或在其他音频空档做俯卧撑、跳健身操、抹清凉油……

2022年12月26日,高明值完一个上午班正准备休息时,却得知夜班导播"阳"了。就这样,高明又连着值了一个通宵夜班。第二天早晨,只见一脸疲倦的高明用凉水洗了把脸,又打起精神开始了新一轮"战斗"。连续奋战几周后,高明身体突发不适,左胸肋间和后背肩胛骨侧隐隐作痛,深夜坐在电脑前编稿时感觉到一阵冷汗,还伴有胸闷、气短。高明马上赶到医院就诊,在一系列检查后医生千叮咛万嘱咐,让他一定要好好休息。可高明却选择了回到单位,继续坚持工作。

"虽然我们的工作不像医务工作者冲锋在疫情一线,但正是我们的坚守笃行,才能保证准确及时地传递出党和政府的温暖,传播正能量的声音。"也许这段时光只是高明23年广播经历的一个插曲,但这段时光注定令他难忘。他所守护的集体,也注定不会忘记他和所有同事的付出。

李慧:疫情中坚守 岗位上担当

2022年12月,这个特殊的月份,不管是留守频道还是因病居家,公共节目中心的同事们都展现出了令人感动的一面。他们用实际行动诠释着"公共人"的精神,坚守着"公共出品 必属精品"的理念!

李慧所在的策划部承担着宁夏广播电视台公共节目中心大型活动、大型直播、重点节目的策划执行任务。2022年,部门8个人完成了近20场大型

活动的策划、执行、录制和后期制作，5部宣传片、公益广告的撰稿、拍摄制作，同时还承担着《今日宁夏》的直播任务。尤其是2022年下半年，中心承接了区直机关“大学习、大讨论、大宣传、大实践”线下知识竞赛、自治区生态环境厅“踔厉奋发新征程 勇毅前行担使命”学习宣传贯彻党的二十大精神全区生态环境知识竞赛、“奔流向未来·2023年宁夏新年音乐会”、银川至兰州高速铁路通车仪式等多场活动。为保证活动顺利举办，从2022年12月初开始，很多同事住在了办公室。随着中心其他同事因感染生病无法到岗工作，多场活动的安全保障就落在了为数不多还坚守岗位的同事身上。

2022年12月19日，正在转播车上录制晚会的李慧，接到策划部主任陈康的电话，他和责编马小荔都发烧了。为保证第二天录制能够顺利进行，李慧把孩子托付给70岁的老父亲后住在了单位，从“两点一线”变成了“一点”。当时李慧还有《德耀宁夏——新时代公民道德建设大讲堂》第7期的推送和宣发，加之年底部门活动较多，此刻又面临着新年音乐会的后期、推送和宣发，一时间备感压力骤增。陈康发着烧在家写文案，音乐会后期制作终于完成了。刚想着手头工作终于要告一段落时，又接到了新任务——银兰高铁中兰段通车仪式现场直播。从接到任务到完成只有短短的3天时间，除了要熟悉流程之外，还要去踩点、试信号，同时宁夏新年音乐会的修改、推播工作也迫在眉睫，而此时部门只剩李慧一个人还能在岗。白天到现场工作，晚上到办公室整理相关资料，终于在12月29日顺利完成了通车仪式的直播活动，新年音乐会也顺利推送，他心里的石头也算是落了地！29号晚上终于回家了，同时也迎来了39摄氏度的高烧。

“石以砥焉，化钝为利”，在困难面前，“公共人”永远不畏艰难，直面挑战！

高明军:防疫,哪有需要哪有他!

很长一段时间,台办公室行政科高明军的一天是这样度过的:早上到单位食堂买上早点回办公室,顾不上吃一口,就开始给社区打电话核实前一天晚上已经敲定的核酸采集人员到达时间,打开电脑给台里多个部门群发通知,告知大家核酸采集时间,之后将准备好的桌椅板凳整理好,核酸检测人员到位后,组织大家排队、维持秩序,全体核酸结束后工作人员离场,收集所有医用垃圾,将垃圾送到社区专用回收点。

全部程序完成后,这一天的核酸检测才算完成,高明军也才能长长地舒一口气。从9月20日宁夏疫情开始,宁夏广播电视台共进行了62轮免费核酸检测,其中8轮由宁夏广播电视台职工担当核酸检测员。疫情放开后,截至12月23日,又进行了5次核酸检测。这些数字背后,我们看到了高明军的辛勤付出,也看到了他服务大家的无私情怀。

三年疫情,高明军已成了单位防疫第一人,无论哪个部门有疫情防控方面的问题,都要找他咨询,最多时,他一天能接近两百个电话。最令人难忘的是2022年宁夏春节联欢晚会,那时,防疫政策每一天、每个地区都不同,有时睡到半夜,接到春晚剧组打来的电话,他一遍遍地与宁夏防疫部门联系,寻求自治区疫情防控指挥部、金凤区疫情防控办和辖区社区居委会的帮助……

2022年10月以来,宁夏广播电视台安排人员留守。高明军与同事找到台附近酒店询价,争取最优惠的价格。为给留守人员买到合适的床、被褥等物品,高明军冒着被传染的风险,开着私家车到商城、商都、国际商贸城等批发场所,看物品谈价格。让他印象深刻的是为新闻中心安置住处

和安装高低床。那一天他从国际商贸城将高低床买回来，却找不到搬运和安装的工人，他说服司机跟他一起搬，等不到安装师傅，他一个人安装。凌晨三点，20 张床才被安装好，并铺好被褥。

宁夏广播电视台组织党员下沉社区，加之单位防疫任务重，他顾不上回家，一趟趟地跑市场比价格，和同事购买了将近 20 多万元的防疫物资。找不到送货车，他开着私家车、把防疫物资拉到单位，有时还连夜去货场拉货，累了，车里眯一会儿。渴了，喝点矿泉水。饿了，吃口馒头。

全区开展疫苗接种工作期间，考虑到单位许多职工住在湖畔嘉苑社区，他主动找到社区主任和医疗站站长联系，为全台职工接种疫苗。每次接种时，为了不耽误大家的工作，他早早来到社区，提前取号，为大家开通绿色通道。台里职工只要到现场，只要找到高老师，都能拿着他提前排好的号第一时间完成接种。第一针疫苗宁夏广播电视台共有 689 人完成接种，第二次接种时，考虑到台里部分职工住在城北，为方便大家，他又主动联系了碧水蓝天社区医院，分南北两个点分别接种，最终台里 818 名职工完成第二针疫苗接种。一次接种疫苗，持续时间近两个月，高明军现场、单位两头跑，每天回家一看运动步数，都在两万多步以上。

从秘书科到行政科，在疫情防控的关键时刻，高明军主动揽下最为繁琐的疫情防疫工作，科里的其他工作只能抽空完成。时值年终，手里的各种票据要粘贴报销，全台每月的电话费还得统计，他把这些工作放到了晚上。从 9 月 20 日到现在，他把单位当家，回家的次数屈指可数。经常干到凌晨两三点，办公室的沙发成了他的床。

作为台里的一名老职工，历经技术、采编、行政等多个部门，多个岗位。无论在哪里，他都踏实认真，干好手边事，看似默默无闻却又润物无声。他用自己的方式守护好宁夏广电疫情防控的第一道防线。

聚焦党建引领 助推乡村振兴

——宁夏广播电视台盐池县杨儿庄村驻村工作队工作纪实

李 鑫

2021 年 7 月 1 日，宁夏广播电视台 3 名队员唐均卫、郭昊威、李鑫来到盐池县惠安堡镇杨儿庄报到，开始为期两年的驻村工作。此前，宁夏广播电视台驻村工作队一直在盐池县青山乡工作，这是新调整进行乡村振兴帮扶的村。如今快两年了，驻村工作队与村里的百姓们一道谋出路、想办法，千方百计帮助村里走出一条乡村振兴的新路子。他们对当地百姓的真挚情感、辛勤付出得到了大家的一致肯定。2022 年，唐均卫被惠安堡镇评为优秀驻村工作队长。

明思路、定措施，把规划放在“先行”地位

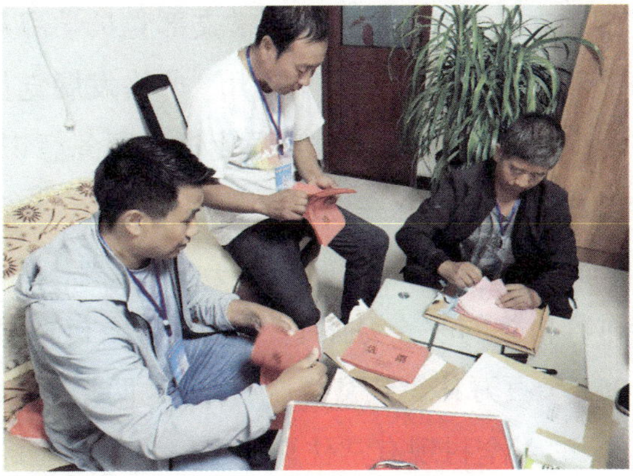

思深方益远，谋定而后动。实施乡村振兴工作，是一项复杂的系统工作，规划是开始工作的“第一道工序”。宁夏广播电视台党委充分认识到，乡村振兴工作不仅是驻村队员的事，更是全台一项重要工作，台领导多次到村上实地调查研究、督导工作。按照安排部署，针对村里现状，工作队制定《宁夏广播电视台驻杨儿庄村工作队帮扶方案》，提出从建强村党组织、推进强村富民、提升治理水平、为民办事服务4个方面加强村集体建设。驻村工作队积极与村“两委”班子对接工作，同时主动出击，通过走访、入户调研的方式了解杨儿庄村的基本情况。为加深了解乡村振兴工作的职责和任务，宁夏广播电视台杨儿庄驻村工作队第一书记和工作队员先后参加了自治区、市、县组织安排的各项培训8次，培训之初，3名队员就提出了“早消化、快消化、细消化”的学习思路，以期提高工作的针对性和政策宣传解读能力，为下一步开展工作进行规划，建立了一套总体工作的初步模型。

抓落实、重实干，铆足干劲促发展

乡村振兴的最终目的，是要增加乡村居民的幸福感、满足感，让农民群众的腰包越来越鼓，日子越过越红火。

基于这样的目标，驻村工作队以组织振兴为抓手，聚焦党建引领主导，精准发力。工作队配合村“两委”，加强杨儿庄村党支部建设，落实“三会一课”制度，开展党群议事会，指导村班子召开党史学习教育专题组织生活会，组织召开2021年度组织生活会，对2021年党建工作情况进行总结汇报，并对2022年的党建工作计划进行通报。采取集中学习、网络学习、走进农家院、老党员话乡村剧变等形式，传达学习贯彻党的二十大精神和自治区第十三次党代会精神。通过日常支部党员学习及专题学习等多种形式，促进党员干部发挥先锋模范带头作用。严格发展党员程序，先后研究通过3名党员转正，发展3名预备党员。强化党员服务意识，不定期开展联系走访活动，了解群众生产生活存在的问题，及时化解矛盾纠纷十余起。

生态振兴是乡村振兴的一项重要内容，宁夏广播电视台驻村工作队以村容村貌的改善为抓手，持续做好乡村环境卫生整治工作。杨儿庄村为全区261个百万移民致富提升村之一。两年来，工作队通过入户走访、资料比对等方式，对全村现有常住户有了一个全方位的统计调查。从2022年开春以来，

驻村工作队根据现有调查数据联合村两委，先后对危房拆除、乡村环境美化、老旧管道改造等方面提出了多项建议。在工作队主导下，村里种植经果林和景观树 1350 棵，亮化村文化广场，为 3 个村民小组安装路灯 96 盏，全村新修水泥路 2.3 公里。通过大力推广环境卫生门前“三包”和积分超市等长效机制，大力整治村庄、庭院、生态环境，提升改善乡村人居环境。先后对全村常住人口进行庭院卫生督查、评比、奖励等工作，评出“最美庭院”二十余个。

产业振兴是乡村最为关键的一项内容。杨儿庄村位于惠安堡镇东部，土地面积 108.6 平方公里，多为广阔的干旱草原和荒漠草原，全村主要收入以种养殖和务工为主。养殖以滩羊为主，存栏量有 2 万多只，种植以黄花和小杂粮（荞麦、牧草、玉米）为主。按照盐池县、惠安堡镇一村一特、小杂粮补贴相关要求，工作队每年与村两委到每个自然村，挨家挨户对饲养猪、鸡和种植的小杂粮的农户进行实地计数、登记、造册，落实农户各种种养殖补贴补助。在杨儿庄村多次遭到旱灾、雨灾等自然灾害的情况下，工作队与村两委积极走访、实地考察了解受难群众情况，统计并上报镇党委，积极协调下发相关受灾补助。同时按照镇党委工作安排，与村两委成员对杨儿庄村所有住户进行了集中走访，全面了解各户收入及务工情况，并将相关情况录入监测 App，为全镇的下一步工作部署提供了有力的数据基础保障。

沉下去、融进去，展示宁夏广电新形象

宁夏广播电视台杨儿庄村驻村工作队的 3 名队员，将难得的驻村经历，当作充实人生经历的体验，也充分认识到队员们的形象就是宁夏广电的形象，队员们的精神风貌就是宁夏广电的精神风貌，他们始终严格要求自己，丝毫不敢懈怠。

队员们严格遵守各项驻村纪律和规定，舍小家为大家，平均每月驻村 22 天以上，没有违反工作纪律的行为和现象。特别是 2021 年疫情期间，工作队坚守岗位，与村两委班子始终奋战在抗疫一线。2021 年 12 月，工作队 3 人在全体阳性的情况下不请假、不休息，带病在岗，他们的工作得到村民的一致认可，更是让全村人看到了宁夏广电人的无私与奉献。台里多个党支部还开展“走进乡村看发展，关爱百姓助振兴”主题党日活动，联系爱心企业、医院、理发志愿者为老百姓捐物资、免费体检、免费理发等惠民活动，让村民们也感受到了来自宁夏广电的关爱和帮助。

工作队还发挥媒体优势，积极宣传乡村振兴的可喜成绩，多次联系宁夏日报社、宁夏法治报社，以及台里的广播、电视媒体等，宣传报道惠安堡镇在打造特色产业、促进就业创业、实现善治乡村等方面的经验、办法。协调自治区影视制作公司到惠安堡镇拍摄制作宣传片。经过驻村工作队的努力，《今日头条》先后刊载了《宁夏吴忠市盐池县惠安堡镇：有声图书馆，让党史国史声声入耳，声入人心》《惠安堡镇：集体经济“牛”起来，群众日子“红”起来》等典型事迹，让更多人了解美丽惠安堡。驻村工作队还分别代表杨儿庄村及惠安堡党委政府参加“社会主义是干出来”等各类主题演讲、答题比赛十余次，取得较好成绩。

“没有最好，只有更好”。带着这样的信念，宁夏广播电视台杨儿庄驻村工作队助力乡村振兴，用努力和付出，在创建新时代文明实践村的道路上阔步前行。

笃定前行 不负韶华

——银川市金凤区良田镇挂职锻炼体会

王 娟

“阿姨，我想要学习用品，我喜欢篮球……”带点羞涩的顾国华笑着对我说。他是一名孤儿，个头只有1.2米左右，看不出来是一名15岁的初中生。父亲早年去世，他被寄养在光明四队的叔叔家，家里老老小小8口人，日子过得紧巴巴的。在和顾国华交流时，我明显感受到孩子非同一般的懂事和对知识的渴望，在他那双坚定有神的眼睛里闪烁着对未来美好的憧憬。顾国华对我说：“我要好好学习，以后长大了我要报答我叔叔一家！”……这是去年我在良田镇挂职期间，入户摸排特殊家庭情况时遇到的一个孩子。这些孩子们稚嫩又皴黑的小脸儿，可爱坚强，令人难忘。

2021年5月，在组织安排下，我被选派到乡村振兴建设重点乡镇——银川市金凤区良田镇，开始为期一年的挂职锻炼学习。带着领导的期望，带着和女儿的约定，带着家人的理解和支持，我背上行囊投身到乡村振兴建设中。一年间，我与干部群众同吃同住同工作，熬过了许许多多披星戴月的日子，领略了乡村四季美丽的风景，体会了乡村干部工作生活的不易。他们坚强的意志、扎实的作风和“顾大家舍小家”

的精神，一直激励着我、鞭策着我，更是我乐此不疲一直坚持的动力。

静下心，勤钻研，学习知识强弱项

换了新环境，一切从零开始。记得第一次参加乡镇党委会，会上大家讨论的议题有80%我听不懂，从来没有过的忐忑与焦虑一时间涌上心头，“本领恐慌”的危机感在刚去的那段时间愈加强烈，心理上和能力上的反差让我始料不及。为了快速转换角色，适应新的工作环境，我和村干部一起白天到村民家入户走访，了解民心民情民意，协调解决群众困难；晚上挑灯夜读，恶补“三农”知识，撰写民心日志、迎检材料、工作总结和规划，记录学习工作笔记，在大量的案头工作中熟悉情况、查漏补缺，为下一步工作奠定基础。乡政府工作任务重而杂，人员少又流动快，工作千头万绪，基本是“谁主管谁负责”。经过不断学习和虚心请教，在镇党委书记、镇长和班子成员的支持帮助下，我分管的宣传、意识形态、精神文明、乡风文明、工青妇等各项工作成绩可圈可点，得到了领导、同事和群众们的认可好评。特别是主抓的精神文明工作，经过区市级几轮的实地考察、材料验收和考核测评，良田镇被自治区精神文明建设指导委员会授予第十九批“自治区文明乡镇”荣誉称号。

守纪律，知敬畏，危难时刻显担当

“请还没做核酸的村民朋友们，现在到村委会做核酸……”这是2021年“10·17”银川突发疫情紧急防控期间，良田镇各村居“两委”班子成员开着流动车、手持小喇叭，走村串巷、挨家挨户通知村民做检测的“方言喊话”。从那时起，各村委会大喇叭、流动车喇叭、手持小喇叭就经常播放着各种科学防疫小知识，提醒督促辖区群众提高防范意识。疫情就是命令。近一月时间里，镇村干部职工为保障百姓安全，睡在帐篷靠前指挥，全镇上下联动坚守阵地，形成联防联控、群防群治的工作机制和“五包一”机制，在全镇范围内连夜展开拉网式摸排，登记信息、建立台账、调配物资，指导顺利完成辖区群众三轮核酸采样工作。加强疫情防控提示宣传、巡查督导、后勤保障、信息核对……党员先锋岗、巾帼服务队、青年志愿团带头示范冲锋在前，没有一个人主动掉队，他们身穿红马甲走村串巷、入户农家，成了群众最信任和依赖的

"志愿红"。

有一天夜里已经十一点多了，外面下着毛毛细雨。植物园村妇联主席姚红来镇上领防疫物资，因连续几天熬夜没休息，她的感冒越发严重，还伴有低烧，我劝她赶快回家休息，她声音沙哑地说："书记，我先把物资送回村上……"转身她拖着疲惫的身体消失在了黑夜里……危难时刻，像姚红这样不畏病痛坚守在防疫前线的同事还有很多，有舍下不到一岁的宝宝奋战在疫情数据专班熬夜摸排信息的，有全家老小放弃自家生计在防疫一线跑前跑后做志愿服务的，有家中父母病了没法回家看望照顾的，有浑身疼痛在村部卫生室挂点滴还要坚守防疫岗位的，有冒着风雪严寒为百姓抢收瓜菜服务送药的……他们的事迹真实而鲜活，激励我努力，感召我奋进。

俯下身，暖人心，诚心实意解民忧

2021 年冬天，参与村上违法建筑清拆工作时的场景令我难忘。那是我平生第一次头戴钢盔帽、身穿棉大衣，也是第一次领教了这两样东西的分量。在挨家挨户做违建清拆劝导工作时，有一位大娘盘腿坐在违建棚里又哭又闹，怎么也劝不起来，眼看挖掘机一动棚顶就要塌了，情急之下我走上前蹲在大娘跟前安抚说："大娘，你家这个牛棚建在了耕地上，属于违建，今天肯定是要拆的。你这样哭闹很伤身体，你家的这几头牛政府会想办法给你安置好的，你放心……"听罢大娘哭闹声小了，渐渐平静了下来。我握着她干枯冰冷的手慢慢搀扶她进了屋，她似乎对我有了信任，主动和我说起她家的那事儿，还帮助我们劝她的儿媳妇别闹了……晚上回到家脱掉笨重的棉大衣和钢盔帽，感觉整个后背和脖子僵硬得不能动弹，那种酸痛整整一周才缓过劲来。后来，听镇上的老同志说起良田镇十几年前搞规划建设时，做清拆工作比现在要难得多苦得多，在给农民宣传拆迁政策时，总会遇

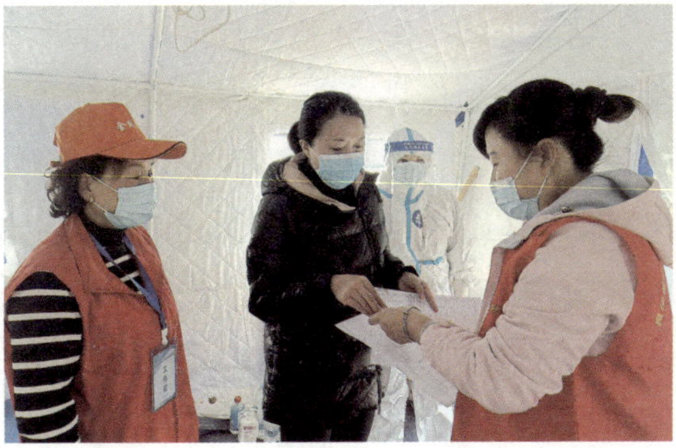

上个别不讲理的老百姓，说不好还可能挨几砖呢……听着良田镇过去的故事，看着眼前美丽新农村的景象，不由得对曾经在脱贫攻坚和乡村振兴路上立下汗马功劳的前辈们心生敬佩。

基层工作最能磨练人，因为离老百姓最近。2021 年 8 月，为了改善提升老百姓的居住环境和生活质量，金星村被列为全镇人居环境重点改造示范村。镇村干部连夜挨家挨户讲政策、摸底数、做宣传，立目标、定规划、抢工期，全镇上下联动集中整治 50 多天，按照农户条件分类打造共享庭院、示范庭院和标准庭院，帮助农户收拾院落，优化整村环境，为农户发展庭院经济出谋划策搞帮扶，增加收入提高生活水平。在文明城市创建近一个月的督查中，镇村干部起早贪黑值勤值守、疏导交通、整改提升，保障创建验收工作顺利完成。“上面千条线，下面一根针”，乡镇作为国家政权组织结构中最基层的一级组织，这根针是党和国家在农村全部工作的基础，关乎老百姓的切身利益，样样都马虎不得。

搞活动，聚人心，借助资源兴文化

为积极调动和发挥干部群众的主观能动性，增强乡镇干部的凝聚力和战斗力，按照镇党委工作部署，我结合全镇工作实际提出了“以干带宣、以宣促干”的工作目标，制定全镇宣传工作实施方案并牵头抓落实促成效。通过对先进人物、典型案例、创新经验、亮点工作挖掘总结和宣传，组织开展“板凳会”“田间课堂”“导师帮带”“支部共建” 等学习教育活动，提高干部群众“比学赶帮超”的思想认识，潜移默化影响干部群众转思想、长见识、增自信、促民风，达到选树培优、以点带面、示范引领的作用。

结合分管工作，我整合宣传部、妇联、团委、文体局等资源，发挥新时代文明实践阵地优势，开展妇女手工技能培训、少儿假期公益课堂、移风易俗道德大讲堂、田间技能培训课堂、信息写作培优提升班等常规培训；举办移风易俗集体婚礼、农民丰收节、元宵节、巧媳妇厨艺大赛、青少年冬奥主题系列活动、职工趣味运动会等品牌活动；联合金凤区妇联举办“家庭教育促进法”进农村宣讲活动启动仪式，联合金凤区法院召开推进移风易俗——良田镇婚姻家事矛盾治理座谈会；参与组织“童心向党　红色经典大家诵”亲子朗诵大赛，及良田镇庆祝中国共产党成立100周年“两优一先”表彰大会暨“唱支山歌给党听”群众大合唱比赛。值得一提的是，2021年“七一”期间，我带领良田镇“移民妇女合唱团”参加金凤区“黄河大合唱”群众性合唱比赛。作为全区评选出的26支优秀合唱队之一，且是唯一一支农民合唱队，我们受邀参加了“唱支山歌给党听　丝路银川　魅力金凤2021第三届中国银川黄河合唱节暨金凤区庆祝建党100周年群众合唱系列活动”大型展演活动，并最终荣获2021年第三届中国（银川）黄河合唱节优秀组织奖和成人组铜奖，得到了社会各界人士的普遍关注和一致称赞。

一年间，我通过借助媒体资源优势，积极协调台里融媒体新闻中心、公共节目中心、广播节目中心等部门宣传资源，策划组织“乡村大喇叭　唱响新时代”大型现场直播首场节目良田专场活动、“践行雷锋精神　把爱带回家——为金凤区良田镇困境儿童送温暖”主题党日活动、“乡村读书会”激发导师帮带新活力全民阅读宣传活动；协调邀请镇村干部做客直播间录制《新春走基层　我为群众办实事》《乡村大喇叭》等直播访谈节目；协调《今日宁夏》全媒体直播节目，帮助当地政府做好对外宣传工作。任职期间，经过精心策划、组织提炼、及时宣推，良田镇在人民日报、新华社、中国日报、宁夏日报等媒体平台发布新闻宣传报道650多篇，是近年来报道频次较为集中的一年。

人在事上练，刀在石上磨。基层是党的工作最坚实的力量支撑，也是干部成长的源头活水。这一年的学习锻炼，让我磨炼了意志、坚定了信念、锤炼了作风、增强了能力、练就了本领，并在2021年度金凤区科级领导干部考核中被评为优秀等次，挂职锻炼期满鉴定时被金凤区委组织部建议年度考核优秀。2022年5月返回岗位后，在宁夏广播电视台“我是共产党员”风采展播及“最美共产党员”评选活动中，我被评为“最美共产党员”。这些荣誉是对我过去工作的肯定，更是对今后工作的鞭策。我将以“国之大者”的胸怀，沉下心思，俯下身子，脚踏实地，用心用情尽力做好每一件看起来平凡的工作，打牢事业基石，实现属于我的人生价值。

以此文勉励自己，不负韶华，笃定前行。

这天，我们追寻信仰！

——赴红寺堡弘德村、罗山转播台联合主题党日活动侧记

宋　韬

信仰，一个崇高而迷人的字眼。对每个共产党员来说，它是灵魂所系和需要毕生追寻的灯塔。我们平日开展的各类主题党日活动，其实就是一次次对“信仰坐标”的巩固与追寻。在最近一次联合主题党日活动中，我们通过所见所闻所思，心中这样的感受显得尤为真切。

2023 年 9 月 22 日，宁夏广播电视台计划财务部党支部、黄河云融媒体中心党支部、广播节目中心党支部、发展研究中心党支部、罗山电视调频转播台党支部和自治区财政厅教科文处党支部等六个党支部，带着互学互促、共同进步的目的，赴红寺堡弘德村和罗山电视调频转播台观摩学习，踏上了一次追寻信仰之旅。

各支部的党员们一路交流，一路观摩，一路感悟着信仰的味道与力量——

流动党课：共筑信仰“连心桥”

从银川出发到红寺堡，大概需要

两个小时车程。党员们原本以为沉闷的旅途,却被一场别出心裁、生动热烈、高潮迭起的“流动党课”代替。互动交流中,一座座信仰“连心桥”由此建立。

在广播节目中心党员高峰、林夕、李莉的主持下,车厢内或凝神细听,或欢歌不断,或争先答题,使整个旅途如同一首行进中起伏明快的乐曲。

“微党课”环节给党员们带来感动与思索——

“如果信念有颜色,那一定是中国红!”财政厅党员渠雨笑借用华为高管孟晚舟归国时的“金句”讲述了一个革命年代的烈士故事,生动描绘了革命者心中的红色信仰。

“工作永不满足,学习永无止境,要求适可而止,生活知足常乐!”黄河云融媒体中心党员周圣奉以爷爷传下的家训告诉我们,信仰固然常在惊天动地的英雄气概中夺目显现,但同样需要平时的点滴积累。

“唱红歌”“猜红歌”环节引起一轮参与热潮——

“唱支山歌给党听,我把党来比母亲。母亲只生了我的身——”播放中的歌曲被按下暂停键,由此形成一个题面。财政厅教科文处党支部书记杨彦聪立即接唱道——“党的光辉照我心”。热烈的掌声中,这句歌词成为车厢内所有党员的共同心声。

“房子大了,电话小了,感觉越来越好;假期多了,收入高了,工作越来越好——”一首《越来越好》在车厢内响起,许多党员不约而同地说出歌名。这让我们对身边变化感同身受的同时,也对今天的观摩活动充满期待。

“知识问答”环节检验我们对“应知应会”知识的掌握程度——

“习近平总书记两次视察宁夏分别是在什么时候?”

“‘两个维护’是指什么?”

“中国共产党的中心任务是什么?”

…………

党员们调动记忆,一一认真说出答案,并由此获得一份小奖品。然而,我们也知道,更深层的答案还需要我们广大党员在工作实践中去不断解答,而人民群众的认可才是我们获得的真正奖励。

上述场景并非这次主题党日活动的偶然之举。这是广播节目中心党支部已经开发应用多年的党建品牌产品——“移动的车厢,流动的党课”。在我们看来,这堂“流动的党课”不仅是破解旅途沉闷、丰富学习内容、增强党性修养的有效手段,同时也是不同支部党员由陌生到相识、由相识而相知的“破冰”方式。因为其中的红色故事、红色歌曲、党的知识,传递的是我们的共同语言,表达的是我们的共同信仰。

途中,有人把这次联合主题党日活动称作“支部一家亲”。其实,这不仅是业务的联结,更是信仰的相通。

越来越好:看变化 强信仰

在红寺堡弘德村刘克瑞家的墙上,我们被一幅醒目的字匾吸引——“好日子还在后头”。这是习近平总书记 2020 年 6 月视察弘德村时留给乡亲们的话语。在弘德村,我们一边观摩了解村庄的发展变化,一边品味着这句话的意味与肩上的责任。

习近平总书记曾问过刘克瑞家的收入情况。当时,他家通过土地流转、养牛、打零工,已经过上了好日子。时隔三年,当我们追寻总书记足迹踏入这个小院时,还是能发现不少新的变化——

刘克瑞夫妇专门整修出一间大屋子,布置了相关陈设,为前来学习观摩的团体提供活动空间。这里空闲时可当作农家乐,并陈设了当地土特产品零售货架。这样,家里又能增加一部分收入。此外,我们通过照片对比,发现他家的院落环境也有变化,房屋新贴了瓷砖,菜地新修了低矮花墙。而更多变化了的,则是刘克瑞一家人依靠辛勤劳动奔好日子的精气神。

“我们的生活越来越好，越来越有盼头！”刘克瑞这句发自内心的话，似乎是对总书记话语的回应。

与刘克瑞接触中，他始终带着淳朴而灿烂的笑容，深深感染着我们。在我们看来，这张笑脸是摆脱贫困后的中国农民迈向乡村振兴的标本面庞。此前不久，网络上曾一度流行“国泰民安脸”，而当你在生活中真正面对时，才发现拥有这种表情的面庞竟然是如此生动！

在弘德村，我们还参观了设在这里的红寺堡区党员教育基地和农特产品展示馆。社会主义是干出来的，幸福是奋斗出来的。二十多年来，尤其是进入新时代以来，从宁南山区搬迁来的移民群众在党的领导下，把曾经风沙漫天、砂石遍地的不毛之地，建设成为瓜果飘香、产业兴旺的幸福田园，谱写了一曲“共产党好，黄河水甜”的生动赞歌！眼前的一幅幅图片、一段段影像、一件件凝聚着智慧和汗水的产业成果，印证着这段不平凡的历程，也成为激励后人接续奋斗的生动教材。

红寺堡变迁的背后，也让我们看到了信仰的力量。这是一茬又一茬党员干部为了信仰与人民群众共同奋斗的结果。前人因信仰而看见，后人因看见而信仰。今天，面对中华民族伟大复兴的宏伟蓝图，正需要我们共产党员继续坚定这份信仰，与人民群众一道不懈奋斗，不断奔向更加美好的新生活。正如总书记所说，好日子还在后头！

离开弘德村时，我们在路口的标识牌前留影。这时，摄影师提示我们集体说点什么。于是，一句话脱口而出——

“越来越好！”

这句话十分响亮，飘荡在弘德村的上空，也激荡在我们的心头。

风光无限：攀登，因为信仰！

“无限风光在险峰”。大概只有心中有信仰的人，才能时常领略到这无限风光。

从罗山脚下的林业检查站到山顶，路程虽然只有 16 公里，但由于崎岖蜿蜒，却需要 40 多分钟车程。经一路颠簸，我们终于来到了罗山电视调频转播台。

这里位于罗山主峰“好汉圪塔”，海拔 2624.5 米。此刻，山顶云雾缭绕，能见度不过四五十米。从车上下来时，大风卷着雾霭从身边急速掠过，虽才值 9 月，却让人感到寒意凛然。

罗山台院落的正中竖立着一个国旗杆，底部基座上镌刻着“罗山精神”的表述语——“迎难而上，站在高山之巅；自立自强，困难踩在脚下；艰苦拼搏，天翻地覆慨慷；不忘初心，风光美好无限！”这几句话是 2017 年改扩建工程完成时提炼并镌刻上去的。文字雄阔豪迈、意气风发，据说是罗山台职工的集体创作。文如其人，我们禁不住想，这应该是怎样的一群人呢？

此刻已是中午，在山上值班的职工做好了烩肉招待我们。这顿烩肉香气四溢，获得一致高度评价。广播节目《吃在宁夏》主持人高峰曾是“宁夏餐饮美食推广大使”，他禁不住吃了两碗，并连连称赞。罗山转播台已经实现连续 11 年零事故、零失误、零停播，当他们把对工作精益求精的态度用到一份接待用餐上时，竟然也是那样有滋有味。对做事认真的人来说，这种特性往往无处不在。

很快，我们就有了更多发现——

他们很乐观。从每个职工的脸上，最常看到的是热情的笑容，没有丝毫对艰苦环境的抱怨。台史馆的桩桩事迹告诉我们，这种战天斗地的乐观由来已久，并一脉相承！

他们很敬业。无论是发射机房、值班室、办公区，接触到的每个职工都对这里的工作如数家珍。这不禁让人感慨——作为“全区标准化管理试点台

站”,不仅因为设施配备,其实更在于人!

他们很细致。尽管每班只有十三四人，但偌大的转播台内外却十分洁净。无论是工作区还是生活区,都是窗明几净。有位党员用手摸了一下，忍不住感叹——真的是一尘不染!

以上只是我们在观摩中所见。而与罗山台职工的交谈中,我们也了解到背后更多动人的场景——

由于交通不便，罗山台职工每 10 天才能换一次班。他们自购粮食、蔬菜,吃住都在山上。冬天逢大雪封山,时常会被迫滞留。2022 年疫情肆虐时,职工曾在山上连续值守了 41 天。

由于罗山是风化石结构,道路容易损毁。他们常扛着铁锹步行近 10 公里维护路面。即便这样,遇到雨雪天气,一些路段也经常需要用人力去推动车辆行进。

每到重要保障期,他们就要对所属供电、光缆线路开展逐杆式巡检,每往返一趟需要数十公里,其中上山线路只能徒步完成。这期间,他们自带干粮充饥,沿途还要与人为破坏、鸟类筑巢等现象斗智斗勇。

罗山台职工爱护这青山绿水。他们曾及时排除过一次紧急火情,避免了可能导致的灾难性后果。为了山上水源的清洁,他们从不乱丢垃圾,甚至不会让院落有一处痰痕。

…………

2021 年的一次全台摄影比赛中，我们曾经见到过罗山台职工提交的一件作品——“罗山星空”,由此对这里的风景羡慕不已。此刻却觉得,真正的风景,应该是那些举目仰望星空的人。而这份仰望星空的情怀,必是来自心中的信仰！之前,我们也听到过罗山台党员的一句口号——“战风霜,斗严寒，担使命。”当时，心中并未激起波澜。而此刻，我们知道——这誓言的背后，分明饱含着那份对信仰的不变忠诚！

座谈交流中，各支部的党员们怀着激动的心情表达着在这里的观摩体会——

“无论身边发生着怎样的变化，不变的是我们广电人的这份坚守、这份情怀！”计划财务部党支部书记周新文说出了大家的共同感受。

“平时，罗山台只是项目册上的一个名字。今天，看到了这里艰苦的环境，感动于职工们常年坚守的精神品质。”财政厅一位党员难掩心中的激动。

“罗山精神体现在日常每个细节当中，特别值得学习！”

“震撼于罗山人的敬业精神！”

…………

离开罗山转播台时，我们再次品味着“好汉圪塔”的含义。“山至高处人为峰”，罗山台职工用满腔赤诚与常年坚守诠释了心中的信仰。他们以罗山精神为基，让国旗高高飘扬在山顶，把党的声音通过电波传遍千家万户。——在新时代，谁说他们不是真正的“好汉”？

此时，我们所追寻的信仰愈加清晰起来。其实，它就在流动党课的互动里，就在红寺堡移民的笑脸上，就在罗山台职工的坚守中！

站在罗山之巅，我们举目眺望，四周仍是迷蒙一片，但心中却已显现无限风光！

为了永不消逝的电波

田　璐　牛雅红

在宁夏六盘山区、黄河两岸,如星辰般散落着很多无线电发射台站,是这些台站为千家万户提供着永不消逝的电波。那悦耳的声音里,那清晰的图像后面,是无数广电人保障了无线信号的发射与接收。这些台站由宁夏广播电视台传输发射中心承担管理, 全天候保障着中央及自治区广播电视的转播发射。为了完成好这个光荣而艰巨的任务,一个个台站在高山平原、城市乡村建成、投运。一茬茬工作人员常年坚守在各个台站,迎酷暑、斗风雪、保安播。

接续传输　永不言弃

宁夏虽说地域不大,但山大沟深、河湖纵横、大漠戈壁,具有地质博物馆之称。沟壑起伏的地形条件加上冰雪雷雨天气等气象因素,对无线电信号传输保障而言,就是传输领域的“喜马拉雅”。

艰辛中不言弃, 平凡中见雄奇。固原中波台是宁夏南部山区的重要台站,承担着三套广播节目和四县一区调频同步网发射任务。2017 年 12 月,固原中波台迎来了机房搬迁和天调网络更新改造。面对只有短短七天的停机时间,大家废寝忘食,不分昼夜,赶工抢点。时值寒冬,天调室位于户外开阔

地带，大家冒着刺骨寒风在室外一待就是一整天，有时冻得双脚冰凉，甚至麻木。2017 年底固原中波台机房搬迁改造时，王军的儿子意外生病，需要住院手术。为了尽快保质保量完成设备改造，王军将家中事务托付给妻子后，毫不犹豫地投入到台站的建设当中。每天加班加点，白天和厂家技术人员调试设备、制定施工方案，晚上带领职工争分夺秒、挑灯夜战施工，连续奋战七天七夜，直至搬迁改造完成。

贺兰中波台七十余载岁月如歌，新长征路上再传佳音。建台以来，贺兰中波台视安全播出为生命线，创新进取，始终为广电事业发展建设投入最真挚的感情与热情。其承担着中央人民广播电台第一套（中国之声）和第二套（经济之声）、宁夏新闻广播、宁夏经济广播等七个频率广播节目的发射任务。台站建设初期,时间紧任务重,台领导及职工连续长达三个月回不了家,在台站简单搭好床铺便投入到工作中。当时台站位于旷野,风沙极大,施工中经常吹得人灰头土脸认不出模样。施工现场没有围墙,台站职工夜夜值班,与偷、抢电缆的犯罪分子做斗争。艰苦的环境并没有吓退任何人,反而激起了台站职工昂扬的斗志。时光飞逝,历任台长及职工筚路蓝缕、夙夜匪懈,接力传好台站建设完善的每一棒,让贺兰中波台从无到有,由弱变强,从技术落后到成熟可靠,以全新的面貌展现于世人眼前。

服务基层 乐于奉献

岁月如歌,历久弥新。始建于1970年的"窑洞转播台"——彭阳转播台,诞生在栖凤山的窑洞中。后来,虽改为服务地方信号传输,但这里涌现了不少兢兢业业的先进典型和甘于奉献的动人故事。

"窑洞转播台"被人们形象地赞誉为栖凤山上"永不停息的电波"。其天线发射场区位于海拔1621米的栖凤山山顶,是宁夏南部地区中波广播信号覆盖的重要台站,承担着两套中波广播和五套调频广播的播出任务。五十多年来,面对高海拔、条件艰苦的高山窑洞工作环境,彭阳转播台一拨又一拨的转播人冒风雪、顶严寒、战酷暑,用忠诚和初心履行安全播出的光荣使命。马彦峰2011年从中宁中波台调任到彭阳转播台。当时彭阳转播台条件艰苦,秋季阴雨连绵,窑洞里如冰窖一般。为了坚守好值班岗位,马彦峰穿着毛衣,抱着热水袋,默默忍受风寒。多年来,他的双腿因为阴冷的湿气患上了严重的风湿性关节炎,每逢下雨都疼痛难忍,但即便如此,他也从不抱怨,依然恪尽职守。2017年,台内安装广播自动化监控系统,他和同事们加班加点,强忍蚊虫叮咬,连续四十多天调试设备,实现了全台中波广播的自动化监控。马彦峰经常说:"当我成为一名光荣的中国共产党党员后,我的人生有了坐标,生活有了方向。"张俊成是彭阳转播台的一名天线工、检修员、电工。2016年,他参与中心调频电视发射部塔体维护保养工作。186米的高塔,他一口气爬到了塔顶,一待就是好几个小时。为了能尽快完成维修任务,张俊成喝水、吃饭都要靠吊绳把水和食物吊上去。在烈日暴晒下,汗水很快湿透了衣背,但他没有一丝怠慢,圆满完成了铁塔的检修维护工作。

确保畅通 技术精湛

这些基层台站的干部职工,不仅乐于奉献,永不言弃,而且还以精湛的技术,确保了无线电信号安全畅通。

1998年9月建成投运的宁夏广播电视卫星地球站,是自治区成立40周年十大献礼工程之一,大家对外传播做桥梁,心系安播当尖兵。24年来,一代代广电人在被称为“741”的大院里默默坚守,为宁夏广播电视台广播电视安全播出保驾护航,坚决捍卫宁夏宣传思想和意识形态阵地安全。2002年6月,王宁兴、张树春、李瑞锋开发完成了地球站机房微机管理系统。2003年4月,张树春、李瑞锋完成飞利浦编码压缩系统网管计算机的备份工作。2016年7月至2017年5月,先后对天线伺服系统、站内基础设施、标清系统进行了改造。2019年8月,完成了抗干扰功率自动控制系统软硬件升级工作。2022年8月,更换一台3kW速调管CPI高功放,有效提升了地球站安播保障能力。

1972年11月,三营转播台正式担负起转播宁夏人民广播电台第一套节目的播出任务。自此,周边的百姓可以收听宁夏人民广播电台节目,极大丰富了人们的日常生活。金伟是全国技术维护二等奖获得者,2006年6月担任三营转播台台长。由于他工作认真负责,对机器设备的技术维护精益求精,个人也被评为宁夏广播电视台首届十佳技术能手和优秀共产党员。代号

“761”是同心转播台的简称,因其于1976年1月建设投运。伴随着“761”五十年的运行,同心转播台不断进行技术改造、迭代升级。在这期间,由于李文贵刻苦钻研业务,技术能力过硬,曾获全国广播电视技术能手大赛二等奖及“全国

广播电视技术能手”称号。1998年10月，宁夏人民广播电台的节目上星后，中宁中波台安装了卫星地面接收系统，解决了中宁地区听众收听宁夏人民广播电台节目难的问题。2018年对天线进行改造，新建了一座中波、调频可共用的113米并馈式自立中波天线，在全区属于首例。

工作靠前 全凭头雁

常言说，火车跑得快，全凭车头带。宁夏广播电视台管理的十多个基层台站，安全传输、服务保障、党的建设等一切工作走在前，离不开各个基层台站领导发挥表率作用。

2021年，青铜峡中波台进行技术改造，舒彦吉台长吃住在台里，和同事们一起加班加点赶进度、把质量、上沟通、下协调，修发射机、更换UPS风扇、更换用电设备、搬设备。他常说：“组织赋予我这份信任和责任，我也是一名老党员，我就得担起这份责任，站好自己的班，守好自己的岗。”在台长的带领下，青铜峡中波台每一位干部职工都在践行广电人不怕苦、不怕累的精神。“以台为家，台荣我荣”是每一名干部职工的行动指南。

风雨兼程四十六载的大武口中波台，一直让电波穿越时空，激荡回响，声声不息。杨春荣原任大武口中波台台长，他工作认真、吃苦耐劳，始终站在工作的第一线。在日常管理中除了自身加强业务知识学习外，还严格要求职工加强学习，并积极与职工商量沟通，共同投入到台站建设中来。台站建设初，院子到处都是荒草黄沙，杨春荣便带领全体职工清理院内的石头，这些石头大的有上百斤重，小的也有拳头大，它们被收集起来用在了后期道路硬化上。清理完石头开始种草种树，经过几年的不懈努力，台站的环境有了很大改善。

乾坤日月当依旧，昨夜今朝却异同。大武口中波台吴海滨台长给职工培训柴油发电机的启动，王立民副台长给职工讲解新发射机的基本操作……在历任台长的带领下，大武口中波台2017年完成三套全固态发射机的更新。2018年安装了自动化控制系统，实现了各项重要指标无间断监测。2022年根据上级部门部署，大武口中波台更换两部发射机，工作效率进一步提升。

广电安播 后继有人

今天的宁夏广电安播战线，年轻人争先进位，走在了技术一线。

宁夏广播电视台传输发射中心卫星地球站的张之国是一位80后理学博士。2016年2月，他来到地球站工作。他加班加点对站内全部技术系统进行了重新梳理、确认，对一系列规章制度和技术进行规范，对线缆、机柜等设备进行了统一编号。如今，他在国内外期刊发表论文9篇，其中，SCI论文2篇。获得2020年度中国电影电视技术学会科技人才奖，并获得“中国广播电影电视青年科技奖”。

地球站值机员乔向荣2009年进入地球站工作，他默默坚守在值机员岗位上，从副班到主班，任劳任怨。2015年和2020年，乔向荣做过两次手术，术后依然工作在一线。2019年至2021年，她连续三年被评为台优秀员工。

2015年5月，90后郭建华来到地球站工作，在掌握基础业务的同时，他主动要求参与卫星车直播，并迅速掌握了卫星车业务。作为技术骨干，他多次参与全国两会新闻素材回传等重大卫星直播回传工作，从未发生事故。

70年岁月如歌，一茬茬传输人容颜已老，但他们对广电的挚爱始终不减；70年技术迭代，一批批设备改造更新，但优质的服务保障始终不变。发射的图像更清晰，播放的音质更响亮，广电人初心永恒、信念如磐，践行持之以恒的坚韧信念：唱响主旋律、传播好声音、凝聚正能量，将党的声音传遍千家万户、宁夏山川。

多彩广电

全台大调研，正拉开序幕！
——关于主题教育调查研究工作的回顾与思考

马小玲

调查研究是学习贯彻习近平新时代中国特色社会主义思想主题教育的一项特色内容。2023 年 4 月至 8 月，我和同事协调配合台领导班子成员完成调研相关任务及台账、总结和各类数据的报送工作。在这期间，参与制订了《宁夏广播电视台主题教育调研工作计划》《宁夏广播电视台加强和规范调查研究工作办法》等文件。四个多月的深度参与，让我经历了一次复杂又严格的实践锻炼，对调查研究工作也收获了一些经验和思考。

养兵千日，用兵一时

此次主题教育调查研究工作，台领导班子成员全部参与，调研要以问题为导向，除了在两个月内完成七篇调研报告，还要同时推动成果转化。这和以往每年上报四篇以工作经验为主的调研报告相比，无疑是一项更为艰巨的任务。宁夏广播电视台专门成立了主题教育调查研究工作组，成员以我所在的发展研究中心作为骨干力量。

发展研究中心是2021年7月成立的新部门，按照职能划分，调查研究就是日常工作之一。主题教育期间，中心10名干部职工中有4人参与全台调研工作。除了全程协调服务外，还需要深度参与分管领导调研任务，并提交阶段性总结报告。我们还筹备召开了宁夏广播电视台主题教育调查研究成果交流会，协助台领导协调14个业务部门召开融媒体平台及矩阵建设调研成果转化专题会，统筹推动调研问题整改和成果转化。由于熟悉调研业务，部门内部配合度高、沟通便利，工作效率很高。

此外，中心承办的《回响》内刊，在开展调查研究工作中也发挥了宣传阵地的重要作用。台领导班子成员调研报告经过精编在《回响》刊发，既符合刊物内部交流的主旨定位，也易于调研成果的保存、展示和宣传。

事实证明，面对繁重的大调研任务，设置一个专门机构负责协调和统筹推进，是明智的也是必要的。统筹调研的工作即便不能由一个部门长期负责，也应该阶段性固定下来，明确责任分工和目标任务，更利于整体工作的落实。

当然，设置专门机构也容易让其他部门产生依赖思想，认为调查研究和自己关系不大，以致参与度不高。如何让更多部门认识到调研的重要性并积极参与其中，这是今后需要进一步探索的问题。

大事早谋划

凡事预则立，不预则废。四个月的大调研，课题怎么定？哪些部门参与？交流会怎么开？成果如何转化？工作组既没有以往的经验可以参考，也没有现成的模板可以借鉴。唯一能做的，就是早做准备，尽量考虑周全。

主题教育启动后，发展研究中心在传达学习中共中央办公厅印发的《关于在全党大兴调查研究的工作方案》时，当天就召开专题会，讨论中心可能涉及的工作任务，提前两周开始收集拟定调研选题。根据《自治区党委办公厅印发〈关于大兴调查研究的实施方案〉的通知》确定的13项调研内容，结合宁夏广播电视台媒体融合改革发展实际问题，经过反复斟酌修改，最终确定了10个调研方向和重点任务，在此基础上制订了《宁夏广播电视台主题教育调研工作计划》。

因为早有预见,提前着手谋划,让工作组在任务开展初期就赢得了主动。

举办金点子征集大赛,为主题教育调查研究发现问题、解决问题搭建集思广益的智慧平台,这也不是突发奇想的应景之作。早在一年前,相关活动策划及预算就已经纳入中心工作计划。主题教育开始后,这项工作自然就与之结合起来,成为了具有特色的"自选动作"。6月初,主题教育调查研究任务还在推进,活动方案已经改了几稿。到8月15日活动正式举办,几个月的充分准备,才打了一场胸有成竹的胜仗。

细节未必"多此一举"

本次调研,我的主要任务是负责台领导调研信息汇总与上报。工作小组特意安排了几位联络员与台领导分别对接,联络员再把收集到的信息交由我统一汇总上报。

鉴于前些年参与巡视整改工作的经验,我深知工作台账的重要性。调研初期,即使没有硬性规定,我依然制作了《台领导班子成员调查研究工作进展情况统计表》,由联络员及时填报调研日期、调研内容、调研形式、调研对象等信息并进行阶段性更新。如果提交的表格信息过于简单,我总要不厌其烦地追问补充,表格修改完善后再返回对方确认。如此往复。忙得焦头烂额时,同事感慨地说:"何必多此一举?"但后来,这份越来越丰富的表格成了我的第一手资料,它全面翔实地反映了60余次调研活动,成为后期统计调研工作数据的重要来源。

6月24日,工作组为第二天召开的调查研究成果交流研讨会准备各项材料已经忙到深夜。组长回家后发现了一个问题,调研报告合并在一起字数超过5万字,阅读过程中不便快速查阅调研中发现的问题及建议对策。他连夜精编了一份提纲,在会前提早印制,及时

发到参会者手中。第二天,交流研讨会顺利召开,自治区党委主题教育第四巡回指导组郭秉晨组长在指导点评时,对宁夏广播电视台主题教育调查研究成果给予了充分肯定。那一刻,大家忙碌了两个多月的紧张情绪终于得以释放。

后期,在编辑《回响》"主题教育调研报告专刊"时,考虑到个别调研报告内容涉及不宜公开的信息,工作组特意单独印制了40份并编印号码,严格控制发放范围,保证资料发放有据可查。

这些小小的细节,貌似多余,可能不会改变任何结果,但我相信一定会成为做好下一次工作的有益经验。

让调研融入日常

工欲善其事,必先利其器。记得2021年发展研究中心刚成立时,部门人手一本《调查研究小全书》。除了自学,还专门用一个月时间开展培训,通过逐篇逐句的解读,将调研方法、写作技巧等知识融入实践。中心成立以来,每个人几乎都写过调研报告,选题从节目收视报告、同质化分析到MCN机构研究,从媒体AI技术的运用到信息工作调研,目的就是通过实践锻炼提高调研和写作能力。

主题教育期间,调查研究作为发展研究中心的一项重要工作得以强化。这既是一次练兵也是一场考验,对于参与其中的每一个人来说,都是一次难忘的历练。

主题教育第一阶段结束后,为促进调查研究工作制度化、规范化、程序化,自治区党委办公厅印发了《加强和规范调查研究工作办法》。随即,根据宁夏广播电视台党组部署,中心结合台主题教育调查研究形成的有效经验和做法,制订了《宁夏广播电视台加强和规范调查研究工作办法》,对开展调研的任务要求、方法流程、职责纪律等具体问题做出规范。

调查研究是谋事之基、成事之道,如何探索完善研以致用的调研机制,不断提高全台各部门通过调研发现问题、分析问题、解决问题的能力,需要思考的还有很多。但有了制度的保障,发展研究中心今后服务全台开展调查研究工作,无疑会更加顺畅。

党史答题:红火闯九州 广电竞风流

——宁夏广播电视台党史学习教育以赛促学侧记

宋 韬

2021年8月31日,宁夏广播电视台收到两份寄自北京的全国党史知识竞赛荣誉证书和奖品。据了解,这次竞赛获奖的全国500强选手中,宁夏共有7人入围,而其中宁夏广播电视台就有2人在列。

全国党史知识竞赛由党史学习教育官方网站和人民网共同主办, 自5月21日启动,历经六个赛季,7月1日结束。在这场全国参与范围最广、参与人数最多的党史知识竞赛中,宁夏在全国各省市自治区中的总排名为第18位。对宁夏这样一个人口小省区来说,这一成绩已经难能可贵。而在参与答题的单位和个人中, 宁夏广播电视台表现突出,据粗略统计,前后曾有5人进入宁夏前十,10余人进入宁夏百强。

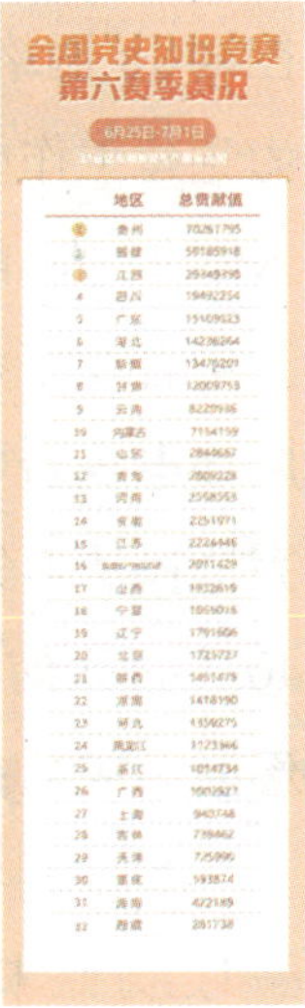

"你们借助全国答题平台扎实开展党史学习教育,为树立宁夏形

象做出了贡献！”在一次党史学习教育观摩活动中，当看到厚厚的党史答题奖状，自治区党史学习教育第七巡回指导组组长韩爱萍给予高度评价。

也有人想知道，宁夏广播电视台参与党史答题的氛围是怎样形成的？他们取得优异答题成绩的“窍门”在哪里？党史答题与推动现实工作又该怎样结合呢？

穿针引线：互动也需两头热

实际上，宁夏广播电视台参与全国党史知识竞赛，已经不再是行政指令和考评推动的结果。在这一过程中，宁夏广播电视台机关党委既没有下过文件，也没有组织评比，有的只是适时引导。

5月21日晚，时任宁夏广播电视台机关党委专职副书记代银国在党员微信群里转发了一个小程序——“全国党史知识竞赛”，引起了一些学习积极分子的积极响应。虽然没有指令，但是却有默契。很快，“知识达人”“百胜将军”“宁夏百强”“宁夏前十”“全国百强”……一张张奖状在微信群晒出。在相互鼓励中，宁夏广播电视台又一轮党史学习教育热潮借此兴起。

应该说，能够出现这样自觉自愿的党史答题学习热潮，是长期推动直至水到渠成的结果。

时间可以追溯到2020年春季，当时自治区有关部门举办“全区疫情防控知识”网络竞答，宁夏广播电视台机关党委组织动员全体职工参与，并作为党建工作内容之一进行推动。最终，全区积分前20名中，宁夏广播电视台入围11人，前100名中入围72人，前1000名中入围475人，扎扎实实在职工中普及了疫情防控知识；随后，首届全区“学习强国”网络海选赛中，宁夏广播电视台共36人通关，在区直机关各单位中遥遥领先；这年12月，全区宪法民法典知识竞答在网上开展，宁夏广播电视台又有9人进入前10名，40人进入前100名。由此，宁夏广播电视台借助各类答题平台推动全员学习逐渐形成了一种氛围，也成为了一种现象。

2021年党史学习教育中，从全国到自治区，各种党史答题竞赛更是红火一时，方兴未艾。宁夏广播电视台除在全国党史知识竞赛中获得佳绩外，在自治区“永远跟党走”党史知识竞答中，全台1100余名职工中，又有600多人全部通关。其他如全国职工党史知识竞赛、“党史天天学”知识竞答等各类答题活动，也都得到了台职工的踊跃参与。此时，这些答题活动尽管已经不再与党建评比挂钩，但仍然开展得红红火火。

应该说，举办网上有奖答题，是相关部门推动全民学习的好方式。然而，再好的手段，只有组织方和基层单位两方面相向而行，才会收到最理想的效果。这其中的关键，就在于基层党组织能否结合自身党建和精神文明建设需要，充分发挥好穿针引线作用。宁夏广播电视台的实践证明，这种双向结合的方式是有效的，实现了良好的互动效果。从最初的评比督促逐渐走到自觉自愿，如今，参与党史答题已经成为宁夏广播电视台各级党组织重要的学习抓手和职工自我提升的内心需要。

你追我赶：快乐答题兴味长

“今天，你答题了吗？”

这是党史答友之间流行的搭讪语。

相信还有更多的人在问——“党史答题，你收获了吗？”

在全国党史知识竞赛中，宁夏广播电视台职工除活跃在银川赛区外，六盘山转播台和罗山转播台职工均成为当地十强榜上的常客。六盘山台刘宏学（网名“光波”）、罗山台鱼建飞多次在当地领衔，成为同事们眼中公认的“学霸”。为了提高答题准确率，罗山转播台值机员杨晓还给自己定了“四学”——早起学、饭前学、进机房前学、睡前学，一时间被同事们津津乐道。现在，许多曾难以识记的党史知识，杨晓已经能够脱口而出。他说，在识记党史知识的过程中，自己对党的情感认同也与日俱增。

党史答题还在台退休干部中流行开来。年届80岁的退休干部张文启坚持每天答题，最终获得

了 37 级 4600 多分的成绩。尽管这个成绩并不算高，但张老仍感到收获满满。他说，通过党史学习教育，自己对党的伟大、光荣、正确更加确信，对中国的光明未来更有信心，对自己的党员身份更感自豪！

党史答题还是广电职工工作间歇的“调味剂”。同事间排名的你追我赶，一个个小奖品、一张张电子证书的获得，都会给生活增添不少乐趣。一位职工通过答题抽奖得到两个水杯，立即送给身边同事一个进行分享，他分享的不仅是一份物质奖励，更是一份内心的快乐。这些小奖品、电子证书是活动举办方的引导激励手段，却也让参与答题的过程充满了兴味……

收获更多的还有学习工作上的动力。台很多职工这样总结自己的答题收获——“获益匪浅，备受鼓舞”“要以不断的学习充实自己、激励自己、壮大自己”“不忘党的宗旨，尽己所能干好本职工作”“坚定信仰，在日常工作中奉献自己”……

党史答题，收获的是知识的增长，是快乐的聚集，是精神的升华，也必将是实现中华民族伟大复兴中国梦的一份力量！

两两相宜：学史也讲辩证法

党史答题，虽然是一种充满乐趣的学习方式，但也需要掌握一定的学习方法。总结一下答题的经验，我们会发现，党史答题中的各种“窍门”很有哲学意味，充满了辩证法。

先说一说领导带头与群众参与的关系。在全国党史知识竞赛中，时任台机关党委专职副书记代银国带头答题，每天坚持不辍，最终进入全国 500 强。其实，做多少动员、下多少文件都比不上领导干部的带头示范，而群众的积极参与又是对领导工作热情的一种支持和促进。这两者的关系，不仅学习上如此，工作上更是如此。

值得一说的还有答题与读书的关系。当台职工积极参与各类党史答题的时候，各部门党支部每周的集中学习也在同步开展。如果认真读一下《中国共产党简史》就会发现，很多党史竞答的题目就出自这本书。可以说，党史答题有助于加深对书中各类知识点的记忆，提高识记的准确性；而读书又可

以把许多的零散的知识穿成线，增强学习的系统性。答题与读书，如果两个手段并用，可以让党史学习教育更有兴味，也会有更多收效。

答题速度与内容理解的关系也需要处理好。怎样才能做到两全其美呢？台黄河云融媒体中心职工胡亮的经验值得借鉴——“我会将答错的题目记录下来，去网上查找相关资料，避免再犯同样的错误，然后通过挑战通关来验证掌握程度。在答题中先求稳后加速，这样才能取得好成绩。”这是经验之谈，有困惑的同志不妨一试。

线上与线下的互促，是开展好党史答题的又一法宝。宁夏广播电视台各部门都建有微信群，遇到集中答题时，很多部门的职工就会在群里互通经验技巧。而一旦线上形成氛围，线下情绪就会更加高涨。2021 年 5 月 10 日，宁夏广播电视台举行线下党史学习教育知识竞赛，来自各个支部的 58 名选手现场竞技，气氛热烈。可以说，那次线下竞赛的盛况，又为后来更广泛的线上答题积聚了热情和能量。

类似这些两两相宜的关系，其实还有很多，比如指令与引导的关系、集体学习与个人学习的关系、知与行的关系等等。细细体味一下，这些道理对我们做好其他事情也很有帮助。

明理力行：广电奋进新征程

“亲爱的党啊，如今我已是 80 岁耄耋老人，再也无力为您多做贡献了！我谨衷心祝愿并寄希望宁夏广播电视台年轻的媒体精英们：在台党委的正确领导下，不忘初心、牢记使命，勇敢担当、克服困难，乘着南湖不老红船，赓续红色基因，在今后的工作中，再接再厉立新功！”

这是张文启老人写给宁夏广播电视台党委的《我的党史学习情况汇报》

信中的话,读来令人泪目。从字里行间,我们看到了一位前辈对党的事业、对宁夏广电事业拳拳之心。同时,这份期待也给我们出了一道题目:如何把党史学习教育的收获和推进本职工作结合起来,继续书写新时代广电事业发展的新篇章?

这道题目,我们能给出圆满解答吗?

全区党史学习教育中,宁夏广播电视台打造的舞台剧《信仰的力量》成为人们印象深刻的"爆款"之一。截至目前,这部舞台剧已经巡演11场,观众5000余人。在演出的日子里,无论创作者还是观众,都从中感悟到了思想和精神的伟力。

"孩子,现在我将这份礼物(《共产党宣言》)送给你,希望你能从中发现智慧的光明。它将带领人们走向真正的未来!"

剧中,一个年轻人在梦境中穿越到马克思时代,从马克思身上寻找到理想与信仰,消除了曾有的种种困惑。在宁夏广播电视台职工看来,这个年轻人似乎就是我们广电人的化身,此刻正需要一股信仰的力量来推动事业迈上新征程。

历史的脚步清晰凝重,信仰的力量传承不息。党史学习教育,给一度徘徊中的广电人提供了这样一个契机——寻找初心,坚定信仰,开拓前进!

2021年,我们党踏上了又一个百年奋斗新征程。对宁夏广播电视台来说,这个年份也有着特殊的意味。媒体深度融合的战鼓催征,使曾一度迷惘的宁夏广播电视台坚定地走上了改革之路。随着机构调整、处级干部聘任等工作的推进,一系列改革举措也正在次第展开。

这是一个新的起点。在新的征程上,宁夏广电人不仅需要智慧,更需要前行的勇气和定力。

勇气和定力何来?习近平总书记说,党史是最好的营养剂。通过党史学习教育,我们知道在前行的路上应该保持怎样的姿态!

此刻,你或许会听到我们内心的声音——

敢于胜利,去开创未来!

读书与广电:成就更好的自己

宋 韬

2022 年“4·23”世界读书日,宁夏广播电视台的大院里,读书的氛围正浓。

“向上读书会”乘着电波破空而来。365 天,与听众分享全球 100 本好书,这是广播节目中心主持人们立下的雄心壮志。

作家赵华、主持人张染携着书香款款而来。作为宁夏卫视的“明星”员工,他们劝人读书的言行有着足够的说服力。

“时光借书卡”穿过岁月迤逦而来。在台资料室,一张张泛黄的借书卡被摄入镜头,并在朋友圈传开。这是曾经的你吗?总编室的贴心制作,让许多人深情回忆起读书的青葱岁月。

其实,《回响》刊物和《广电回响》公众号也有贡献。我们深耕《读书》和《笔会》两个专栏，记录下同事们关于读书的努力和成果，同时也谈谈我们自己的思索。除此之外，还另有福利——内容暂时保密，读完文章，后有彩蛋。

天天都是读书日

正式开讲之前，笔者先给你出一道抢答题。

——读书日是哪一天？

——4 月 23 日。

——错。

——？

其实，对爱书人来说，读书不用挑日子，天天都是读书日。“蹉跎莫遣韶光老，人生唯有读书好。”不是吗？

当然，对不爱读书的人来说，即便到了 4 月 23 日，也不一定就是读书日。有人给这类人画像——“春天不是读书天，夏日炎炎正好眠；秋有蚊虫冬有雪，不如收拾待明年。”你看，多形象！

所以，谈到读书，首先要有一个“爱”字。

没有热爱，就没有真正的读书。即便捧起书来，也往往会异化成形式主义、功利主义。当然，热爱也是需要在读书中慢慢培养的。

热爱读书，好处多多。古人有言——“腹有诗书气自华”。笔者以为，劝人读书，这一句诗最能切中旨意。其他的话，都只是注脚、延伸而已。本文也不例外。

那么，如何读书？众说纷纭中，最绕不开的，是一个“勤”字。

人们常说，“一勤天下无难事”。读书，最容易被拿来举例。古今中外众多勤读佳话可做证明。悬梁刺股、凿壁偷光、囊萤映雪、牛角挂书，这是古人中的榜样；马克思大英博物馆留下的脚印，毛泽东“万里风云三尺剑，一庭花草半床书”，这是今人中的楷模。例子太多，不胜枚举。至于生活中劝人勤读，普天下的家长在教育孩子时，恐怕最有体会。

不过，仔细琢磨一下，“勤读”也让人疑心。与“勤”相伴随的，恐怕还离不开一个“善”字。因为如果方向不对，就会南辕北辙；如果方法错了，必然事倍功半。不善读书而阔谈“开卷有益”,恐怕多少有些自我安慰吧。

于是,虽然眼见广电大院里读书活动热气腾腾,但笔者还总是在想——我们真爱读书吗?我们真勤读书吗?我们真善读书吗?怎样才能进一步提高读书的收效呢?

根据笔者的体会,读书其实是个技术活儿。

读书是个技术活儿

读书也有三十六“技”。不得不承认,由于方法不同,同样是读书,人与人读书的效果差别很大。

诸葛亮读书“观其大略”,未出茅庐,已知天下三分;赵括读书“纸上谈兵”,自负轻敌,40万士卒被坑长平。

毛泽东读马列,力倡实事求是,几度挽革命狂澜于既倒;王明读马列,死守教条主义,却几乎把中国革命引入绝境。

真是成也读书,败也读书。

习近平总书记号召大家要“爱读书、读好书、善读书”。“善读书”,意味着对读书规律的把握。只有掌握了读书规律,读书才能游刃有余、事半功倍。

关于读书方法,前人论述已经很多。比如,韩愈读书“提要钩玄”,说的是把握要点;朱熹读书“虚心涵泳”,说的是体悟深意;欧阳修读书“马上、枕上、厕上”,说的是惜时;梁启超读书“鸟瞰、解剖、会通”,说的是步骤;周恩来“为中华之崛起而读书”,体现的是志向引领;徐特立“不动笔墨不读书”,突出的是笔记作用。这些读书方法,各自强调了一个方面。那么,如何掌握系统全面的读书方法呢?

笔者以为,要想获得系统全面的读书方法,不妨运用哲学原理来归纳。下面几

点，大家听听是否有道理？

以实践的观点看读书，需要强调"理论和实践相结合"，让我们注重结合实际读书，防止"两张皮"；同时，也会帮助我们处理好读书和写作的关系，做到相互促进。

以辩证的观点看读书，需要坚持"两点论和重点论"，提醒我们把精读与泛读结合起来，多读经典之书，防止被碎片化、快餐化阅读所淹没。

以发展的观点看读书，强调因时制宜，可以提醒我们避免刻舟求剑，防止"尽信书"，做到"不唯书、不唯上、只唯实"。

以生产力的观点看读书，让我们知道，读书不仅为了个人修身养性，还要对人类生产的发展进步有所贡献。

以群众的观点看读书，让我们读书能够虚心向众人求教，并扩充读书的情怀与胸襟。

…………

学习哲学理论的意义是以一般指导个别。哲学理论是系统的，当运用到读书上，自然也就容易帮助我们归纳出系统的方法论。

当然，一篇文章并不能解决所有读书问题，以上只是拣紧要处简而言之。提醒一下，更具体的方法，后面还有彩蛋。

让读书成就广电

一个个体爱不爱读书，往往会成为优秀与平庸的分水岭，似乎只影响他自己。但扩充来看，对一个组织来说，他的成员爱不爱读书，则常常是这个组织强盛与衰落的风向标。这样说来，读书，真是兹事体大！国家倡导读书日，用心也在于此。

所以，对我们广电人来说，爱不爱读书，实在是关乎广电事业兴衰的大事。

在我们身边，其实就有很多读书的榜样。

总编辑田宝贵热爱读书，读过的书籍成为他摘取“长江韬奋奖”等荣誉的阶梯。他几乎每天都会给自己规定读书量，如果白天忙碌顾不上，下班后便在办公室补读。于是，行政楼的同事都知道，他办公室的灯光常常很晚熄灭。当然，所有的读书，也都化成了他讲话谈吐的广征博引，新闻视角的开阔多元，看待问题的睿智深刻。

宁夏广电的发展，需要我们努力成为这样的“读书人”。

如今，世界读书日来临之际，台各业务部门开展系列活动，广电大院兴起读书热。让人欣喜，也让人憧憬。每听到广播节目中心的主持人在“向上读书会”中的倾情诵读，笔者都会感到——我们在面向社会倡导读书的同时，也在真诚地面向自己。其实，只有自己善于读书，我们才能更好地倡导社会读书。

当前，宁夏广播电视台媒体深度融合改革仍在进行中。新的传媒生态、新的职责使命，要求我们不仅肯于实践，也要善于读书。在一定意义上，能否爱读书、勤读书、善读书，也在一定程度上决定着台融媒改革的前途命运。

这是因为，把握传媒发展的趋势，需要读书；对改革发展具体问题的研判，需要读书；掌握任何一项新业务、新技能，也需要读书。如果没有读书，只是一味着眼于手头和眼前的事务，就很让人担心——时间久了，我们会不会成为忙碌而无为的事务主义者？

眼下，我们打造新型主流媒体，千头万绪，道阻且长。但无论如何，我们不能忘记读书这项基础工程。当然，读书要为事业发展而读，为解决实际问题而读，为个人成长而读。

这个世界读书日，是宁夏广播电视台融媒改革启动后遇到的第一个读书日。眼前这样的读书氛围，既然开始形成了，就不要停下来。

彩蛋

倡导读书，我们能做些什么？

为了在全台倡导读书和写作，我们开辟《读书》和《笔会》两个板块。在这里，我们传播着一个观点——读书是最好的美容，写作是最好的修炼。

还有，为了回馈《回响》和“广电回响”公众号的作者，我们精心挑选了两本书陆续相赠——《如何阅读一本书》《笔杆子是怎样炼成的》。我们期待能以“广电回响”为媒，联结起台内的爱书人共同学习。这第一课，就是这两本书的内容。

也许还有更多同事想得到赠书，门径很简单——拿起笔来，写写工作思路、采编心得，哪怕是生活感悟。我们真诚地欢迎赐稿，并热情地给予赠书。

关于读书的话题，并非一篇短文所能言尽。所以，笔者偷个懒，还是让我们共同打开《如何阅读一本书》，其余的技巧由这本书告诉你。

校台互聘:教学相长的新闻实践

萨支梅

2021年春季学期开始,我有幸选派参加自治区党委宣传部组织的第八批高校与新闻单位从业人员互聘交流工作,到北方民族大学兼职任教。一年的新闻教学实践,让我对互聘交流工作有了更深的理解和体会。

一、以我所长,奉献教学

结合专业擅长,我被北方民族大学人事处分配到新闻传播学院,担任校园电视台工作指导老师,为2018级、2019级学生指导电视新闻写作、拍摄、编辑等新闻实践教学。

我对学生采取授课加指导实践相结合的指导方式。课程初期,我结合30年的电视工作经验,安排了理论课程的教授,为同学们打好理论基础。

课程中期开始,我从电视新闻的制作流程入手,从开好选题策划会、布置拍摄、审定稿件、后期编辑、成片审看、提出修改意见,直至电视新闻片的最终完成。经过我的指导,同学们均达到了合格水平。

一年来,我修改学生稿件近百篇五万余字,审看新闻片百余条,有的稿件和新闻片经过反复修改,直至合格。

二、站位提高，指导实践

对于高校与媒体互聘交流工作，我的派出单位和接收单位都高度重视。我临行前，台领导专门召集会议，对外派教授提出具体安排和工作要求。王丽波同志要求我们从思想上高度重视互聘交流工作，从党的新闻事业发展和新闻人才培养的高度认识这次工作的重要性。要求我们认真完成教学任务，同时注意发现人才，尤其是新媒体人才，真正达到互聘工作的目的和效果。

北方民族大学新闻传播学院的领导结合我的工作经验安排我指导学生实践，真正发挥了我的专长。学院领导、具体对接的老师将教学环节和需要注意的事项告诉我，使我快速熟悉教学工作。

我对此次互聘工作高度重视，秉承一贯坚持的“认真负责”的工作态度，对待教学工作如同自己的专业工作，真诚付出，一丝不苟，高标准严要求。我的目的只有一个：让学生们从我这里学到真东西，以后能用到他们的工作实践中。

从教学的第一节课开始，我就广泛收集学生的教学需求、学习难点，有针对性地准备教学方案。针对同学们理论转化实践能力较弱的情况，我强化实践要求，增加写作练习，并逐篇稿件讲解修改意见，帮助增强同学们理论联系实际的能力，把之前所学的各门理论知识转化为一条条合格的电视新闻。

三、意见与建议

1.将理论认识转化为新闻实践能力。由于理论与实践的脱节，导致很多新闻专业的大学生到了工作单位无法完成工作任务。针对这一问题，我认为加强高校与媒体的交流融合是很好的解决方法。

通过合作，在各家媒体建立高校新闻专业学生的实训基地，有利于学生在实际工作中找到差距，学到实际操作技能，补齐短板。同时，把媒体人引入高校，把高校新闻专业教师引入媒体，通过互换角色，让高校教学更“接地气”，让媒体工作提高理论水平，相得益彰，互为促进。此外，媒体从业人员通过与高校教师的交流，还有利于把实际工作中遇到的问题与教师进行沟通，并从教学方案、教学重点等方面为高校提供教学建议，有针对性地帮助提高教学实效。

2.针对学生普遍存在的问题，加强新闻学院基础课程的教学与训练。

（1）强化学生对新闻事业的热爱和向往。开课之前，我做了一个微调查。结果显示，学生中只有不到40%的学生毕业后愿意从事新闻工作，由于对新闻职业热情的缺乏，导致学生学习缺乏主动性和积极性，影响教学质量。

针对此现象，建议在招生时，把学生对于所选专业的偏好作为标准之一，把真正热爱新闻事业的学生招进来着重培养，避免浪费教育资源。教学中，要加强对学生使命感、荣誉感的培养，从思想认识上解决学生学习动力不足的问题。

（2）加强写作水平的教学与训练。从学生的新闻练习稿件中，经常发现学生存在语法错误、标点符号使用错误、词义理解错误、电视新闻稿件格式不规范等问题，写作水平亟待提高。

提高写作能力最有效的方法是：多看+多练。一方面增加阅读量，大量阅读优秀的经典文学作品，汲取文化滋养、文学熏陶，另一方面勤动手多练习，不能只停留在看，而是要把所看、所悟、所感通过笔端表达出来。通过习作感受表达的乐趣，找到自信，把写作当成生活的一部分。对此，希望高校领导重视学生的阅读和写作，提高要求和标准。通过制定长效教学措施，切实提高学生的写作能力。

(3)扩展知识面,强化基本功。学生新闻专业素养、政策水平、社会知识、生活常识普遍缺乏。除写作外,他们在镜头拍摄、后期剪辑等基本功方面也都比较薄弱。校园媒体实践练习能检验出大学四年的学习成果,可以说,新闻实践前三年学生的所学所得,将在最后的成片中集中表现出来。想要解决后端问题,只能在前端发力,在基础理论课程的设计、教学、练习上多下功夫,这样才能取得事半功倍的效果。

通过一年的交流互聘工作,增强了我对高校与媒体交流工作重要性、紧迫性、必要性的认识。同时,理论水平、教学能力的提高,也反哺了我的新闻实践工作,真正达到了"教学相长"的目的。

广电新春谜会：世界当谜面 我们作谜底

宋 韬

“用这么多职工的名字出谜语，从来没见过！”

“既文气又机智，关键还好玩儿！”

“满满的文化自信！”

“今年春节收到的最好礼物！”

这是一些职工对宁夏广播电视台“新春谜会”的称赞。2023年春节期间，从大年初一至正月十五，发展研究中心联合党群工作部，在“广电回响”公众号连续15天推出“新春谜会”。这场谜会在新奇中又有些“大胆”，由此成为全台职工津津乐道的热门话题。

其实，新春举办猜谜活动，并不算新鲜事儿，况且这又是一次线上活动。那么，这次谜会为什么能赢得众口称赞呢？

缘起：创意，根植于生活

很多职工称赞“新春谜会”，是因为感到“创意新颖”。那么，这个创意为什么会发生？这“灵机一动”又来自哪里？其实，举办谜会出自职工生活的需求，内容创意也同样来自我们经历过的生活。

这个春节，人们在“杨过”“杨康”的调侃中，推测新冠疫情已经大概率到

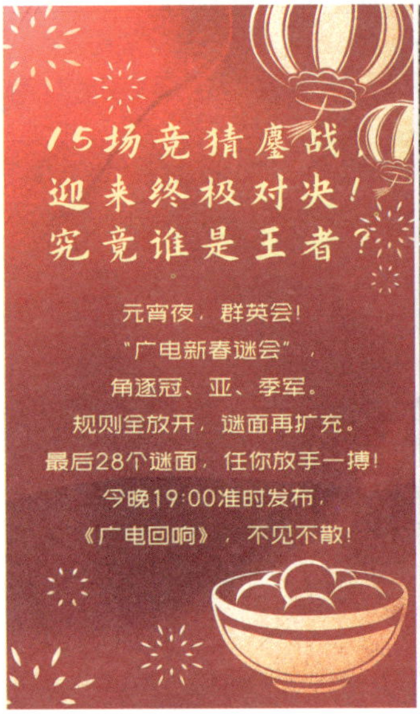

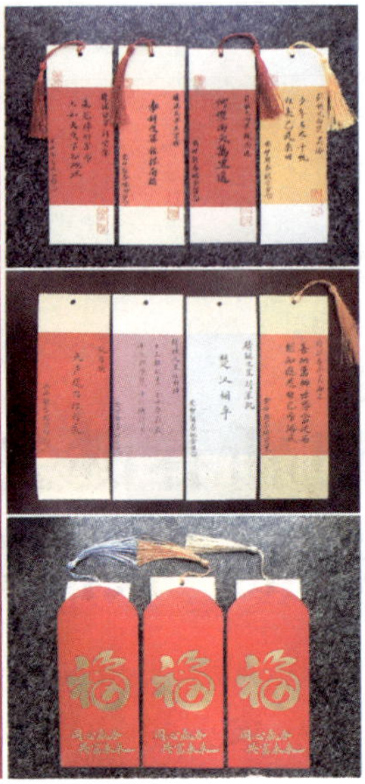

了强弩之末。经过三年的煎熬,无论疫情还是人们的心情,终于迎来了一次真正的拐点。对全台职工来说,由于台融媒改革各项大的举措已经尘埃落定,人心安定明朗。此时,有必要顺势举办一场业余文化活动,为职工增添一个放飞心情的理由。作为台发展研究部门,我们也想结合部门特点做些什么,于是便悄悄进行了策划。

讨论中,一位同事提起三十年前的一件往事——

那时,他还在上高三。一天课间,班上一名叫刘颖的同学说要给全班同学出个谜语。谜面是"照相",要求"打班级一人名"。大家正在猜时,这位同学迫不及待地亮出了谜底——"刘颖"(谐音"留影")。谜底原来就是出谜人自己,大家一阵笑声过后,就算是缓解了一下高考前的紧张空气。当时,这位同事觉得有趣,顺便给名叫"马建威"的同桌也拟了一个谜面——"刘备过檀溪"……

就这样,那一幕校园生活画面穿越到今天,形成了这样一个创意——以全台职工姓名为谜底制作谜面,办一场线上新春谜会!

我们确信这个创意会受到职工关注。因为对一个个体来说,姓名和肖像、名誉一样,代表了他的社会存在。用姓名制作谜语,自然能够切中人们对自身利益的关切。于是,我们在这样的自信中行动起来。全台现有1100多名职工,适合制作谜面的姓名并不难找。而上面提到的两个谜面,由于在台内也能"找"到谜底(刘颖、马佳),被最早确定下来。就这样,在谜会筹备和举办过程中,新的谜面不断产生,最终达到了283条,共涉及全台302个职工的

姓名(包括一谜多底和重名)。

有时，人们苦苦追求的创意,往往就是生活中的一个普通场景。当它曾经触动过你,并被你留意时,就会为今后产生新的创意埋伏下契机。

谜面:用心,就会有人懂

更多职工把喝彩理由归因于“谜面精彩”。“新春谜会”发布的谜面取材广泛,其中有革命画卷、发展成就,有历史地理、灿烂文化,更不乏我们身边的美好生活。可以说,每个谜面都是用心之作。

你看——

“中国革命‘农村包围城市’。(周红)”“人民解放军占领南京。(武钟山)”“新中国宣告成立。(张建华)”——这些说的是党史。

“冲天香阵透长安。(郭芳)”“忽闻岸上踏歌声。(李声和)”“陌上罗敷。(田媛)”“不战而屈人之兵,善之善者也。(高明军)”——这些出自古诗文。

“火烧赤壁。(朱江)”“风刀霜剑严相逼。(周锋)”“梁山好汉张清大闹蟠桃园。(石向果)”——这些取材中国古典文学四大名著。

“吉祥如意玛尼堆。(刘欢磊)”“暖暖的月光。(温皎)”——这些来自我们对生活的美好感受。

“给我一个支点,我就能撬动地球。(贾大力)”——这则是名人名言。

…………

除了考虑谜面与姓名字义的贴合外,我们还尽量融入职工的更多信息。比如“苏州杨柳任君夸,塞上湘女似馆娃。(吴娜)”“三座大山猛如虎,陕北志丹为民除。(刘治彪)”加入了两人的籍贯;“泼墨山水。(张染)”结合了其本人的爱好;“全国人民都知道。(丁晓)”则顺带透露了其人的性格气质。

其实,在谜面设计过程中,我们考虑最多的还是谜底职工的感受。很多苦思冥想出的谜面，因担心被误解，最终还是割舍掉了。其中一个谜面，甚至先后更换过四次。我们之所以这样做，就是想真诚履行“谜会邀请函”中的承诺——“我们对每个谜底名字都充满敬意和友爱，因为你们一年中付出的智慧和汗水，此时都应该收获骄傲、分享荣光。”

谜会举办期间，不少职工反馈说，“第一次发现自己的名字竟然这么美”；还有职工积极参与猜谜，就是想获得一个谜面书签作为奖品；也有职工主动在公众号后台留言，希望自己的名字也能出现在谜会中。对各种愿望，我们都给予了积极回应。

应该说，为了做到“谜面精彩”，我们的确下了“绣花”功夫。后来的效果也证明——只要用心，就能收获理解，就能赢得掌声。

互动：心灵，也需要“拆墙”

“互动热烈”是“新春谜会”获赞的又一原因。谜会举办期间，全台采编一线、行政后勤、技术保障、基层台站等岗位上的职工踊跃参与，谜会页面留言区一时变得非常热闹。全台职工在互动竞猜中，增长了知识，增强了向心力，彼此的心灵也由此靠得更近。

为了让“新春谜会”能够达到参与广泛、互动积极的效果，我们动了不少脑筋。

有心人可能会发现，谜面涉及的职工覆盖了全台所有部门和层级，甚

至顾及到了各个科室和年龄段。而且,这些谜面在15场竞猜中的分布与编排同样精心。其实,这一做法与我们平时办联播类栏目的考虑异曲同工。

还有人注意到,我们没有使用“答题软件”,而是对所有留言逐一认真回复。这些回复或真诚表扬,或遗憾惋惜,或提示鼓励,尽量做到趣味性、个性化。后来有人说,浏览这些互动,甚至觉得“比谜面还精彩”。其实,如果把制造场景、及时互动、诙谐真诚当作技巧,这也都是从各类直播活动中借鉴来的。

于是,谜会互动的效果便显现了出来。

这里虽然彼此看不见,但却“听”得见笑声——“文旅伴我行。(打一六盘山电视调频转播台职工)”。程雅美几乎把身边可能的同事猜了个遍,但就是猜不着谜底竟然是自己,结果引来了不少人善意的调侃。

这里虽然面对的是手机屏,但却“闻”得见书香——“一打祝家庄,好汉出迷途。(杨路)”。这个谜面涉及《水浒传》中的具体情节,无疑属高难度。但经互动中的简单提示,最终仍然被猜了出来。“书都翻烂了!”获胜者吴明这样说。

除了线上互动,我们还有意创造线下互动的机会。比如,现场赠送写有谜面的精美书签,精心布置一个拍照留念“打卡地”,举办一次简单热烈的颁奖仪式……这一切,把谜会搭建成了职工互动的“立体”平台。

当前,在台融媒改革中,“拆墙”成为职工普遍关注的“热词”。拆除部门之

间的壁垒，固然需要借助平台的融通、机制的协调，但也一定离不开人心的贴近。“新春谜会”对互动效果的追求，正是这样一次促进心灵“拆墙”的努力。

求识：人对了，事业就对了！

“新春谜会”举办中，我们还力求“寓意深刻”，让整个活动“既有意思，又有意义”。于是，我们“高调”推出一副对联——“世界当谜面，我们作谜底”。借这副对联，我们想表达这样一种认识——人世间的一切美好，都是从我们每一个人的手中创造出来的。

为此，我们试图为一些谜面注入更多正能量，让谜底职工由此增添自信与力量——

“苔花如米小，也学牡丹开。（张亚丽）”“子规夜半犹啼血，不信东风唤不回。（杜迎春）”“骐骥成名，功在不舍。（马笃荣）”“此心光明，璀璨如昨。（常亮）”“天山雪莲。（高劲荣）”。我们相信，经常从自己姓名中汲取力量，他们一定会更有信心去面对工作生活中的各种挑战。

一切发展进步，关键在人。

有一句话说，“人对了，世界就对了”。我们也可以说，“人对了，事业就对了”。其实，根据马克思主义的观点，认识世界、改造世界，本身就是我们应该担负的责任与使命。当前，宁夏广播电视台面临着继续推进媒体深度融合的使命任务，还有不少难题亟待破解。这就需要每一位职工从我做起，以问题为导向，努力为广电事业的高质量创新性发展多发一分光、多散一分热。

扪心自问，我们准备好了吗？

如今，“新春谜会”带给全台职工的欢乐渐渐远去。我们期待，曾经有过的美好、思考和力量能够被长久记忆。“世界当谜面，我们作谜底。”或许，今后在发展道路上遇到困难时，会有职工想起这句共勉的话，并由此提振起破解难题的勇气！

附录:优秀谜面(按部门序列排序)

1.翩若惊鸿赋洛神。(打一办公室职工)

谜底:曹媛——曹植《洛神赋》名句“翩若惊鸿,矫若游龙”。媛,美女。谜面意为曹植笔下的美女洛神。

2.我愿平东海,身沉心不改。(打一人力资源部职工)

谜底:石海飞——谜面出自顾炎武《精卫》。

3.至尊宝穿越五百年。(打一计划财务部职工)

谜底:魏晶晶——谜面出自电影《大话西游》,即“为了白晶晶”。

4.蓬莱琼岛摆宴席,各显神通赴会去。(打一党群工作部职工)

谜底:岳海仙——借八仙过海典故。岳,谐音“越”。

5.羞答答的玫瑰静悄悄地开。(打一总编室职工)

谜底:徐丽红。

6.让农业成为有奔头的产业。(打一融媒体新闻中心职工)

谜底:田嘉辉。

7.仁存渡口红霞飞。(打一新闻广播部职工)

谜底:朱永宁(朱翔)——黄河仁存渡口位于永宁县,十九兵团解放银川所经。谜面同时扣谜底的本名和播名。

8.《西游》主角解《红楼》,只因均为石化身。(打一宁夏黄河云融媒体中心职工)

谜底:孙晓珺——珺,一种美玉。孙悟空和贾宝玉都与石头有缘。

9.泼墨山水。(打一宁夏卫视中心职工)

谜底:张染——谜面为一种国画技法。

10.看,像牛毛,像花针。(打一公共节目中心职工)

谜底:顾丝雨——谜面出自朱自清《春》。

11.六王毕,四海一。(打一电视节目中心职工)

谜底:秦刚——谜面为杜牧《阿房宫赋》首句。

12.天下黄河富宁夏。(打一经济频道部职工)

谜底:刘利宁——留,谐音“流”。

13.疑从月中来，暗香赴钱塘。(打一交通广播中心职工)

谜底：桂涛——传说月中有桂树；钱塘，以潮闻名。

14.天下英雄出我辈，壮哉浩气塞苍穹。(打一广播节目中心职工)

谜底：陈大志。

15.少年历尽千帆，归来已是桑田。(打一经济广播部职工)

谜底：吴海——沧海变桑田。

16.2022年，中国国防支出增长7.1%。(打一经营中心职工)

谜底：年卫强。

17.珠帘暮卷西山雨，伯夷叔齐论到今。(打一融媒体项目创作中心职工)

谜底：张雨薇——谜面借王勃《滕王阁诗》及伯夷叔齐西山采薇故事。

18.云中谁寄锦书来?(打一技术中心职工)

谜底：张雁飞——此诗下句为“雁字回时，月满西楼”。

19.有兰并称三君子，无林不惧四面风。(打一发展研究中心职工)

谜底：石竹林——兰石竹为“三君子”；郑板桥《竹石》中有“任尔东西南北风”。

20.团结奋斗。(打一传输发射中心职工)

谜底：齐勇。

21.青箬笠，绿蓑衣，斜风细雨不须归。(打一罗山电视调频转播台职工)

谜底：汪雨农——谜面出自唐张志和《渔歌子》。汪，水流聚集之处，这里指渔夫垂钓的河流。汪、雨、农，共同组成形象画面。

22.全国人民大拜年。(打一六盘山电视调频转播台职工)

谜底：祁焕福——谐音“齐唤福”。

23.共产党人的看家本领。(打一后勤保障服务中心职工)

谜底：马哲。

职工认脸大赛：相知相亲，共同奔赴！

宋　韬

“这是团队文化建设的好创意！”

“感谢广电让我们相遇！”

“熟悉的脸庞、奋斗的足迹、满满的文化气息！”

“活动有网感，接地气！”

这是部分职工对宁夏广播电视台“认脸大赛”的线上留言，话语中透露着他们对这一活动的喜爱。2023 年“五一”国际劳动节前夕，发展研究中心和人力资源部联合举办“你的样子真美——宁夏广播电视台职工认脸大赛”。比赛于 4 月 25 日至 27 日在“广电回响”公众号推出，赢得全台职工普遍好评。

“认脸大赛”？初听时会有些诧异，接下来给人的感觉是——新鲜、轻松、有趣。新鲜，必定离不开创意；轻松，不能让人有负担；有趣，可以自带吸引力。当然，所有形式上的特点，只不过是手段而已。“既有意思，又有意义”，才是这次竞赛活动的追求。那么，这是怎样做到的呢？下面撷取几个关键词，来说说我们的做法与感悟。

“认脸”：很想知道你是谁？

在广电大院里，这样的经历几乎每人都有——

经常与某位同事“相遇”,面孔很熟悉,但又不知道他是谁——不便询问,也难以打听。如果幸运,也许有一天会偶然“相识”,或进一步“相知”,但更多情况,你眼中的“他”始终只是“路人甲”……

这也难怪,全台现有1100多名职工,怎么可能都相识?可是,这种既熟悉又陌生的现象,如果能主动去解决,也许就会成为增强职工团结力的有效方式。于是,这就为我们举办“认脸大赛”提供了一个理由。

我们首先应该认识哪些职工?略一思索,台里的许多先进模范自然而然进入我们的视野。“全国广播电视和网络视听行业领军人才”“自治区领军人才”“自治区拔尖人才”“自治区青年托举人才”“宁夏优秀新闻工作者”“台十佳记者、金牌主播、技术标兵”“台最美共产党员”“台优秀党务工作者”……作为全台职工中的优秀代表,我们可以先认识并了解他们,以此激发更多职工干事创业的热情。

由此,我们开始收集台各类先进模范的照片、事迹材料等相关资料,力求对他们有一个全面了解。最终,我们从中确定了79人进行题面设计。为增强趣味性,我们使用相关软件对人物照片做了特殊处理,在突出容貌主要特征的同时,还增添了几分喜感与网感。

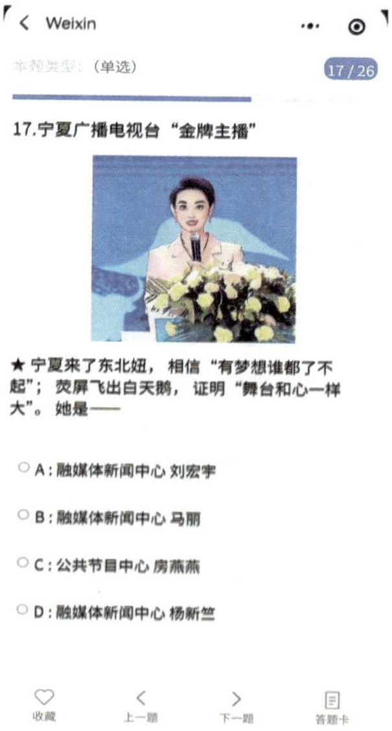

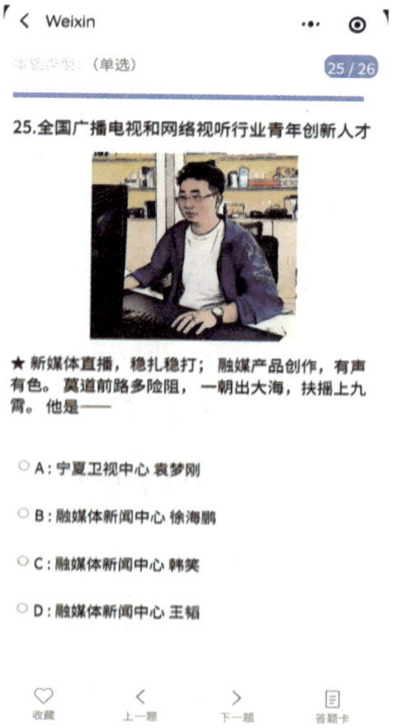

“你的样子真美！”——不知谁无意发出一声赞叹，为我们这次“认脸大赛”贡献了一个精彩标题。

我们发布参赛邀请函——“既然相遇，何不相识？既然相识，何不相知？全台 79 个‘最美面容’，让我们与他们相识相知！”

就这样，我们开启了破解“认脸”难题的主动尝试。

其实，把“认脸”当作竞赛项目，并非我们的创举。从网上查阅得知，曾有人用来进行现场记忆力比拼，或举办特殊岗位技能竞赛。不过，当我们把这种竞赛形式搬上网络，与职工文化建设需求相结合，并融合进更多元素时，也便有了崭新的意义。

“致敬词”：写给广电人自己

除了对人物照片做精心处理外，我们还为每个先进模范写了致敬词，作为题面的一部分。

我们平时举办各类人物表彰活动，经常会写一些致敬词（颁奖词）。这些致敬词往往能凝练地表达先进人物的主要事迹和精神境界，广受人们的喜爱与推崇。曾经，我们把这些最美的语言写给“感动宁夏人物”，写给“年度经济人物”，写给社会各界模范，但却一直没有写给自己身边的榜样。作为宁夏广播电视台的“最美人物”，为什么不可以被这样赞扬？于是，为他们撰写致敬词的念头由此产生。尽管这些致敬词只是以题面来呈现，没有璀璨舞台的烘托，但字里行间却透露着我们的满满心意。

为了写好致敬词，我们认真读过台先进人物事迹材料和感言文章，然后字斟句酌、反复推敲，力求准确把握他们的事迹亮点和精神特质。比如——

有些句子间接来自他们本人的笔墨。“初心不忘凌云去，脚踏实地肯登攀。（马秀尧）”化自这位台“十佳记者”引用过的古诗“未出土时先有节，便凌云去也无心”；“大事发生我在场，‘职业达人’舍我其谁？（祁鹏）”中豪迈的关键词实际上出自祁鹏自己之口；“惟其磨砺，始得玉成。（张之国）”则是这位技术能手获奖归来后的人生感言。

有些是对他们职业经历的浓缩概括。“节目编排，螺蛳壳里做道场；国际传播，天地都在我心中。（李岩）”“心系‘一带一路’，身行天下；情牵文化传播，梦跨山海。（闫兵）”“节目录制身经百战，传发基地又见凌霄。（董楠）”“挂职扎根基层，心贴民意民情。不负韶华不负党，百姓心碑有名。（王娟）”

有些是对他们品质特点的揣摩提炼。“兢兢业业，吃苦流汗从不缺我；默默无闻，喧嚣过后方知有她。（刘芳祯）”“为什么我心中激情不灭？是因为对这片土地爱得深沉！（杨治宏）”“舞台璀璨甘为幕后，后浪奔涌愿作人梯。（张云峰）”“你一路奔忙，无暇回顾身影的美丽，却彰显着记者的荣光！（马佳）”

有些既充满赞许，也饱含鼓励。“这个少年信念未减，愿作弄潮儿，再迎千重浪！（丁半农）”“‘菜鸟’志凌云，展翅化鲲鹏。王者本无种，巾帼当自强！（房燕燕）”“明日人间奔骏马，世上怎能无伯乐？（刘赛）”“黄河后浪起，昂首正青春！（胡亮）”

总之，写给每个人的致敬词尽管只有短短几句，但都力求准确、精练、传神。我们期待能使本人或观者会心一笑，并有所触动。后来，有先进人物说，虽然他多次登过领奖台，但却从没有接受过这种形式的“表扬”，禁不住心中一暖。

是推介，是致敬，也是激励！我们希望，作为一种特殊的“奖励”，这些致敬词能为台先进人物继续成长增添一些动力。同时，借助这种形式，也能够为更多广电人提供一个拼搏奉献的奋斗方向！

“吉祥物”：答题可以更亲切

“认脸竞逐，就等你来！”

在“认脸大赛”的海报上，一个戴化妆面具的卡通形象吸引了不少职工的目光。它正竖起大拇指，摆出点赞的姿态。这是在告诉你，如果正在为梦想拼搏努力，那你就了不起！当然，这也是在为我们宁夏广电的每一次发展进

步加油！

——这个吉祥物的名字叫“响响”。

吉祥物“响响”的策划推出，是为了提高“认脸大赛”的趣味性。不过，这个形象并不是出自我们笔下，很多职工在2014年宁夏广播电视台观众节上见过它。当时，这个吉祥物没有名字，也仅在那次活动中露过脸。如今，为了举办“认脸大赛”，我们想到了它，并取了“响响”这个正式名字。

为什么叫“响响”？它有什么寓意？

我们发现，它的脸庞很像一个萌化的汉字——“响”。取名“响响”，既可以用来代指《回响》杂志和“广电回响”公众号，以表达“念念不忘，必有回响”，也可以指向字面的本意“响亮”，希望我们宁夏广电的声音能够传播得更远更广！

其实，我们还讨论过另外一个名字——“想想”，代指“思想”和“理想”。坚持这一意见的人说，希望能够提醒更多广电人始终相信思想的力量，始终保持理想不灭。不过，因为“响响”这个名字和《回响》直接相关，而且更具吉祥物的“萌”感，最终被确定了下来。但大家也一致认为，谐音“想想”的寓意应该保留。因为无论对《回响》还是宁夏广电来说，今后要不断发展进步，“思想”和“理想”才具有最根本的意义。

从这一寓意上看，我们“认脸大赛”题面的“主人公”，其实才是“响响”的真正主人！

“响响”一出现，便贯穿“认脸大赛”的始终。宣传海报上有它，答题界面上有它，获奖名单上有它，最后颁发的奖品上也有它。“认脸大赛”的奖品是一个水杯，初看只是单色，但倒入开水后便可以呈现“响响”点赞的图案，颇有趣味。细细一想，我们职工干事创业的热情正如杯中水，只要始终是热的，“响响”点赞的形象就会一直伴随着你……

“认脸大赛”结束了，但“响响”的使命并没有结束。今后，它还会出现在更多的活动中，为宁夏广播电视台职工文化建设继续做出贡献。

“广电家人”：相亲相爱，心成一脉

“亲爱的广电家人们——”

在“认脸大赛”发布的“邀请函”中，我们使用了“广电家人”来称呼同事。“家人”如今能够成为网络社区和直播带货中的流行词，其背后的意义耐人寻味。它在带给人们亲切感的同时，也暗含着拆除人与人之间心灵壁垒的普遍愿望。因此，我们在“认脸大赛”中也借用了这一称谓。

这次“认脸大赛”既是一次宁夏广播电视台先进人物集中展示行动，也是一次加强职工文化建设的努力。正如一些职工所说，它有助于推动宁夏广播电视台团队文化建设。

当前，“文化”是我们政治理论学习中经常遇到的高频词。从“增强文化自信”“马克思主义基本原理与中华优秀传统文化相结合”等表述中，我们能够体会到“推进文化自信自强，铸就社会主义文化新辉煌”这一使命任务的分量与意义。人们都知道一个道理——“要想给人一碗水，自己要有一桶水”“一屋不扫，何以扫天下”。对我们来说，如何加强宁夏广电的内部文化建设，从而实现改革发展中的凝心聚力，其实也是面临的一个重要课题。正是从这个意义上，我们期待“认脸大赛”能够有助于培育更加积极向上的精神文化，促进“广电家人”相识相知相亲，更好推动宁夏广播电视台各项事业的发展进步。

此外，“认脸大赛”也想传递一种愿望。我们认为，只有在全台深化融媒改革“拆墙破壁”的合作中，在朝着建设新型主流媒体目标的共同奔赴中，“广电家人”的相识相知，甚至相亲相爱，才能够真正实现！由此，我们就能够更好地弘扬广电精神，发展广电文化，创造广电价值！

——这才是我们举办“认脸大赛”最渴望的答案！

附录："认脸大赛"题面选登（以部门序列排序）

1.自治区青年拔尖人才

重点项目建设，一马当先；

技术规范管理，一清二楚；

安全播出保障，一丝不苟。

缘何甘于事上磨？

只因初心所在，一往情深。

他是——

办公室　李瑞锋

2.自治区三八红旗手

演讲台上曾展风采，数度夺魁；

电波声里屡拿金牌，几多回味。

忆往昔，抚今朝。

致力培训不辞劳苦，心犹衔石；

情系人才勇担使命，志伴海飞。

她是——

人力资源部　石海飞

3.国家广电总局办公厅基层广播电视统计工作先进个人

核验准确，心中有"认真"二字；

数据真实，肩上担责任万千。

干财会，以敬业为心中律令；

做预算，把严谨当必备作风。

她是——

计划财务部　马　婷

4.宁夏首届"学习强国"挑战赛"挑战达人奖"

情牵百姓，驻村扶贫当先锋；

求知上进，学习强国做达人。

心系党务，文经我手无差错；

不负嘱托，事交我办请放心。

他是——

党群工作部　王军旗

5.自治区"313"人才、"四个一批"新闻人才

新闻改革尖兵，节目创新能手。

彩笔运筹，宣传战役指挥若定；

汗水挥洒，联合行动协调有方。

不简单，同志哥！

他是——

总编室　陈志远

6. 自治区领军人才、“西部之光”访问学者

“大片”创作，从来不辱使命；

融媒生产，始终主动担当。

不畏惧创新，看女儿胆气豪；

再负笈求索，能风雨一肩挑！

她是——

融媒体新闻中心　张　婷

7.宁夏广播电视台“最美党务工作者”

真情挥洒，电波里触得到“心”；

体贴服务，党建中看得见“人”。

鲜花朵朵，离不开你的浇灌；

硕果累累，印证着你的付出。

他是——

新闻广播部　朱永宁(朱　翔)

8.自治区青年托举人才

记录宁夏，领奖台上常有斩获；

转战融媒，节目创新能挑大梁。

心若在，梦就在。

女儿心，亦豪迈！

她是——

宁夏黄河云融媒体中心　温　皎

9.全国广播电视和网络视听行业青年创新人才、自治区青年托举人才、全区优秀新闻工作者

“卫视花旦”忆芳踪，纪录片场兴味浓。

笑看云淡风轻处，“两晒一促”又建功。

她是——

宁夏卫视中心　张　染

10.宁夏广播电视台“十佳记者”

健康节目 300 余期，工作蛮拼的；

大型活动 200 余场，包装真给力；

宣传片 500 多部，创意够硬核。

可真厉害了，我的哥！

他是——

公共节目中心　何　超

11.宁夏广播电视台“十佳记者”

脱贫攻坚，脚下沾满泥土；

振兴路上，心中沉淀真情。

切实强“四力”，当广电真能手；

倾情走基层，做农民贴心人。

她是——

电视节目中心　赵　瑾

12.全区优秀新闻工作者

基层采访“神行太保”；

项目推进“拼命三郎”。

把爱好变成职业，幸运！

以节目印证初心，真好！

他是——

经济频道部　鲍　俊

13.中国好人、全国“四个 100”最美志愿者

交通劝导、扶贫帮困，“有我在”；

无偿献血、为爱朗读，“让我来”。

献身公益二十余载，做热心媒体人；

志愿服务三千小时，扬社会正能量。

她是——

交通广播中心　张　喆

14.全国广播电视和网络视听行业领军人才、自治区领军人才

谝起《的哥哈喜喜》，有谁不识“夏丽丽”？

《闽宁镇》里刚相识，《黄河水甜》又见你。

广播剧里外挑大梁，如此角色谁能比？

我滴咣三，好厉害的婆姨！

她是——

广播节目中心　马　茵

15.宁夏广播电视台“金牌主播”

电波天使，为听众点亮心灯；

公益达人，用爱心播撒希望。

她是——

广播节目中心　周　红（安　琪）

16.区直机关工委最美党务工作者

志愿服务获金奖，支部建设创五星。

主题党日成效显，读书学习走在前。

能融合业务，

党建也可风生水起；

从不负使命，

心田映照红色初心。

她是——

经营中心　刘青梅

17.自治区青年拔尖人才

确保安全播出，甘当埋头苦干的人；

致力传输覆盖，曾是拼命硬干的人；

科技赋能融媒，要做有自信力的人。

虽然常在幕后，却掩不住光耀。

这才是广电的脊梁！

他是——

技术中心　李海平

18.全国三八红旗手、塞上文化名家、台“十佳记者”

“印象宁夏”拓荒者，

“一带一路”解码人。

红旗高举，依然求知若渴；

名播塞上，始终虚心若愚。

她是——

融媒体项目创作中心　谢　红

19.全国广播电视和网络视听行业青年创新人才

公文落墨从容，信息上报有声。

领导群众齐声赞，办文办事真行。

编刊已入佳境，调研趣味正兴。

纤笔一支何所似？不输毛瑟精兵！

她是——

发展研究中心　田　璐

20.全国广播电视和网络视听行业领军人才

设备改造、安播责任，此情牢系千家万户；

卫星传输、微波发射，此心常游天上人间。

做负重登攀者，是传发当家人。

他是——

传输发射中心　张树春

21.宁夏广播电视台“最美共产党员”

以创新谋发展，五星支部再接再厉；

把职工当亲人，后勤保障力求无忧。

公益你先行，

辽阔星空入胸怀；

安播零事故，

山岭高峻人为峰。

他是——

罗山电视调频转播台　万　众

22.宁夏广播电视台“技术标兵”

安播当头雁，技术争一流。

六盘石不老，风雨度春秋。

他是——

六盘山电视调频转播台　任鸿岩

23.宁夏广播电视台“最美共产党员”

别人下班你在岗，平常时候看得出；

紧急排险我当先，关键时刻站得出。

虽在后勤，前锋留身影；

虽少言语，行动能说话！

他是——

后勤保障服务中心　王　军

“台前幕后”的见证

——“我为广电献一策”金点子大赛经历记

田 璐

在宁夏广播电视台行政楼的发展研究中心303办公室，以金点子大赛现场阐述照片组成的背景墙，吸引了许多获奖者前来拍照留念。欢快交谈中,有人把这里戏称为“新晋网红打卡地”。

此情此景,作为活动承办部门的一员,同时也是参赛者,我深受感染并心有所思。此次活动中,我提出的《更新升级台OA系统 借助“宁政通”提升办公效率》有幸荣获“金奖”。获奖固然令人欣喜,但对我来说,筹办和参赛的整个经历却更值得珍视。

点子,从哪里来?

2023年6月,在出差培训途中的大巴车上,我初识了“宁政通”。当时,我正用微信与同事沟通能否传送一个台内通知,无意间瞥了一眼邻座,外单位的一位同志正用手机查看领导签批下来的公文。“咦,这是什么软件?居然可以能够随时随地处理公文?”带着好奇与疑惑,我和她进行了细致的

交流，并尝试进行了操作——确实能即时便捷地办理公文流转，高效啊！低头看看手机微信上与同事沟通的界面，我突然萌生了一个念头，应该找个合适的机会，让这个软件在台里推广。

半个月后的部门例会上，发展研究中心讨论启动酝酿了半年的“金点子”大赛。我想，借助“金点子”大赛的平台，“宁政通”是时候“出场”了。为了印证台里现行 OA 系统的运行情况，我与同事们进行了交流。大家都有类似的体验——当我们在外采访、开会或者出差时，就不能及时了解台文件精神；有时，一些文件在 OA 上下发了，却还要在微信里再次提醒通知查看，就连负责文件上传的办公室同事也常为文件到达率不高而苦恼；更麻烦的是，有些需要领导签批的文件，一旦遇到领导出差或者外出开会，我们就只能在门口望眼欲穿。文件的上传下达是影响办公效率的重要因素，更是干部职工了解台情、落实决策的重要载体。我确信，这个问题如果能通过“金点子”大赛的平台提出来，一定是与活动的目的相吻合的。

事实证明，后来获奖的 23 个点子中，大部分都是针对工作中发现问题而提出的。而这也是“金点子”活动的价值所在——以“问题”为导向，牵引调研方向，真正把全台职工的急难愁盼问题摸清找准，使举办大赛的过程也成为推动发展的过程。

调研，为点子赋能

7 月 6 日，“广电回响”公众号发布“我为广电献一策”金点子征集大赛启动消息，正式拉开了活动的序幕。这次金点子大赛面向全台职工举办，我作为筹备人员，也需要率先作为。于是，在前期掌握相关信息的基础

上，我以个人名义提出了关于升级台 OA 系统的点子。

想法既已提出，行动就要跟上。首先，需要对“宁政通”做更加深入细致的了解。我辗转联系到了“宁政通”工作人员，约定时间上门详谈。当他得知我想以参加“金点子”大赛形式提出使用“宁政通”建议的时候，流露出一丝惊讶。“宁政通”自 2021 年 10 月上线以来，全区已接入 4471 家单位。这些单位的接入都是由自治区政府办公厅主导、各单位相关行政机构去推动实施的。像我这样一个普通员工，以个人名义积极了解并有心促成这件事情，还是第一个。

“宁政通”工作人员的惊讶，其实背后也体现了发展研究中心积极承办“金点子”大赛的初衷。早在 2023 年 3 月，发展研究中心就谋划拓宽主题教育调查研究工作的覆盖面，引导全台职工在工作实践中发现问题，并发挥聪明才智为台发展出谋划策。在我们看来，“大兴调查研究之风”固然离不开领导层身体力行，但也需要厚植基层的土壤。其实，全台职工在生动鲜活的基层实践中蕴藏着更多智慧。

大赛通知发出后，全台干部职工踊跃参与，围绕全台事业产业发展以及群众关心关切的问题，提交了 153 个点子。经过初评、复评环节。最终，4 大类 23 个点子脱颖而出进入了决赛。因为有了前期的扎实调研，我的点子也得以位列其中。唯有调研才有发言权，真调研才能有真效果。我的点子虽小，却切中了工作中存在的实际问题，符合干部职工的工作需求。

参与，心系广电未来

8 月 15 日下午，宁夏广播电视台 400m² 演播厅，我们 23 名选手同台竞技，角逐金奖、银奖和最佳人气奖。23 个诚意满满的点子，让此时此刻的宁夏广电充盈着创新创造的浓厚氛围。

现场采用的是“现场阐述+PPT”展示的方式。在听完前几位选手的阐述后，我心里有点儿忐忑。与宁夏卫视中心马莉的《采取新策略，运用新技术，高质量提升国际传播效能》充满科技感且最新最前沿的点子相比，与宁夏黄河云融媒体中心杨扬的《以〈云视嗨唱〉为样本，联合打造大型 IP 综艺》、融

媒体新闻中心沙晓莉的《以〈主播说新闻〉为试点，推动“项目+工作室”制度化》等针对节目创作提出构想相比，我的点子略显得有点儿“小”。正当我小声嘀咕时，旁边观众席上的一位同事拿着议程对我说：“你的这个点子不错，正是我们需要的。”我们四目相对，会心一笑。职工的赞许和肯定就是我们工作的原动力，为了更加美好的广电而努力，何尝不是一件幸运的事情？

由于准备充分，又有同事的鼓励，平时胆怯上台的我竟也自信并流畅地推介了自己的点子。走下台后，主持人韩军向我竖起大拇指。他悄悄地告诉我，“宁政通”同样也可以解决他采访中遇到的烦恼。宁夏广播电视台作为全区主流媒体，记者们需要密切关注全区各类信息并联系采访。可是，这“联系”的过程通常是通过一个又一个熟人去找，需要花费不少精力。即便如此，也还是会有转一圈“查无此人”的情况。从我的阐述中得知，借助“宁政通”的资源共享功能，我们可以与已经接入的单位进行直接沟通联系，让采访工作更加高效有序。这不正是推动工作的有利条件吗？

台领导在点评时谈到，很多点子“寓管理于服务”，能够有效推动管理科学化、艺术化，从而达到“提升广电品质，打造幸福生活”的目的。而这也正是我这个点子的初衷。

这次金点子大赛既是一场比赛，也是跨部门的交流学习。进入决赛的23个点子各具特点，却又意蕴相通，展现着参赛选手对推动宁夏广电发展的积极思考。我们从中能够真切感受到全台职工让“思想与汗水连接，热爱与责任互证”的生动实践，以及为了让“理想与现实贯通，传承与创新交映”的坚守与努力。

大赛结束后不久，我获奖的“金点子”被列入台“智慧广电”备选项目当中。我在欣喜的同时，也期待有更多更好的“金点子”被孵化，成为宁夏广播电视台加快发展的助推力量。

“劳动”与“青春”，除了赞美，还有铭记！

宋 韬

2022年五一国际劳动节和五四青年节期间，“劳动”和“青春”成为社会主题词。在宁夏广播电视台，一系列相关活动正在举办。“我们正青春”主题团日、“劳动最美”融媒体大直播……

劳动最光荣，青春最美好。我们应该赞美劳动，赞美青春。然而，“劳动”与“青春”，除了赞美，还有铭记。

铭记本身也是一种赞美。

在融媒体新闻中心，这样一个短视频在朋友圈传开。

4月28日，《晚间新闻》编辑王怡退休。在她看来，也许五一和五四相关活动都与她无关。退休就意味着离开工作岗位，意味着只能在今后的日子里怀念青春。

当天，她来台里和同事交接完工作，然后准备默默离开。这时，中心副主任张婷告诉她，在另一间办公室，还有一道“手续”要办。

接下来发生的，就是我们在短视频里看到的画面——

融媒体新闻中心同事们的笑脸与鲜花，中心主任张春华热情洋溢的祝福，给了王怡意外的惊喜与感动。此刻，一旁大屏上还播放着细心同事剪辑的视频——王怡早年创作的电视作品画面集锦，背景音乐是一首让人无限

感怀的歌曲——《怀念青春》。

王怡昔日的劳动与青春又呈现在眼前，此刻，她被年轻同事们尊重并簇拥。王怡的眼睛湿润了。她说："融媒体新闻中心是一个有情有义的地方。"

王怡退休同一天，融媒体新闻中心荣获"全国工人先锋号"的消息传来。不过，对这一至高荣誉，他们并没有组织庆祝活动，而是把鲜花和祝福送给了一个普通的退休职工。

一边是一场简单而热烈的退休仪式，一边是全国基层班组最高荣誉。细细琢磨，让人感到意味深长——对一个组织来说，只有铭记劳动，才能激发创造；只有不忘青春，才能永葆活力！

不知从何时起，退休成了一个再普通不过的例行公事。电话通知、办退休手续、交接工作、默默离开……甚至就在最近几个月，身边就不时听到老同事退休的消息。但当更多人得知时，对方都已离开岗位。可以想见，那个时候，退休的人难免内心萧瑟，原本想表达感念的人也会为没有合适的机会和场合而感到遗憾。

融媒体新闻中心的做法给我们启发——

凡遇老同志退休，能否由部门或科室举办个退休仪式，有组织地欢送一下。这个仪式，上级领导可以参加，想表达的同志也可以前来。虽然不一定像融媒体新闻中心那样别出心裁，但完全可以诚意满满，让退休这一人生大事能体现仪式感，激发光荣感，仍有归属感。如果由此在台内形成一个制度，那就更好了。这样，对退休的人是种慰藉，对在岗的人也是一种激励，从而把更多的广电人团结起来、凝聚起来。

劳动与青春最有力量。然而，只有铭记，才能更好地继承和发扬这种力量。

今天，改革发展中的宁夏广电需要这种力量！

红星照耀下的90后追梦人

吴　蕊

我是来自办公室的吴蕊。上场演讲前，我看了一眼报名表。我是所有参赛选手中，年龄最小的一个。如大家所见，我是一名标准的90后。我喜欢把头发染成夸张的颜色，听最狂野的歌，用最贵的眼霜熬最晚的夜；我个性张扬，喜欢吐槽，在社交媒体尽情地展示自我；我喜欢边刷抖音边跟着唱“社会很单纯，复杂的是人”，而我的内心却向往着环游世界。

我妈说我工资不高，要求不低。我爸说我缺乏理想，盲目乐观。有人说我们玩世不恭、不负责任，是垮掉的一代。但也有人羡慕我们，个性鲜明、敢爱

敢恨，能为自己而活。而我想说，我们莽撞，我们果敢，我们任性，我们灿烂，我们天生幸运，我们是真正幸福而自由的一代。

翻开近代100年的中国历史，我们的国家经历了满目疮痍、内忧外患的苦难，经历了一穷二白、孤立无援的艰难。而在

我们 90 后的记忆里，没有饥荒，没有战争，更没有物质的匮乏。2003 年，神舟五号载人飞船发射成功。上小学的我，把对祖国的自豪写进了自己的作文。2008 年，奥运会在北京举办。我在校园里，和同学们为中国队加油。2010 年，我备战中考，每天偷偷看电视，向往着上海世博会的繁华热闹。2016 年我上大二了，G20 峰会首次在中国召开。人们都在议论，我却不太关注。因为中国对于世界的重要性，我早就习以为常，认为理所当然。

有人说，90 后是不懂感恩、没有良心的一代。而我认为，我们有良知、有信仰、会共情、懂珍惜，我们是觉醒的一代。2020 年 6 月，印度军队公然违背与我国达成的共识，在中印边境越线挑衅。在前往交涉和激烈的战斗中，我方四名解放军战士英勇牺牲。冲突现场视频公开后，一名网友，在评论区写道：黄昏将至，我吃着白米饭，喝着快乐水，想不通这些身强体壮的士兵为什么会死。我在深夜惊醒，突然想起，他们，是为我们而死。

看到这些，我瞬间泪目。没有什么是理所当然的，是党和祖国的强大给了我们天生的自信；是老一辈革命家的奋斗牺牲，为我们奠定了幸福的基石；是无数人的努力付出，为我们营造了自由的空气。我们能够为自己而活，是因为有人愿意为我们而死……

今天，如果有人问我，你的理想是什么？你能为社会贡献什么？说实话，我还没有答案。尽管我们习惯用倔强掩饰内心的脆弱，失败了总是装作一副无所谓的样子，但其实我们经常在思考：怎样才能成为更好的自己。

在我心中，有这样一些 90 后的榜样：李子柒，用自己的智慧，将中国传统文化融入日常生活，收获了两千多万粉丝，向世界展示中国的魅力；杨淑亭，一位高位截瘫的女孩儿，坐在轮椅上开辟电商平台，带领残疾人和贫困户脱贫致富；疫情期间，许许多多 90 后医务工作者、社区保安、人民警察，冒着被感染的风险，成为党和人民坚强的后盾。其中一位年轻的护士说，2004

年非典的时候你们保护了我们，今天轮到我们来保护你们了。他们不怕苦，不畏难，不惧牺牲，用稚嫩的肩膀扛起时代重任，展现出青春激昂的风采，展现出中华民族的希望。

怎样成为更好的自己？现在，我已经找到了答案。作为共和国年轻的一代，定义我们的从来就不是几零后，而是努力后、奋斗后，给自己、给社会带来了什么。年龄不是标签，我们绝不是娇滴滴的一代，更不是时代的看客。正如一首诗中所说，无论中国怎样，请记得：你所站立的地方，就是你的中国；你怎么样，中国便怎么样；你是什么，中国便是什么。作为宁夏广电的一员，我想说，无论广电怎样，请记得：你所站立的地方，就是你的舞台；你怎么样，广电便怎么样；你是什么，广电便是什么。

中国的年轻一代从来就没有折过腰，我们会用自己的方式，拥抱时代、回报祖国、创造奇迹。在中华民族伟大复兴的关键时刻，我们一定会放下安逸享乐，扛起如山的责任，成为引领时代的旗帜、民族的骄傲、坚强的脊梁。不负时代！不负青春！

后 记

这其实是一本由宁夏广播电视台职工共同写就的书，作者不唯现录人名，内容也不唯选登文字。在书页之外，还应该有更多人、更多事、更多思考、更多感悟。因此，本书并不全面。借写这篇后记，希望能对遗憾略加弥补。

实际上，书中内容浸润着全台所有职工的智慧和汗水。截至2023年11月底，全台共有职工1114人，本书能够提及的只是很少一部分。在共同经历的岁月里，我们时常能够看到台领导的殚精竭虑，中层干部们的匆匆身影；感受到采编队伍的风尘仆仆，高山台站的雨雪风霜；体察到机关服务的认真细致，技术保障的精益求精。我们由此知道，每一个人的付出都值得铭记。

而且，本书应该记录的事件远远不止这些。《回响》和“广电回响”已刊发的1000多篇稿件中，有着大量生动的具体事件。由于篇幅所限和用稿考量，我们甚至对许多大事也只能忍痛割爱。不过，图书与杂志、公众号，只不过是载体不同。我们提出的“明理、存史、增信、促行”，需要一个丰富多样的系统共同支撑。应该说，这些事件已经以不同形式保存在了宁夏广播电视台的历史中。

本书的编辑任务由宁夏广播电视台发展研究中心承担。这是一个年轻部门,她的“历史沿革”,大约与书稿内容跨度相当。与其他部门相比,她的人员编制也比较“袖珍”。不过,她清醒地为自己定位,努力提升履职能力,并希望不辱使命。而编辑出版这本书,只是她应尽的职责之一。

感谢朋友马春辉为本书排版付出的辛劳。多个节日的加班,300 多张图片量,打破了他的排版“纪录”。正因为遇到了值得托付的人,才让本书从整体到细节都有了不少光彩。

感谢倪嘉怡女士为本书做的封面及装帧设计。那群太阳鸟的形象,已经成为我们心中的图腾,将会激励我们始终向往光明,不断勇毅前行。

本书得到中宣部全国文化名家暨“四个一批”人才工程项目的资助。我们在为此书付梓而欣喜的同时,也深感今后需要交付更多成果以回应期待。

虽然是后记,但这本书其实并没有写完,今后也不会写完。因为在宁夏广电人的眼中,新征程没有完成时,奋斗也不会按下停止键。如今,道路仍在脚下不断延伸,我们自信能够书写新的精彩!

因此,这本书还只是序言!

编　者

2023 年 12 月